Andrew Hamilton
Rheinsberg

Andrew Hamilton

RHEINSBERG

Das Schloß, der Park,
Kronprinz Fritz und Bruder Heinrich

Ausgewählt und herausgegeben
von Franz Fabian

Aufbau-Verlag
Berlin und Weimar

Nach einer Übersetzung von Rudolf Dielitz
Mit 25 Abbildungen

Inhalt

Ankunft

Es war kein übler Spaß, im Jahre 1872 noch mit der Postkutsche von Berlin abzureisen. Spät, an einem heißen Juli-
abende, fuhr ich, nicht wie die meisten anderen Droschken,
nach irgendeinem der überfüllten Bahnhöfe, sondern mitten hinein in das Herz der »City« von Berlin, am Schlosse
vorbei, über die Lange Brücke, die Königstraße entlang bis
nach dem General-Postamt. Dort stand, aus seiner Remise
hervorgezogen, auf einem der inneren Höfe ein alter Postwagen und harrte der Pferde und der Passagiere. Ich war
etwas früh gekommen, um mir einen guten Platz zu sichern,
und schlenderte nun noch ein wenig in der Spandauer Straße
auf und ab. Es war merkwürdig still für einen so bevölkerten
Stadtteil wie die Königstadt. Hie und da ein vereinzelter
Nachtschwärmer, der seinem Hause zueilte, das war die
einzige lebende Staffage des Bildes. Um elf Uhr machte sich
die Ruppiner Postkutsche unter Rütteln und Stoßen auf den
Weg; ich und der Kondukteur vorn im Coupé, im Inneren des
Wagens, glaube ich, noch ein Passagier.

Draußen war es inzwischen völlig dunkel geworden, und
ich begann mit dem Kondukteur eine Unterhaltung über den
Rückgang des Personenpostverkehrs, eine Tatsache, über die
er nach seiner Art weitschweifige Betrachtungen anstellte,
indes nicht das geringste Bedauern äußerte. So erzählte er
mir auch, als wir an der Oranienburger Straße an den Stallgebäuden der Post vorüberfuhren, mit großer Seelenruhe
von den Hunderten von Pferden, die früher hier für den Per-
sonen-Postdienst gehalten worden seien. Er war, das wurde
mir klar, Postkondukteur nicht von Gottes Gnaden, sondern
durch den Willen der Menschen. Wie jeder preußische
Beamte tat er das, was er für seine Dienstpflicht hielt, ge-

7

wissenhaft und mit der steifen, zugeknöpften Haltung eines alten Soldaten, der gern merken lassen möchte, daß er sich seiner Verantwortlichkeit bewußt ist. Allein, daß er sich seines Berufes gerühmt, geschweige denn irgend etwas wie Enthusiasmus dafür an den Tag gelegt hätte, kann ich nicht sagen. Er hätte kaum anders darüber sprechen können, wenn er Kattundrucker oder Börsenmakler gewesen wäre.

So saß er denn in seinem knappen Uniformrock still mir gegenüber in der Coupé-Ecke, wahrscheinlich genau so, wie Generationen von Postkondukteuren schon vor ihm dort gesessen haben, und wird dort vermutlich sitzen bleiben bis an sein seliges Ende.

Nach einer Weile erzählte er mir eine Geschichte, die ebenso traurig ist, wie sie ja leider nicht vereinzelt dasteht. Der Feldzug hatte ihm seinen Sohn genommen, sein einziges Kind, »so einen prächtigen Jungen, der Vater und Mutter nie Sorge gemacht und sich immer brav und ordentlich gehalten hat, und noch dazu gerade, wie er eben eine so schöne Stellung als Kellner im Hotel X . . . antreten sollte«. Nun hätten er und seine Frau nichts mehr, woran sie ihr Herz hängen könnten. Es gebe auch für sie keine Freude mehr auf der Welt. »Das ist jetzt alles eins!« – Sie wären nur froh, daß sie ihren Jungen noch gesehen hätten, ehe er starb. Vier Wochen hatte er noch gelebt nach seiner Heimkehr aus dem Kriege, und dann . . . – »Ach, ich kann Ihnen sagen, lieber Herr, seitdem habe ich keine frohe Stunde mehr gehabt . . .«

Die Nacht war völlig hereingebrochen, als wir Tegel und die Humboldt-Gräber passierten. Ein – freilich vielfach unterbrochener – Schlummer half mir notdürftig den Rest derselben hinbringen, bis wir in der Morgenfrühe gegen fünf Uhr das Dorf Herzberg erreichten, wo mich der Postwagen absetzte, um seinerseits nach Neuruppin weiterzufahren.

Ich hatte mir vorgenommen, direkt nach Rheinsberg durchzureisen und mich lediglich öffentlicher Fahrgelegenheit zu bedienen. So hatte ich denn eine gute Stunde zu warten (ich benutzte sie dazu, im Morgensonnenscheine ein wenig umherzuschlendern und die Grabschriften auf dem Dorfkirchhofe zu studieren), bis der Rheinsberger »Omnibus« unter einem Schuppen hervorkam und mich aufnahm. Es war ein aus Fichtenbrettern zusammengezimmerter Kasten, mit ein paar Fensterscheiben versehen und mit Ölfarbe angestrichen. In seinem Innern fand ich bereits Passagiere vor, einen Mann mit zwei großen und recht ungezogenen Jungen. Noch drei volle Stunden lang schleppte uns der »Omnibus« durch tiefe Sandwege, dürftige, schwüle Kieferwälder und zu guter Letzt noch durch einen kleinen, glühendheißen und staubigen Marktflecken namens Lindow, dann waren wir am Ziele unserer Reise.

Wer sich Rheinsberg von dieser Seite her nähert, der erhält einen überaus bescheidenen, wenig versprechenden Eindruck von der Stadt. Zuerst erblickt er ein niedriges Haus zu seiner Linken, etwas abseits vom Wege und schiefwinklig zu demselben, und während sein Auge gleichgültig darüber hinstreift und nun auch den dahinterstehenden Heuschober gewahr wird, erscheinen auch zu seiner Rechten zwei Häuser, dann wieder eins oder zwei zur Linken. Und mit einem Male findet er sich mitten in einer breiten, übrigens sehr reinlichen Straße, um wenige Minuten später vor dem Ratskeller abgesetzt zu werden, dem ersten Wirtshause der Stadt, welches von Rechts wegen auch das beste sein sollte.

Ich hatte mir aus der Lektüre von Fontanes reizendem Buche ein günstiges Vorurteil für den Ratskeller gebildet und gab mir alle mögliche Mühe, den Schmutz nicht zu sehen, auf den mein Auge überall stieß, in der Hoffnung, man habe die Reinlichkeit nur für ein Weilchen versteckt, um ihr dafür im geheimen eine um so sorglichere Pflege angedeihen zu lassen. Allein mir begann der Mut zu sinken, als ich fand, daß die Treppe sichtlich niemals gekehrt oder gescheuert worden war. Man führte mich in den besten und größten Raum des Hauses, ein Eckzimmer mit Fenstern nach beiden Seiten und mit der Aussicht auf die prächtigen alten Bäume. Mich überkam sogleich ein starker Zweifel, ob es mir je gelingen würde, mich in diesem Raume behaglich einzurichten. Ein Bett in der hinteren Ecke des Zimmers, ein wackliges Sofa und ein Tisch davor mit einer Decke, die einmal weiß gewesen war, jetzt aber von Schmutz- und

9

Fettflecken starrte, endlich noch ein Waschtisch und ein paar alte Stühle bildeten das ganze Mobiliar. Im übrigen war es wüst und leer in dem weitläufigen Raume. Die Wände bedeckte jene blaßrosa Kalktünche, die stets abbröckelt. Dabei war die Luft im Zimmer dumpfig zum Ersticken. Zwar öffnete ich sofort alle Fenster und rückte Stühle davor, daß sie nicht wieder zuschlügen, allein es war mir klar, daß durch bloße Zuführung frischer Luft, und mochte sie noch so rein und vom balsamischen Dufte der Bäume draußen erfüllt sein, die verdorbene nicht zu bannen sein würde – wenigstens nicht innerhalb der Zeit, die mir zum Aufenthalte hier vergönnt war.

Man sieht es Rheinsberg an, daß es nach dem letzten Brande, der es im Jahre 1740 in Asche legte, zwar nach einheitlichem Plane, aber etwas hastig wieder aufgebaut worden ist. Für einen Ort von nicht mehr als zweitausend Einwohnern nimmt es einen sehr bedeutenden Raum ein. Dabei sind die Straßen sehr breit und die Häuser sehr niedrig; das heißt, die Mehrzahl besteht lediglich aus einem Erdgeschosse und einem giebelartigen Aufbau in der Front. Der weite viereckige Platz, den man vom Ratskeller aus seitwärts überblickt, sowie ein kleiner grüner Rasenfleck in Dreiecksform, dem letzteren unmittelbar gegenüber, sind um die Mitte vorigen Jahrhunderts mit einer doppelten Reihe von Linden und Kastanien bepflanzt worden, die sich allmählich zu wahren Riesenbäumen mit mächtigen Laubkronen von fast undurchdringlicher Dichtigkeit entwickelt haben. Ihre gewaltige Höhe läßt die Häuser daneben viel kleiner erscheinen, als sie wirklich sind, so daß sie den Eindruck von Buden auf einem Markte machen, während der tiefe Schatten, in dem sie fast immer liegen, ihnen etwas Düsteres und Unwohnliches verleiht. Mehr nach der Mitte des Platzes zu sind in späteren Zeiten junge Bäume nachgepflanzt worden.

Der Platz wird zwar Marktplatz genannt, allein ich glaube, es ist schon lange her, daß auf demselben ein Markt abgehalten worden ist. Selbst für den täglichen Verkehr wird er kaum mehr benutzt. Nur selten sieht man Menschen und

Tiere sich auf demselben bewegen. Bei seiner Lage ganz am äußersten Ende der Stadt, oder richtiger, zwischen ihr und dem Schlosse muß er zu Zeiten, wo letzteres noch bewohnt war, als Hauptzugang dorthin gedient haben, dem Verkehrswesen in der Stadt selbst aber ist er völlig aus dem Wege gerückt. Wie er so daliegt an einem Julivormittag, sonnig, schattig, grasig, staubig, vergessen und verlassen, leer bis auf die stattlichen Bäume, in deren Ästen die Spinnen ihr stilles Wesen treiben, und das zerbrochene Geschirr, das in einer versteckten Ecke eingeschlummert scheint, ist er der rechte Platz für einen Touristen, der – der eleganten Badeorte mit ihren wohlgepflegten Alleen satt – einmal wieder ein Stückchen Wirklichkeit genießen und mit bescheidenem Danke sich dessen freuen mag.

Gleich nach dem Kaffee machte ich mich auf den Weg nach dem Schloß, das nur einige hundert Schritte vom Gasthofe entfernt gelegen ist. Auf einem Terrain erbaut, dessen Niveau etwas tiefer als das der Stadt liegt, macht es, von dieser Seite gesehen, keinen bedeutenden Eindruck. Der Zugang zu seiner Umfriedung liegt zwischen zwei Außenbauten, dem Kavalierhause und dem Stallgebäude, von denen jedes einer Front oder Seite des Schlosses gegenüberliegt. Ein hölzernes Staket verbindet diese beiden Dependenzen miteinander und ist in seiner Mitte durch ein Gittertor zugänglich, das sich in recht baufälligem Zustand befindet. Von ihm aus führt der Weg mittelst einer hölzernen Brücke über den Wassergraben und dann grade auf den Haupteingang des Schlosses zu. Das Wasser im Graben war still und ganz klar, nur ein paar Stauden Froschlattich hatten sich darin angesiedelt, und auf dem Grunde lag ein zerbrochener Porzellanteller.

Das Portal stand weit offen. Zwei breite Treppenfluchten führen von ihm aus nach beiden Seiten zu den inneren Räumen des Schlosses hinauf. Auf dem inneren Hofe lag glänzender Sonnenschein und überall rings lautlose Stille und tiefer Friede gebreitet. Die Steinfliesen, mit denen der Hof belegt ist, waren zwar sorglich gekehrt, befanden sich aber in etwas aufrührerischer Verfassung. Hier hatte sich eine gesenkt, dort wieder eine gehoben, wie das so ihre Art

11

ist, wenn sich lange Jahre hindurch niemand mehr um sie kümmert. Das Schloß nimmt mit seinem Mittelbau und den zwei daran gehängten Flügeln drei Seiten eines Vierecks ein. Auf der vierten, welche sich dem See zuwendet, verbindet ein nach den Seiten zu offener, oben überdachter Säulengang die beiden Flügel miteinander. Zwischen den Säulen hindurch konnte ich den See schimmern und glitzern sehen im Glanze der Julisonne. Und als ich durch die Kolonnade ins Freie hinaustrat, lag er dicht zu meinen Füßen ausgebreitet, denn nur ein schmaler Streifen grünen Rasenlandes, mit Blumenbeeten geschmückt und von Kieswegen durchschnitten, trennte ihn vom Schlosse. Es ist der sogenannte Grienericksee, oder richtiger, eine Einbuchtung desselben, an welcher das Schloß liegt. Nach rechts hin, zum Teil verdeckt durch eine vorspringende Landzunge, dehnt sich dann der See selbst zu einer mächtigen Wasserfläche aus. Bald aber verengt er sich wieder und bildet einen langen, ganz mit Schilf bewachsenen Arm, durch dessen Mitte sich ein schmaler Graben tieferen Wassers zieht, welcher die Verbindung zwischen dem Grienerick- und dem bedeutend größeren Rheinsberger See herstellt, so daß man den ersten als einen bloßen Anhang des ebengenannten bezeichnen könnte.

Grade dem Schlosse gegenüber erhebt sich an einer sanft ansteigenden Stelle des jenseitigen Ufers der Obelisk, welchen Prinz Heinrich zum Andenken an die Helden des Siebenjährigen Krieges errichtete. Von hier aus gesehen, macht er einen bedeutenden Eindruck. Wie er von vornherein eine der besterfundenen unter Heinrichs dekorativen Schöpfungen war, so sollte er ihn auch am längsten überleben. Der Schloßpark, im eigentlichen Sinne des Wortes, liegt zur Linken und erscheint, von hier aus gesehen, nur als eine dichte Masse mächtiger alter Bäume, welche, der Krümmung des Ufers folgend, die ganze Seebucht wie mit einem Rahmen umgibt.

Das Rasenstück mit den Blumenpartien, unmittelbar vor der Kolonnade, ist gut in Stand gehalten. Die Kieswege sind eben und rein von Gras, und den Ziersträuchern sieht man es

Schloß Rheinsberg

an, daß sie zur rechten Zeit und von kundiger Hand unter die Schere genommen worden sind. Auf den Blumenstücken wächst Reseda und wohlriechende Wicke in Fülle, eingerahmt von Balsaminen und Levkojen, und außerdem mancherlei Treibhauspflanzen in Töpfen. Das alles blühte und duftete nach besten Kräften im warmen Sonnenschein des Julimonds, und unmittelbar daneben breitete der See seinen schimmernden, glitzernden Spiegel aus. Die Außenseite des Schlosses mußte wohl eben erst frisch getüncht worden sein, denn sie strahlte im allerweißesten Weiß.

Fünf Statuen, Apollo und die vier Elemente darstellend, die ringsherum in den Büschen standen und wohl seit langer Zeit keine andre Bekleidung gekannt haben, waren eben im Begriff, gleichfalls einen weißen Überzug zu erhalten. Ein Mann mit Farbentopf und Pinsel hatte seine Leiter an die Schultern des »Wassers« gelehnt und war grade dabei, ihm die Wangen zu bepinseln, als ich vorüberging, beiläufig das erste lebende Wesen, daß ich bis jetzt zu sehen bekommen hatte.

In unmittelbarer Nähe, zur Linken des ebenerwähnten Rasenplatzes, entfließt der Rhin dem Seebecken, ein bescheidenes Flüßchen mit dunkelgefärbtem, aber klarem Wasser, das auf seinem kurzen Lebenslauf bereits durch sieben Seen geflossen ist. Grade hier, wo wir seine Bekanntschaft machen, wird er berühmt. In seinem weiteren Laufe dagegen schleppt er sich träge und bedeutungslos durch eine Sandwüste, bis er endlich wieder kulturfähiges Land erreicht, durchfließt dann noch zwei oder drei Seen, deren letzten er, in zwei Arme geteilt, wieder verläßt, um sich bald darauf in dieser Zwillingsgestalt in die Havel zu ergießen, unweit der Stelle, wo diese in die Elbe fällt.

Einmal führte an dem obenbezeichneten Punkte eine stattliche steinerne Brücke über den Rhin, auf deren Geländer in Stein gehauene Gruppen von Genien standen. Allein im Jahre 1765 wurden die Genien, die wohl schon etwas schwach auf den Füßen sein mochten, abgenommen und durch kolossale Vasen ersetzt, die nach der Antike kopiert waren. Nun sind auch die Vasen verschwunden, mitsamt der Brücke, die sie trug. An ihrer Stelle ist jetzt eine solche von Holz vorhanden, und statt der Vasen stehen auf ihrem Geländer Hortensientöpfe.

Von der Brücke aus streckt sich ein schöner breiter Weg nach einer Treppenflucht hin, auf welcher man zu einem höher gelegenen Teile des Schloßgartens hinaufsteigt. Er führt bald zwischen Gruppen dicht ineinandergewachsener, prachtvoller alter Bäume, bald zwischen hohen Hecken, bald wieder an hübschen Blumenpartien und Gruppen von Treibhauspflanzen hin. Längs des Weges ragen hier und da Postamente aus dem umgebenden Grün hervor, welche die moosüberwachsenen Trümmer von Statuen tragen. Gleich am Eingange stehen zwei solcher Gruppen aus dunkelgrauem Stein, die Überreste von dem, was einst Proserpina und, ihr gegenüber, Daphne darstellen sollte, beide im verzweifelten Ringen mit ihren Entführern begriffen. Nun haben Wind und Wetter längst alle Leidenschaft von ihnen weggewaschen und abgebröckelt. Noch sind Kopf und Rumpf an beiden Gruppen zwar vorhanden, aber die Glieder – die weißen Arme, die sich einst so wild zum Himmel emporstreckten, die kräftigen Beine, welche die holde Last und zugleich ihren Eigentümer in eiligem Laufe davonzutragen schienen – fehlen fast ganz und haben starren, eisernen Stützen Platz gemacht, die freilich keine Bewegung mehr auszudrücken vermögen. Der Verzweiflungsschrei auf Daphnes Marmorlippen hat sich in unplastisches Heulen verwandelt, denn die Marmorlippen sind geschwunden und haben nichts als ein rundes, dunkles Loch übriggelassen.

Die breite Treppenflucht am Ende des Weges wird gekrönt von zwei kolossalen Sphinxen, welche majestätischen Blickes über den hinaufsteigenden Wanderer hinweg ins Leere schauen. Es stört sie nicht in ihrer göttlichen Ruhe, daß eine von ihnen die Nase verloren hat.

Übrigens hat die Periode der Vernachlässigung für die Rheinsberger Anlagen jetzt ihr Ende erreicht. Man sieht, es wird Sorge getragen, wenigstens das zu erhalten, was noch übriggeblieben ist.

16

Ich hatte nicht lange zu suchen, bis ich in einem Dickicht zur Linken Prinz Heinrichs Grabmal gefunden. Es ist ein pyramidenartiger Bau auf quadratischer Grundfläche, kaum einen Steinwurf von der Treppe entfernt. Natürlich las ich die lange von ihm selbst verfaßte Inschrift, deren feierlicher Ton ganz in die Stimmung paßt, in welche uns der verlassene Schloßgarten versetzt.

Weiter hin zur Rechten führen eine Menge Wege teils zwischen hohen Hecken hin, teils offen zu dem Schloßpark im eigentlichen Sinne des Wortes, das heißt, weit hin sich streckenden Rasenpartien, die durch mächtige Baumgruppen teils unterbrochen, teils umrahmt werden und sich auf der einen Seite bis an das Seeufer hinunterziehen, andrerseits aber in den Boberower Wald verlieren.

Einem dieser Pfade folgend, fand ich, daß er mich zum Ufer des Sees hinabführte. Dort saßen zwei Damen, die eine mit Skizzieren beschäftigt, die andre in einem Buche lesend. Da ich sie nicht stören mochte, schlug ich mich wieder seitwärts in die Büsche und gelangte zu einem Rondell, von dem aus eine Menge Wege strahlenförmig nach allen Seiten ausliefen. In der Mitte desselben stand eine Art Tempel in Form einer von Säulen getragenen Kuppel. Weiterhin traf ich nach und nach eine ganze Reihe mehr oder weniger erhaltener oder, besser gesagt, verfallener Monumente – Fontänen, Grotten, Urnen und Statuen, steinerne Sitze und künstliche Ruinen – oder Überreste von solchen. Ich wußte bereits, daß ein großer Teil der Denkmäler – darunter einige der hervorragendsten, wie zum Beispiel der Tempel der Freundschaft –, weil sie in Folge der langen Vernachlässigung zu sehr in Verfall geraten, inzwischen abgetragen worden waren. Von denen, die noch vorhanden, sind viele so dicht vom Gebüsch überwachsen oder derartig verwittert, daß sie aller Forscherneugierde spotten. Eine tiefe Grotte, deren Wände einst mit Muscheln und Spiegelglas belegt gewesen waren, fand ich an ihrem Eingange bis zur Brusthöhe vermauert, da die gewölbte Decke mit Einsturz droht. Hier und da hingen noch ein paar Muscheln an den von Feuchtigkeit triefenden Wänden.

Die Parkanlagen sind zum großen Teile überaus anmutig und reizvoll. Freilich sollte dies in noch viel höherem Maße der Fall sein, nachdem sie länger als ein Jahrhundert Zeit gehabt, zu wachsen und sich zu entwickeln. Jetzt werden sie ja leidlich in Stand gehalten. Aber überall zeigen sich noch die Spuren der früheren Vernachlässigung. Denn das und nichts anderes ist es, wenn man sich damit begnügt, einen verdorrten Strauch oder Baum einfach abzuhauen, ohne einen anderen an seine Stelle zu pflanzen, oder die Bäume so dicht emporwachsen ließ, daß ihre Stämme aus Mangel an Luft und Licht kahl wurden und die Kronen vielfach nicht zur vollen, schönen Entwicklung gelangen konnten. Aber wer möchte an einem sonnigen Julimorgen den Kritiker spielen! Spotteten nicht das frische, saftige Grün, die üppigen Laubmassen, zwischen denen der See in glänzenden Streifen hindurchschimmerte, aller Kunst des Landschaftsgärtners? Einem grünen Riesenzelte gleich wölbten sich über meinem Haupte die Kronen der gewaltigen Bäume, weithin Schatten und Kühle spendend, während die Luft unter dem heißen Atem des Sommers zitterte. Nur hier und da drang ein Sonnenstrahl verstohlen durch das dichte Gezweig und streute Flecken glänzenden Goldes auf den Kiesweg oder spielte auf der ausgestreckten Hand einer alten grauen Göttin, die irgendwo auf einem Seitenpfade verborgen im Gebüsch stand.

Mit Ausnahme der beiden Damen und des Mannes, der die vier Elemente anpinselte, war ich noch keiner lebenden Seele begegnet, und doch ist der Platz ganz danach angetan, Sommergäste anzulocken, wohlverstanden solche, die nichts wissen wollen von eleganten Badeorten, sondern Sehnsucht tragen, in Wald und Flur umherzustreifen und zum Zeitvertreib mit den Nachbarn zu schwatzen oder einer Schönen den Hof zu machen. Dessen glaube ich sicher zu sein, daß vor mir noch niemals jemand in solcher Absicht nach Rheinsberg gekommen ist oder daran gedacht hat, es zu tun, ja, überhaupt nur davon gehört hat. Ganz sicher bin ich ferner, daß in diesem Augenblicke auf zehn Meilen in die Runde kein derartiger Sommergast zu finden war. Allein beinahe ebenso sicher scheint es mir auch, daß der Tag einst kommen wird, da Rheinsberg von solchen Gästen wimmelt. Mir war zumute etwa wie einem Seefahrer, der die Abenteuer, die Einsamkeit etc. um ihrer selbst willen liebt und froh ist, daß die Generationen noch nicht geboren sind, die einst sein Andenken segnen und von dem Lande, welches er entdeckt hat, Besitz ergreifen werden.

Da ich dem Wirte auf eine diesbezügliche Frage gesagt hatte, ich würde mit den anderen Herren zusammen am Gästetisch speisen, so mußte ich meinen Spaziergang abbrechen.

Das Gästeessen wurde in dem kleinen Eckzimmer des Erdgeschosses serviert, das zwar ein wenig reinlicher war als die übrigen Räume des Hauses, indessen kein anderes Mobiliar enthielt als einen langen Tisch und die erforderliche Zahl von Stühlen. Das Diner bestand diesmal und alle folgenden Male aus Suppe, zwei Sorten Fleisch – eine davon gekocht, die andere nicht, sondern was man hierzulande »gebraten« nennt, das heißt, irgendwie gesotten ohne Zutat von Wasser –, Kartoffeln in reichlicher Fülle und andres Gemüse oder geschmorte Johannisbeeren. Bedient wurden wir bei Tische von einer braven und würdigen Dienstmagd, zugleich aber auch der schmutzigsten und ungeschultesten Person, die ich in ähnlicher Funktion je in meinem Leben gesehen habe. Sie schlurrte herein in das Zimmer und wieder hinaus, stets beide Hände voll, und dabei entweder die Türe mit der Schulter hinter sich zustoßend oder dieselbe ganz offen lassend. Sehr häufig setzte sie unterwegs plötzlich die Schüssel im ersten besten Winkel ab und stürzte davon, um einem Ruf Folge zu leisten, der von irgendwoher im Hause an sie ergangen war. Eine anderweitige Bedienung gab es nicht. Jeder Gast half sich eben selbst, nachdem er vorher seine Gabel sorgfältig an der Serviette gereinigt hatte. Die Gesellschaft bestand außer mir noch aus zwei Landschaftsmalern und drei Juristen, welche bei der Gerichtsbehörde in Rheinsberg amtlich beschäftigt waren.

Da ich selbst kein Jurist, auch nicht einmal ein Landschaftsmaler, sondern im Gegenteil nur ein simpler Tourist

und, wie sich herausstellte, noch dazu ein Ausländer war, so
mochte ich wohl den Herren nicht sehr willkommen sein.
Wie die Umstände lagen, konnte man kaum erwarten, daß
ein Tischgast den anderen mit besonderer Freude sah. Es
herrschte eben ein Gefühl gemeinsamen Mißbehagens, das
seinen Einfluß auch auf die Tischunterhaltung ausübte, an
der ich mich übrigens aktiv nur wenig beteiligte. Der Ton war
nichts weniger als verbindlich oder anregend, so wie man ihn
sonst an einem Mittagstische findet, viel eher konnte man
ihn kurzangebunden, ja beinahe schroff nennen, etwa so, wie
ich mir vorstelle, daß er unter den Insassen eines Gefäng-
nisses herrscht. Jeder einzelne in dieser Tischgenossenschaft
glaubte besonderen Grund zur Unzufriedenheit zu haben,
klagte über das schlechte Essen und die noch schlechtere
Bedienung, kurz, fühlte sich persönlich vernachlässigt und
schlecht behandelt. Unter solchen Bedingungen ließ sich
kaum erwarten, daß eine muntere und für alle Beteiligten
ersprießliche Tischunterhaltung in Gang kommen werde.

Bei Tisch wurde von einem Morde gesprochen, und auf
meine Fragen erfuhr ich, daß man schon vor geraumer Zeit
in einem der ausgedehnten Wälder der Umgebung – wenn
ich nicht irre, im Schilfe einer der dicht verwachsenen
Sumpflachen, an denen jene Wälder reich sind – den Körper
eines ermordeten Mannes gefunden hatte und daß bald
danach auf Veranlassung meiner richterlichen Tischgenos-
sen durch die Polizei ein verdächtiges Individuum in Haft
genommen worden war. Allein, obgleich man dasselbe inzwischen wiederholt verhört hatte, auch innerlich von der
Schuld desselben völlig überzeugt war, hatte es bis jetzt nicht
gelingen wollen, auch nur die leiseste Spur eines wirklichen
Beweises zu finden, und man sah sich genötigt, den Be-
schuldigten wieder seiner Wege gehen zu lassen. Natürlich
waren die Herren etwas betreten über ihren Mißerfolg,
namentlich aber sehr ärgerlich auf ihre Untergebenen von
der Polizei, weil dieselben das Gewehr nicht gefunden hatten,
mit dem der Mord verübt worden war. Man wußte nämlich,
daß der Gefangene eines Tages mit einem Gewehr ausge-
gangen und ohne dieses wieder nach Hause zurückgekehrt

war. Seiner eigenen Angabe, wonach er das Gewehr auf der Landstraße an einen Mann aus Mecklenburg, den er nie vorher gesehen und dessen Namen er nicht wisse, verkauft habe, schenkte man keinen Glauben.

Am Nachmittage unternahm ich einen weiteren Ausflug. Dort wieder einsetzend, wo ich meinen Morgenspaziergang abgebrochen hatte, fand ich bald einen Pfad, der mich zu dem Obelisken führte. Von seiner Basis aus hat man einen außerordentlich hübschen Blick über den See hinweg auf Stadt und Schloß Rheinsberg. Ich las sämtliche achtundzwanzig Inschriften und wanderte dann weiter, einem sehr hübschen Rasenweg folgend, der quer durch den ganzen Park führt. Einen Park darf man ihn mit Recht nennen, mit seinen wahrhaft majestätischen Baumgruppen, die in überreicher Laubfülle prangen, und seinen saftigen Rasenflächen, in die wie in einen Riesenteppich Tausende bunter Feldblumen eingewebt sind. Er wird in verschiedenen Richtungen von breiten Alleen durchschnitten, die bis auf eine einzige ganz mit Gras überwuchert sind.

Der Pfad, den ich eingeschlagen, führte mich zu einem anderen Denkmal Heinrichs, einem höchst seltsamen Bauwerk, das die größte Ähnlichkeit mit dem unteren Teile eines großen, aus Ziegelsteinen aufgeführten Fabrikschornsteines hat und gegen vier Meter im Quadrat mißt. Es steckt mitten im tiefen Grase und ist ganz von Strauchwerk und Bäumen überwachsen. Ohne Zweifel stand es einst auf einem Schmuckplatz des Parkes, wahrscheinlich umgeben von Urnen und Statuen und dergleichen. Diese sind nun freilich längst verschwunden. Die Natur ist wieder in ihre alten Rechte getreten und hat ihre Kinder bis dicht an das Denkmal heranwachsen lassen. In seinem oberen Teile sieht man einige Relieffiguren, die den Tod symbolisieren sollen, während der größere Teil der Fläche, welche man die Front des Baues nennen könnte, so behandelt ist, daß er eine geschlossene Pforte darstellt, die eine Inschrift vom Jahre 1790 trägt. Ich stand still und schrieb sie ab. Aber sie ist zu lang, um sie hier wiederzugeben. Gewidmet ist sie »dem Andenken geliebter Verwandten, standhafter Freunde und treuer Diener«,

21

von denen nichts bleibt, als »le souvenir«. In einer der Lebensbeschreibungen des Prinzen habe ich eine flüchtige Notiz über dieses Denkmal gefunden. Allein über die speziellen Motive, welche ihn zur Errichtung veranlaßten, war nichts zu ermitteln. Ich glaube nicht, daß irgend jemandes Asche hier wirklich beigesetzt ist, bin vielmehr der Meinung, daß der Prinz, der nachgerade jedem seiner Bekannten entweder einen Denkstein gesetzt oder eine Erinnerungstafel gewidmet hatte, in seiner großmütigen Weise denen gegenüber, die er etwa übergangen oder vergessen hätte, um nun ihre Schatten zu versöhnen, jenes merkwürdige Trauerdenkmal in Würfelform errichtet hat, das allen und jedermann gewidmet ist, gewissermaßen eine lapidare Allerseelenmesse im Rheinsberger Stil. Die Inschrift schließt mit einer Mahnung, daß »der Tag einst kommen wird, da düsterer Gram uns alle in den Trauerschleier hüllt«. – Zuletzt wird dann der Vorübergehende noch aufgefordert, »einige Tränen zu weinen«.

Erst später fand ich heraus, daß der Tempel der Freundschaft, der in den Rheinsberger Annalen so häufig erwähnt wird, ganz in der Nähe gestanden hat. Ich vermute sogar, daß zwischen beiden eine Beziehung besteht. Der Tempel ist, nachdem er völlig baufällig geworden war, erst vor wenigen Jahren abgetragen worden.

Nur wenige Schritte weiter senkte sich plötzlich das Terrain und eröffnete mir durch eine Lichtung einen entzückenden Blick auf den kleinen Boberowsee, der, gleichsam in Wald eingebettet, vor mir lag. Ein gut gehaltener Pfad zieht sich auf etwa ein Drittel seiner Länge am Ufer hin, zwischen prächtigen alten Kiefern hindurch, deren schlanke Stämme mit ihrer rostroten, sich in großen Flocken abblätternden Rinde im Scheine der Abendsonne flammenden Feuersäulen glichen.

Weiterhin beginnt dichter und hochbestandener Eichen- und Buchenwald, und das Terrain steigt wieder. Unter fortwährendem Aufundabklettern, und nicht ohne verschiedene Male in Sumpflachen hineinzugeraten, machte ich meinen Weg um den ganzen See herum. Der Wald schien sich von

Denkmal treuer Freunde und Diener
im Park von Rheinsberg

hier aus viele Meilen weit ins Land hinein zu erstrecken, und mit einem Male sah ich mich an dem Rande von etwas, das ich sogleich richtig als einen jener Landwege erkannte, wie sie für diesen Teil der Mark so charakteristisch sind. Es war eigentlich eine Art Kanal, von der Breite eines gewöhnlichen Weges und angefüllt mit merkwürdig feinem und leichtem Sande. Da sich kein Lüftchen regte, konnte ich die Spuren der Räder und Hufe erkennen, während bei Wind und Regen der Sand sehr rasch wieder eine glatte Oberfläche annimmt. Das Reiten und Fahren auf diesen Wegen ist eine harte und mühevolle Arbeit für Mann und Tier, das Gehen aber beinahe unmöglich. Gewöhnlich, aber nicht immer, findet sich längs des Weges ein Streifen Rasen oder Heidekraut für die Fußgänger. Mit Ausnahme der nach Berlin führenden Chaussee, welche eine künstliche Steinunterlage und nur oben eine Decke von Sand hat, sind fast alle Wege in der Nachbarschaft diesem ähnlich. Nur der Sand selbst unterscheidet sich je nach der Lokalität durch einen höheren oder geringeren Grad von Reinheit.

Am Abend hörte ich Musik und ein Geräusch, wie von einer Menschenmenge herrührend, die von dem kleinen Rasenplatze gegenüber dem Ratskeller zu mir herauftönten. Es stellte sich heraus, daß im Laufe des Tages ein Karussell angelangt war und eben eine Serie von elf Vorstellungen eröffnete. Es war eins von der gewöhnlichen Sorte; hölzerne Pferde, die sich, abwechselnd mit hochlehnigen Sitzbänken, um eine Achse im Kreise drehten. Wie es schien, war diese Art von Vergnügen hierorts etwas Neues oder doch Seltenes, denn die ganze Stadt war auf den Beinen, um es sich anzusehen. Ein mächtiges, starkknochiges Weib hämmerte nach Leibeskräften von acht bis elf Uhr abends auf einem Harmonium, während ihr männlicher Begleiter, ein kleiner magerer Kerl, der, wie ich fürchte, auf sehr magere Brocken angewiesen war, hart an ihrem Ellbogen mit Eifer auf einer Violine herumkratzte. Alles saß auf und machte einen Ritt. Ich glaube, sogar meine Freunde von der Wirtstafel beteiligten sich daran. In der Stadt hielten Lust und Neigung dazu ungeschwächt vor bis gegen das Ende der Vorstellungen.

25

Obwohl der Eintrittspreis niedrig war, hat der Eigentümer, wie er mir später versicherte, doch ein sehr gutes Geschäft mit seinen elf Vorstellungen gemacht.

Ich will nun nicht sagen, daß ich die weite Reise unternommen hätte, um ein Karussell zu sehen, oder daß es mir ein besonderer Genuß gewesen wäre, das Gedudel seiner Musik bis in die tiefe Sommernacht hinein mit anzuhören, aber mit dem elften Glockenschlage wurde alles still in der Stadt. Ich stieg hinauf in mein Zimmer und lehnte mich zum Fenster hinaus, dem einzigen unter den vieren, welches mir einen Blick in die Ferne gestattete. Von ihm aus konnte ich über den Marktplatz hinweg gerade hinunter auf das Schloß sehen. Es war nicht eigentlich dunkel draußen, am allerwenigsten am sommerlichen Nachthimmel oben. Die Sterne strahlten mit durchdringendem Licht, und unten auf der Erde lag tiefes Schweigen. Wie man auch lauschte, mit beinahe schmerzhafter Spannung, man hörte nichts, und je länger man lauschte, desto gewaltiger wurde das Schweigen. Es war, als schwelle es mehr und mehr an, als werde es erfüllt von einer Stille anderer Art, bis es zuletzt das Ohr erfüllte wie mit einem gewaltigen Tönen, so mächtig, so ergreifend, daß man es dem Reisenden verzeihen möge, wenn seine erregte Phantasie ihn hinwegtrug und die Vergangenheit zu erfassen suchte, die längst den Schlaf der Ewigkeit schläft, wenn er in der Julimitternacht unverwandten Auges hinüberstarrte auf das alte Schloß, das, in Mondenschein gebadet, vor ihm lag, als müsse sein gespanntes Ohr das Schweigen eines Jahrhunderts durchdringen und Stimmen vernehmen, die längst erloschen, und Worte, die längst verklungen sind.

Quartiermachen

Da ich beschlossen hatte, so bald als möglich aus dem Ratskeller auszuziehen, mit seinen Insassen aber auch fürderhin auf freundnachbarlichem Fuße zu bleiben, sagte ich dem Wirt am nächsten Vormittag, ich würde vielleicht auf eine oder zwei Wochen in Rheinsberg bleiben, falls ich

Ratskeller am Triangelplatz in Rheinsberg

irgendwo eine Wohnung finden könnte. Ich sähe recht gut ein, fügte ich hinzu, daß ich ihm sehr lästig sein müßte, indem ich grade sein größtes und bestes Zimmer inne hätte, das er doch so oft anderweitig gebrauche. – Aber er habe ja auch noch kleinere Zimmer. – Ich wolle aber nicht zu ebener Erde wohnen. – »Ja, im oberen Stock wären doch auch noch …« – O nein, ich sei überzeugt, daß er seine kleineren Zimmer alle Augenblicke für Passanten nötig habe, besonders für Geschäftsreisende, und wünsche durchaus nicht, ihm Schaden zu verursachen oder etwa gar die Veranlassung zu sein, daß er seine alten Kunden vor den Kopf stoße. Vielleicht könne er mir irgendwo eine Wohnung ausfindig machen; womöglich in der Nähe des Ratskellers, so daß ich es nicht zu weit hätte, wenn ich hier meine Mahlzeiten einnehmen wolle.

Da diese Unterhaltung in der Nähe der Schankstube stattfand, so waren einige Bürgersleute, die dort bei ihrem Frühschoppen saßen, Zeugen derselben. »Der – das ist ein Holländer, der wird schon tun, was sie ihm sagen!« riefen sie und nickten dabei auch dem Wirte zu, gewissermaßen als wollten sie ihn mir vorstellen. Besagter Wirt war eine auffallend große und dicke Figur mit rötlichem Haar, im ganzen ein Mensch, der mir von Herzen mißfiel. Es stellte sich heraus, daß er samt seiner Ehehälfte, deren Bruder und dem Oberkellner vor einigen Jahren aus Oranienburg eingewandert war, einem nur wenige Meilen entfernten Orte, der einst von einer holländischen Prinzessin gegründet wurde. Nach dem, was Fontane sagt, muß der Gasthof früher, ehe er in die Hände seines jetzigen Besitzers kam, bei weitem sauberer und wohnlicher gewesen sein. Auffallend war es mir übrigens, mit wie wenig Respekt die Bürger – offenbar wegen seiner fremden Abstammung – ihren Wirt behandelten.

Es fand sich bald ein Gewürzkrämer, der mich in seinem Hause aufnehmen wollte. Es war ein Jude mit einer ganzen Herde kleiner Kinder, die mich umringten und unverwandt anstarrten. Als ich gewahr wurde, daß er vorwiegend mit Seife, Heringen und Petroleum handelte und die mir zugedachten Zimmer unmittelbar gegenüber der Ladentüre auf der anderen Seite des Flures lagen, endlich angesichts der zahlreichen kleinen Nachkommenschaft, die mir nicht von den Fersen wich und mich mit offnem Munde anstarrte, schützte ich meine Abneigung gegen das Wohnen zu ebener Erde vor und ging wieder heim, um dem »Holländer« zu sagen, es gäbe gewiß noch andre Wohnungen in Rheinsberg und er müsse mir unter allen Umständen eine ausfindig machen. Er sagte, es gäbe keine mehr. Ich entgegnete, ich sei überzeugt, daß es deren noch gäbe. Da legte er den Zeigefinger an die Stirne und verschwand. In wenigen Minuten aber erschien er wieder und meldete mit freudig erstauntem Gesicht: Ja, Frau Lemm wolle mich in ihr Haus nehmen, aber nicht eher als morgen. An die habe er gar nicht gedacht; ausgezeichnete Zimmer, vorzügliche Lage und in unmittelbarer Nähe.

Es stellte sich dann heraus, daß Frau Lemm, die eine Putzmacherin war und ein kleines Haus am Markte besaß, ihre ganze erste Etage von Michaelis ab vermietet hatte. Da sie aber bis zu diesem Termin noch frei darüber verfügte, so war sie bereit, mir einen Teil davon zu überlassen. Die größere Hälfte der Zimmer hatte sie bereits für den Sommer an einen kranken Schullehrer und seine junge Frau vermietet. Da der Rest der Wohnung aber unmöbliert war, so bat sie sich einen Tag Zeit aus, um ein Bett, einen Tisch und ein Sofa hineinzustellen und die Rollos einzuhängen. Sie schien besonderes Gewicht auf die Anbringung der letzteren zu legen, obwohl ich sie bat, sich doch nicht erst diese Mühe zu machen. Mit einer doppelten Reihe mächtiger Bäume vor der Türe, so nahe, daß ihre Zweige das Dach und die Mauern streiften, und die so hoch in den Himmel hinaufragten, daß auch nicht ein Zollbreit mehr davon zu sehen war, hatte man ja, selbst um die Mittagszeit, in den Vorderzimmern nur auf ein Zwielicht zu rechnen.

Frau Lemm war eine nette, freundliche Person in vorgerückten Jahren, von ruhigem, gelassenem Wesen. Man konnte ihr jetzt noch ansehen, daß sie in ihren jungen Tagen eine Blondine gewesen war. Außerdem besaß sie ein Paar tiefblaue Augen, sehr helles Haar, das bereits dünn zu werden

30

anfing, eine schöne Haut, ein hohes Maß an Selbstrespekt und – wenn ich nicht irre – eine verheiratete Tochter in Berlin. Sie hauste allein unten im Erdgeschoß in ihrem kleinen Putzmacherladen, neben dem sich noch ein Wohn- und ein Schlafzimmer sowie eine Küche befanden. Die andre Hälfte des Erdgeschosses war an den »Herrn Gerichtsrat« vermietet, die höchste Quelle des öffentlichen Rechtes in Rheinsberg. Seinen Namen habe ich nie zu hören bekommen. Er war in die Schweiz auf Sommerurlaub gegangen und hatte seine Wohnung und seine Hühner in der Obhut seines Dieners, die Pflege des Rechtes aber in den Händen meiner juristischen Freunde von der Gästetafel (die, die den Mörder nicht finden konnten) gelassen. Meine unmittelbaren Nachbarn im ersten Stock waren, wie ich bereits erwähnt, ein junges, ungefähr seit einem Jahr verheiratetes Ehepaar, ein eben flügge gewordener Pastor, das heißt so etwas zwischen einem Lehrer und einem Nachmittagsprediger, und seine hübsche junge Frau. Er hatte das Unglück gehabt, bald nach seiner Verheiratung seine Stimme fast ganz zu verlieren, und konnte kein hörbares Wort sprechen. Nun war er auf Kran- kenurlaub, und da er kaum Hoffnung hatte, seine Stimme je wiederzubekommen, so mußte er, wie Frau Lemm sagte, darauf gefaßt sein, binnen kurzem ganz pensioniert zu werden. Ich konnte nicht umhin, diese Äußerung der Frau Lemm für etwas lieblos zu halten. Sie entgegnete mir indes, es sei freilich recht traurig, allein es gäbe noch viel schlim- mere Dinge im Leben, mit denen der Mensch eben fertig werden müsse. Mein armer Nachbar war stets schwarz geklei- det und in weißer Halsbinde, zum Zeichen seines Berufes, den er wohl nie antreten sollte. Er war übrigens in seinem Äußeren viel sauberer und machte viel mehr den Eindruck eines Gentleman als mancher seiner Berufsgenossen, denen ich in Deutschland begegnet bin. Er hatte etwas sehr Ange- nehmes und Liebenswürdiges in der Art, wie er einen ansah und grüßte. Auch seine junge Frau war von heiterem und freundlichem Wesen und war den ganzen Vormittag fleißig in ihrer Küche, oben an der Treppe, tätig. Nun, ich habe mir alle Mühe gegeben, ihnen ein ruhiger Nachbar zu sein.

Am Nachmittag dieses meines zweiten Tages in Rheinsberg machte ich einen Gang durch die Stadt, um einen allgemeinen Überblick zu gewinnen. Wie schon gesagt wurde, ist dieselbe sehr regelmäßig gebaut. Die Hauptstraßen laufen alle von einem Ende der Stadt bis zum anderen, und diese werden wieder gekreuzt durch andere, die zum See hinunter führen. Die Straßen sind alle breit und die Häuser niedrig, mit Ausnahme von dreien oder vieren, welche das große Feuer verschont hat und die sämtlich in der Nähe der Kirche stehen.

An der Nordseite verläuft sich die Stadt in eine Art Vorstadt, die sich zusammensetzt aus vier Scheunen, einem Bleichplatz mit Pfosten und Wäscheleinen, einer Bank an der Straße und einem Bienenhaus. Der Weg führt eine Viertel- oder halbe Stunde weit durch offenes Land, mit dem See zur Rechten, während ein Halbkreis von Wald den Horizont begrenzt. Der Weg selbst besteht aus purem Sande und wird auf beiden Seiten von einem Streifen eingefaßt, den eine Kriechpflanze durch Verfilzung mit der Sandoberfläche bildet. Es ist eine Art Gänsefuß, glaube ich, auf dem sich Millionen von Raupen mästen. – Der Fremde meint im ersten Augenblick, die ganze Landschaft bestehe lediglich in Sand, verkrüppeltem Gänsefuß und Raupen. Erst nachdem er die Gruppen arbeitender Leute bemerkt hat, wird er gewahr, daß hier wirklich Felder sind zu beiden Seiten des Weges und daß auf ihnen auch etwas wächst. Diese Feldfrüchte – Roggen, Kartoffeln usw. –, obwohl sie so dünn stehn, daß ein ungeschultes Auge sie kaum bemerkt, sind doch von hohem Wert für ihre Besitzer, die ganz genau wissen, wo sie stehen, und sie mit großem Eifer kultivieren.

Nachdem ich etwa eine Viertelstunde gegangen war, blieb ich bei einem Wegweiser stehen, der nach rechts hin zeigte. In dieser Richtung führte allerdings eine Spur, aber sie prägte sich so schwach auf dem Triebsande aus, daß ich sie ohne den Wegweiser sicherlich nicht bemerkt haben würde. Auf der Tafel des letzteren standen die Worte »Nach Mirow«.

Noch ehe die vierundzwanzig Stunden völlig abgelaufen waren, stellte ich mich bei Frau Lemm ein und fand sie einigermaßen in Not wegen eines Rollos. Der hölzerne Stock, der unten in den Saum eingeschoben wird, um die nötige Spannung zu geben, war zerbrochen, und Frau Lemm, die den Schaden erst bemerkt hatte, als das Rollo schon eingehängt war, fand kein Ende in ihren Entschuldigungen dafür, daß sie den neuen Stock nicht zu rechter Zeit bekommen habe. Sie sah so verzweifelt aus, wie sie dastand, mit der einen Hand das Rollo haltend, voller Zerknirschung, den biegsam gewordenen Saum desselben um die Finger der anderen wickelnd, und mir dabei eifrig auseinandersetzend, wie eigentlich das ganze Unglück gekommen wäre, und immer von neuem versichernd, der Mann habe fest versprochen, den Stock noch heut nachmittag zu liefern, daß mir schließlich nichts anderes übrigblieb, als gleichfalls ein sehr ernstes Gesicht zu machen, ja, etwas wie meine bestimmte Erwartung auszusprechen, daß sie nunmehr ohne Säumen die Sache in Ordnung bringen lassen würde.

Im übrigen waren die Zimmer viel komfortabler möbliert, als ich es für möglich gehalten hätte. Zudem hatte der augenblicklich unbeschäftigte Bediente des »Herrn Gerichtsrates« sich bereit erklärt, für mich allerlei kleine Dienstleistungen zu verrichten, wohlverstanden, nicht offiziell! Ich hatte natürlich Bedenken dagegen erhoben, den Diener eines anderen zu beschäftigen. Aber Frau Lemm wußte dieselben völlig zu beschwichtigen. Schließlich konnte ich ihr doch auch nicht verbieten, von jemand in meinem Interesse Hilfe anzunehmen, der bereit war, solche zu leisten. So war denn alles auf die bestmögliche Weise geordnet.

Das Frühstück nahm ich stets zu Hause ein, bisweilen auch ein sehr behagliches Abendbrot, bestehend in Tee aus meinen eigenen Vorräten, Fischen aus dem See oder kaltem Huhn und Eiern, nicht zu vergessen die köstlichen Erd- oder Himbeeren, die Wilhelm gutmütigerweise in einem Garten vor der Stadt holen ging, wozu er sich für ein paar Groschen die Erlaubnis verschafft hatte. Andere Beeren verstand Frau Lemm zu einem vorzüglichen Gelee zuzubereiten. Und alle diese guten Dinge pflegte ich, noch lange ehe es völlig dunkel wurde, im tiefsten aller Zwielichte zu mir zu nehmen,

33

die Fenster weit geöffnet und davor die grüne Laubwand der Linden- und Kastanienbäume.

Als nach einigen Tagen das Wetter sehr heiß geworden war, wurde unser Diner unter den Kastanienbäumen des grünen Triangelplatzes gegenüber dem Ratskeller serviert. Dort konnten auch diejenigen, denen der Sinn danach stand, bis spät in den Abend hinein beim Bier sitzen und der Karussellmusik lauschen. So bekam ich denn vom Innern des Ratskellers nicht mehr viel zu sehen.

Die Grundherren von Rheinsberg

Urkundlich erwähnt finden wir den Namen Rheinsberg – und zwar in der Schreibweise »Rynesperg« – zum ersten Male in einem Dokumente des Jahres 1335. Der Ort gehörte zweifellos damals oder schon zu viel früherer Zeit einer Familie gleichen Namens. Wann diese, wahrscheinlich in Geldnöten, sich von ihrer Besitzung getrennt hat, wissen wir nicht. Allem Anschein nach hat sie es niemals zu etwas Rechtem bringen können. Eine Weile lang sehen wir sie noch ein kümmerliches Dasein aus dem Ertrage von Dörfern und Ländereien geringen Bodenwertes fristen, die sie in anderen Teilen der Grafschaft Ruppin besaß, dann stirbt sie aus.

Regierende Herren im Lande waren zu jener Zeit die Grafen von Lindow und Herren von Ruppin. Wir müssen schon in der Mehrzahl von ihnen reden, da sie, gleich vielen anderen Dynastien in jener und noch späterer Zeit, meist zu dreien oder vieren (das heißt, soviel ihrer gleichzeitig majorenn waren) gemeinschaftlich zu regieren pflegten. Die Grafen waren Vasallen, aber sehr mächtige Vasallen der Kurfürsten von Brandenburg. Obwohl keineswegs »reichsunmittelbar«, standen sie doch, da sie fast ausschließlich in souveräne Familien einheirateten, in gesellschaftlicher Beziehung mit diesen gleichen Ranges. Im ganzen haben sie den Kurfürsten die Lehnstreue gehalten und ihnen in mancher Fehde Heeresfolge geleistet. Ihr eigentlicher Beruf war natürlich das Waffenhandwerk. Allein vom ersten bis zum letzten ihres Stammes haben sie sich als ein hochgemutes, feingeistiges Geschlecht erwiesen, das die schönen Künste pflegte und weit hinausragte über die meisten seiner Standesgenossen in der Mark. Sie stammten aus einer alten thüringischen Sippe, die sich von Arnstein nannte und etwa um den Anfang des 12. Jahrhunderts nordwärts gewandert war. Ihren Grafentitel hatten sie von Lindow; nicht etwa jenem kleinen, staubigen Marktflecken, durch welchen wir auf der Herreise gekommen waren, sondern einem anderen Orte gleichen Namens im Anhaltischen. Da sie zu Ruppin Hof hielten, so gewöhnte sich das Volk daran, sie die Grafen von Ruppin zu nennen. Im Laufe der Zeit mögen die Grafen wohl den Titel bequem gefunden haben und legten sich diesen gelegentlich selbst bei. Der letzte von ihnen, Wichmann, ein stattlicher junger Herr von siebzehn Jahren, trug im Jahre 1521 auf dem Reichstag zu Worms bei der Investitur Joachims von Brandenburg durch Karl V. diesem den Kurhut vor. Kaum drei Jahre später, am 28. Februar 1524, starb er an den Folgen einer Erkältung, die er sich durch zu frühzeitiges Ausgehen nach einer Pockenkrankheit zugezogen hatte. Schild und Helm wurden ihm der Sitte gemäß mit in die Gruft gegeben, denn mit ihm starb der letzte der Dynastie von Lindow. Der Kurfürst von Brandenburg zog nun das verfallene Lehen ein. Bis zum heutigen Tage führen die Könige von Preußen bzw. der deutsche Kaiser unter ihren zahlreichen Titeln auch den – freilich nicht ganz korrekten – eines Grafen von Ruppin. Friedrich der Große und Friedrich Wilhelm III. pflegten auf ihren Reisen bisweilen von demselben Gebrauch zu machen.

Die Beziehungen zwischen den Grafen von Lindow-Ruppin und den Hohenzollern bilden ein interessantes Kapitel in der politischen Geschichte Deutschlands. Ruppin war allerdings ein brandenburgisches Lehen. In früheren Zeiten, als die Grafen noch stark und mächtig waren, die Markgrafen von Brandenburg, aus mehr als einer der nacheinander regierenden Dynastien, aber nicht selten schwach und kraftlos, war das Lehnsverhältnis bei allen Beteiligten häufig in Ver-

gessenheit geraten. Die Grafen von Ruppin schlossen Bünd-
nisse oder führten Krieg, ohne auch nur nach den Markgrafen zu fragen. Ja, sie stellten (selbst noch im Jahre 1449)
auswärtigen Mächten Hilfsvölker und gerieten auf diese
Weise einige Male sogar mit Brandenburg in Fehde. Die
Markgrafen selbst behandelten Ruppin als völlig fremdes
Gebiet. In ihren Erlassen und Urkunden finden wir es
niemals als einen Teil der Mark aufgeführt. Ja, es wurden
sogar unter Vermittlung fremder Mächte Verträge zwischen
ihnen und ihren Lehnsträgern abgeschlossen. Die Kurfürsten hatten daher mit den inneren Angelegenheiten des
Landes Ruppin gar nichts zu schaffen.

Zu jener Zeit finden wir Schloß und Stadt Rheinsberg
wohlbefestigt. Das Landbuch Kaiser Karls IV. nennt den Ort
als einen der sieben festen Plätze des Lindowschen Gebietes.
Alte Drucke zeigen uns die Stadt als von einem hohen Ring-
walle umgeben, über den in gewissen Zwischenräumen
Warttürme emporragten; eine Art der Stadtbefestigung, wie
sie im Mittelalter allgemein üblich war. In den häufigen
Fehden zwischen den Markgrafen von Brandenburg und den
Herzögen von Mecklenburg pflegten die Bewohner der Umgebung mit ihrem Vieh hinter den Mauern von Rheinsberg
Schutz zu suchen. Woraus dann, wie Hennert berichtet,
wiederholt Feuersbrünste entstanden, welche ganze Stadt-
teile in Asche legten. Da die Herren von Rheinsberg zu arm
waren, um eine Beihilfe zu gewähren, mußten die Bürger
ihre Häuser selbst wieder aufbauen, so gut sie es eben
vermochten.

Wie es scheint, haben die von Rheinsberg ihr Schloß und
ihre Ländereien an die von Platen verkauft. Diese blieben im
Besitz bis gegen die Mitte des 15. Jahrhunderts. Als aber der
letzte von ihnen, Achim von Platen, ohne Manneserben starb,
wurde sein Schwiegersohn, Berend von Bredow, im Jahre
1465 mit dem Gute belehnt. Die Bredow, ein überaus ge-
scheites Geschlecht, waren meines Wissens damals die größten Grundbesitzer im sogenannten Havelland, einem Teil der
Mark, der von der Havel, die hier eine sehr starke Krümmung macht, zum großen Teil umschlossen wird.

Über ihren Ursprung geht folgende Sage: Der Teufel habe einmal Musterung auf Erden gehalten und dabei eine große Menge übeltäterischer Ritter und Junker in einen großen Sack gesteckt und sei mit ihnen munter zur Hölle geflogen. Dabei sei er unterwegs aus Versehen mit dem Sack an die Spitze eines Kirchturmes gestreift, der Sack habe ein Loch bekommen, und eine große Menge der Junker – man sagt ein gutes Viertel des Sackinhaltes – sei, ohne daß der Teufel etwas davon gemerkt, zur Erde gefallen. Das seien die Bredows gewesen, die, herzlich froh, für eine Weile den Klauen des Satans entwischt zu sein, am selbigen Orte eine Stadt gründeten, die sie »Friesack« nannten und von der aus sie sich dann über das ganze Land verbreiteten.

Die Nachkommen Berend von Bredows blieben im Besitze von Rheinsberg bis 1618. Doch schon lange vor dieser Zeit war es mit dem Gut immer bergab gegangen. Schlechte Wirtschaft und Verschwendung mögen das Ihre dazu beigetragen haben. Immerhin aber muß es eine Kunst gewesen sein, auf einem solchen Gut ritterlich zu leben und leben zu lassen. Die Seen und Teiche waren längst ausgefischt und kaum einen Heller mehr wert. Mit den Wäldern stand es nicht viel besser, und was die Ländereien betraf, so war ein großer Teil reiner Sand, und es gab so gut wie gar keinen Ertrag. In jenen frühen Zeiten hatten die Ritter immer zwei Mittel bereit: Brachten die Ländereien ihnen nur wenig, so ließ sich doch noch ein erträglicher Lebensunterhalt herausschlagen, indem man über einen reisenden Handelsmann herfiel oder eine benachbarte Stadt plünderte. Es hieß damals:

Reiten und Rauben ist keine Schande,
Es taten's die Edelsten im Märkischen Lande.

Jedermann tat es und machte ein gutes Geschäft dabei, bis Kurfürst Friedrich I. dem Adel in seinem Lande etwas das Handwerk zu legen begann.

In dieser Beziehung folgten die Grafen von Lindow dem Beispiel des Kurfürsten. Der Eifer und die Energie, die sie in der Unterdrückung des Faustrechts an den Tag legten, ist noch heute bei den Bauern in dankbarer Erinnerung, wie folgende Erzählung beweist.

Ein Herr von Fratz, der auf dem Schlosse Kränzlin in der Nähe von Neuruppin lebte, war ein bekannter und gefürchteter Raubritter. Er hatte unter einer Brücke auf der Landstraße in der Nähe seines Burgtores einen Draht angebracht, der bis in seine Burghalle reichte und hier mit einer Glocke verbunden war, so daß der Burgherr gleich benachrichtigt wurde, wenn jemand die Brücke passierte; so konnte der Junker auch bei Nacht hinaussprengen und seiner Beute sicher sein. Der Graf von Lindow, der diese Praktiken durchaus nicht leiden wollte, hatte schon mehrere Male gedroht, ihm das Nest über dem Kopfe anzuzünden. Allein, der Herr von Fratz machte sich aus Drohungen nichts und trieb es wie zuvor. Da sandte der Graf, als der Junker einstmals zu ihm nach Ruppin hereingeritten war, Reiter nach Schloß Kränzlin hinaus, die dieses in Brand stecken mußten. Als es nun in vollen Flammen stand, führte er seinen Gast auf die Zinne seines Turmes und zeigte ihm die brennende Heimstätte von weitem. Noch heute tragen die Ruinen die Spuren des Brandes.

Im Laufe der Zeiten sahen sich die Junker endlich gezwungen, sich dem Willen der Landesherren auch in diesem Falle zu unterwerfen, obwohl das Aufgeben alles Wegelagerns und Plünderns einen gewaltigen Ausfall in ihren Einkünften zur Folge hatte.

Alle Besitzer Rheinsbergs, vom ersten bis auf den letzten, haben, wie es scheint, sich ihr Leben lang vergebens mit dem Problem abgemüht, ihr Einkommen mit ihren Ausgaben in Einklang zu bringen.

Die von Platen »verpfändeten zwei Drittel ihres Gutes an die Lüderitze und das letzte Drittel an die Restorf«. Im Jahre 1533 – hören wir – lagen »alle zum Gute gehörigen Dörfer wüst, und die dazugehörigen Ländereien waren an Nachbardörfer verpachtet«. In jenem Jahre hatte Achim von Bredow Rheinsberg dem Kurfürsten zum Kauf anbieten lassen. Darauf waren Kommissäre von Berlin gekommen und hatten eine Abschätzung des Gutes vorgenommen. Ihrem Berichte nach konnte der jährliche Ertrag desselben auf 631 Gulden veranschlagt werden, welcher Summe ein Kaufpreis von acht- bis zehntausend Gulden entsprechen würde. Zu jener Zeit zählte Rheinsberg dreißig »Gespann haltende« Bürger mit ihren Weibern und Kindern und elf Kätner. Alle diese hatten den Grundherren Frondienste zu leisten; die einen mit ihren Gespannen für die Ackerarbeit und die nötigen Fuhren, die anderen mit ihrer Hände Arbeit. Zu dem beabsichtigten Verkauf kam es nicht, da Achim, der immer hoffte, einen noch höheren Kaufpreis zu erlangen, zu lange gezögert und den Käufer hingehalten hatte, unter dem Vorwand, er müsse erst seine Verwandten darüber befragen. Fünfundachtzig Jahre später, anno 1618, verkaufte sein Nachkomme Justus von Bredow das Gut an Cuno von Lochow. Die von Lochow mögen später oft genug den Kauf bereut haben, denn ihnen waren schlimmere Zeiten vorbehalten als je einem ihrer Vorgänger.

Der Dreißigjährige Krieg brach herein mit seinem namenlosen Elend. Mehr als irgendein anderer in der Mark hatte der Ruppiner Kreis zu erdulden, und das will viel sagen. Jahraus, jahrein hören wir von nichts als von Sengen und Brennen. Feind und Freund wetteifern im Verwüsten. Schweden, Dänen und Sachsen, selbst brandenburgische Soldateska, die Horden Tillys und Wallensteins, der Gallas und der Banér, zwei Unmenschen, bei deren bloßen Namen der Landmann sich bekreuzigte, jagten einer den andern über die Fluren der Mark oder nisteten sich daselbst ein, das arme Volk bis aufs Mark aussaugend und dann beim Abzug den Rest seiner Habe in Brand steckend. Unbeerdigt lagen die Leichen erschlagener Bauern überall auf den Straßen umher. Die Überlebenden flüchteten in die Wälder, ihr Dasein von Eicheln fristend, und wurden schließlich aus Mangel an nahezu allem auf lange Jahre hinaus den Wilden ähnlich. Im Jahre 1640, so lesen wir, waren in der Grafschaft Ruppin nur noch vier Dörfer bewohnt, neunzig lagen in Asche. Nicht besser erging es den Städten. 1634 wird Rheinsberg niedergebrannt, 1637 bricht die Rinderpest, 1638 die wirkliche Pest aus. »Einmal flüchtet beim Nahen des Feindes

der Geistliche mit dem Reste der Bewohner auf die Remusinsel, und dort werden alle niedergemetzelt.«

Vierzig Jahre später, als der Große Kurfürst sich mit den
Holländern gegen Ludwig XIV. verbündete, nahmen die
Dinge sehr bald wieder einen nicht minder schlimmen Verlauf. Im Jahre 1675 quartierte sich Wrangel mit einem
schwedischen Heer in und um Rheinsberg ein. Wieder wurde
die Stadt, bis auf sieben Häuser, ein Raub der Flammen, und
wieder flüchteten die Einwohner auf die Remusinsel.

Im Jahre 1685 starben die von Lochow aus, und der Große
Kurfürst belehnte den General Du Hamel mit dem Ritter-
gute. Aber noch ehe das Jahr zu Ende ging, verkaufte es der
General mit Bewilligung des Kurfürsten an den Geheimen
Rat Chenevix de Béville. Bald nachher werden in Rheins-
berg, und noch mehr in den Dörfern der Umgegend, die
ersten Hugenotten angesiedelt. Im Jahre 1701 verkaufte
Béville das Gut an einen gewissen Hermann, um es indessen
nach kurzer Zeit wieder zurückzukaufen. Von dem Sohne
des Geheimen Rates, dem Obersten von Béville, erwarb es im
Jahre 1734 König Friedrich Wilhelm I. für seinen Sohn, den
Kronprinzen.

Sobald aber der Kauf perfekt geworden war, erließ der
König eine Verfügung an das Generaldirektorium, worin er
diese Behörde anwies, alle Maßregeln zu ergreifen, welche
zur Besserung der allgemeinen Lage Rheinsbergs dienlich
sein konnten. Dabei ging Seine Majestät auf die kleinsten
Details ein. So gab er Anweisung, daß die Hauptstraße und
der Marktplatz der Stadt gepflastert, die Strohdächer durch
solche von Ziegeln ersetzt und die Fronten der Häuser frisch
geputzt und getüncht werden sollten. Zur Bestreitung der
Kosten für die Pflasterung bewilligte er fünfhundert Taler
und ebensoviel pro Jahr für die Neueindeckung der Dächer
und die Erneuerung des Fassadenanstrichs unter der Bedingung, daß die erwähnten Verbesserungen innerhalb von fünf
Jahren durchgeführt würden.

Von gewissen Abgaben wurde die Stadt für die Zukunft
befreit, und das Direktorium sollte in Erwägung ziehen, ob
nicht den Einwohnern die persönlichen Frondienste nach

und nach erlassen werden könnten. Der Commissarius loci wurde angewiesen, alles, was in seinen Kräften stehe, zu tun, um Gewerbsleute zur Ansiedelung in der Stadt zu veranlassen. Eine gewisse Anzahl von kaufmännischen und gewerblichen Betrieben wurde mit Privilegien bedacht. In Folge jener Maßregeln – so wird uns berichtet – begann der Ort aufzublühen. Mehr als alles andere trug hierzu bei, daß der Kronprinz und sein Hof sich hier niederließen. Die Leistung der Frondienste erließ der Prinz den Einwohnern der Stadt gegen Abtretung eines Waldes, gab ihr aber denselben, ohne irgendein Äquivalent dafür zu verlangen, bei seiner Thronbesteigung zurück.

Vier Jahre später, im Jahre 1744, schenkte Friedrich der Große Rheinsberg seinem Bruder Heinrich, dem dritten Sohne Friedrich Wilhelms I. Prinz Heinrich hat indessen erst nach seiner Verheiratung im Jahre 1752 dort seinen Wohnsitz aufgeschlagen. Von 1756 bis 1763, das heißt während des Siebenjährigen Krieges, stand das Schloß wieder leer. Im Jahre 1758 lagerte ein schwedisches Heer unter Feldmarschall Hamilton, einem würdigen und humanen Manne, in der Nähe von Rheinsberg, tat aber, abgesehen von einer der Stadt auferlegten Kontribution von 7000 Talern, keinen Schaden.

Nach der Beendigung des Siebenjährigen Krieges hat Prinz Heinrich während der letzten neununddreißig Jahre seines Lebens (von 1763 bis 1802) vorwiegend in Rheinsberg gewohnt. Solange er lebte, stand der Ort in Blüte, namentlich aber gegen das Ende seines Lebens, als er sich fast das ganze Jahr hindurch dort aufhielt.

Nach seinem Tode ging es in die Hände seines Bruders Ferdinand über, des jüngsten von König Friedrich Wilhelms Kindern. Eigentlich hatte Prinz Heinrich das Gut testamentarisch seinem Neffen Louis (gewöhnlich Louis Ferdinand genannt) hinterlassen, indem er den Vater überging, weil dieser bereits sehr reichlich ausgestattet war. Allein Ferdinand, dessen Herz sehr an Landbesitz und Geld hing, fühlte sich dadurch so schwer gekränkt, daß der Sohn seine Ansprüche aufgab, glaubte er doch, nach dem natürlichen Lauf der Dinge bald genug alles sein eigen nennen zu dürfen. Allein, wie man weiß, fiel er noch zu seines Vaters Lebzeiten bei Saalfeld, und so ging Rheinsberg zur großen Enttäuschung der Gläubiger des eigentlichen Erben seinerzeit in den Besitz von dessen zweitem Bruder August über. Prinz Ferdinand starb 1813, Prinz August 1843, und das Gut fiel somit an die Krone zurück.

Seit 1802 ist in Rheinsberg nicht mehr Hof gehalten worden. Wohl mögen Prinz Ferdinand und sein Haus bisweilen nach Rheinsberg gekommen sein, meines Wissens sind das immer nur ganz kurze Besuche gewesen. Prinz August lebte mit seiner Gemahlin (die nicht von fürstlicher Geburt war) und seinen Kindern sehr viel in Rheinsberg, selbstverständlich nur als Privatmann. Damit war aber der Stadt wenig geholfen, die sich von dem Schlag, den sie durch den Tod des Prinzen Heinrich erlitten, nie wieder erholt hat. Die Regierung hat sich allerdings zu jener Zeit einmal mit Plänen getragen, wie man durch Meliorierung wüstliegender Ländereien der Stadt aufhelfen könne. Allein, als bald darauf Napoleon kam und alle Welt an andere Dinge denken lehrte als an Meliorationspläne, waren auch die, welche man für Rheinsberg ins Auge gefaßt hatte, samt der armen Stadt selbst bald genug vergessen und sind es geblieben bis zum heutigen Tag.

Das Schloß

Die einzigen Menschen, welche im Schloß wohnen, sind der Portier oder, wie man in Deutschland stolzerweise zu sagen pflegt, »der Kastellan« und seine Familie. Es war am dritten Tage meines Aufenthaltes in Rheinsberg und am ersten meiner Niederlassung bei Frau Lemm, als ich mich in der Stille der frühen Nachmittagsstunden, um die Zeit der allgemeinen Siesta, zur Besichtigung des Schlosses aufmachte. Nachdem ich einige Male auf dem inneren Hofe auf und ab gewandelt, ging ich geraden Weges auf die einzige Tür zu, welche um die Klinke herum neuere Fingerspuren zeigte, und zog an einer daneben aufgehängten Glocke. Da niemand erschien, klopfte

Kronprinz Friedrich mit seinen Brüdern

ich und klingelte noch einmal, öffnete dann die Tür, schaute hinein und fuhr fort, zu klopfen und zu läuten. Endlich öffnete sich eine innere Tür, eine alte Frau schaute heraus, würdigte mich indes auf das, was ich ihr sagte, keiner Antwort. Ja, sie hörte mich nicht einmal mit rechter Neugierde an. Im Gegenteil, sie sandte mir einen ungewissen, wenig versprechenden Blick zu und verschwand, die Tür hinter sich zuwerfend, so plötzlich, wie sie gekommen. Aus der Kurzangebundenheit der Alten sowie ihrer verzweifelten Gleichgültigkeit schloß ich sogleich und mit Recht, daß ich es mit einer Person zu tun gehabt, die entweder zum Besuch oder mit einer Botschaft aufs Schloß gekommen, vielleicht auch zu einer Hilfeleistung gerufen worden war, keinesfalls aber zum Haushalt des Kastellans gehörte. Ich machte mir deshalb keine große Sorge darüber, daß ich sie so schnell wieder aus dem Gesicht verloren hatte, und zwar um so weniger, als nun auch der Kastellan selbst erschien, in geschäftiger Eile und ganz rot im Gesicht und voller Freude, daß sich ein Tourist bei ihm sehen ließ. Dabei hatte er – in seiner übergroßen Hast und mit dem dicken Schlüsselbund, das er in der Hand trug – alle Mühe, jeden seiner Arme in dem richtigen Rockärmel unterzubringen. – Wie sich von selbst versteht, war er ein ehemaliger Unteroffizier und hatte, sobald er sich in seiner neuen Stellung als Schloßwart ein wenig eingerichtet, den Grund zu seinem künftigen Glück dadurch gelegt, daß er ein Weib nahm. Es stellte sich nun heraus, daß die Frau Kastellanin am vorhergehenden Tage in dem behaglichen Winkel des großen öden Schlosses, in dem sich das Paar sein Nest gebaut hatte, eines Kindleins genesen war, und er, der glückliche Vater, hatte in der Dankbarkeit und Freude seines Herzens sich gerade zur Seite von Mutter und Kind einem Mittagsschläfchen hingegeben, als ich kam und ihn aufstörte.

Wir stiegen gleich zum oberen Stockwerk hinauf und gingen zuerst in den großen Konzertsaal, der in demselben Flügel liegt. Es ist ein stattlicher Raum, etwa vierzehn Meter lang und elf Meter breit, mit Fenstern nach beiden Seiten, von denen die zur Rechten nach dem Kavalierhaus, die zur Linken auf den Hof hinausgehen. Die Wände sind mit Stuck bekleidet und die Pfeiler zwischen den Fenstern von großen Spiegeln in goldenen Rahmen eingenommen. Die Kronleuchter, welche von der Decke herabhängen, liefern, wenn auch vielfach defekt, immerhin eine schöne Probe von der Glasfabrikation jener Tage. Sonst aber ist der Saal völlig leer. Was ihn einst berühmt gemacht hat, ist Pesnes al fresco hergestelltes Deckengemälde »Die aufgehende Sonne, die Schatten der Nacht verjagend«, das heißt, Apolls Wagen, dem Fama vorauseilt und den Grazien, Horen und Liebesgötter umringen, treibt die Nacht von dannen. Die letztere ist ein schönes junges Weib, das sich dicht in einen schwarzen Schleier hüllt, von Traumgöttern und Eulen umschwebt wird und ein schlafendes Täubchen in ihren Armen hält. »Wir würden sie mit noch größerem Bedauern scheiden sehn«, sagt Hennert, »hätte es der Künstler nicht so gut verstanden, uns den kommenden Tag mit allen nur ersinnlichen Symbolen der Schönheit und Freude darzustellen.« Da sehen wir Diana, Venus und Amor, endlich Zephyr und die Morgenröte. Schöne Nymphen gießen aus goldenen Schalen Tau auf die Erde herab, während andere die Pforten des Himmels öffnen. Genien streuen Blumen und folgen in lustigem Reigen der Fama, die ihre Trompete erschallen läßt. Die Sonnenrosse bäumen sich auf, und eines wirft eben den kleinen Liebesgott ab, dem die Pfeile aus dem Köcher fallen und über die Erde hingestreut werden. Das Freskobild ist, wie Fontane sagt, ganz im Ovidischen Sinne gehalten, und gerade deshalb wird es, glaube ich, uns schwer, ihm Gerechtigkeit widerfahren zu lassen. Wir können uns des Gedankens nicht erwehren, daß diese Gewänder, die ihren Trägern kaum etwas nützen, so nahe den Winden, recht lästig sein müssen. Der Maler war eben im Manierismus seiner Epoche befangen und durch ihn gebunden. Wie dem auch sei, das Bild wird einen Beschauer nicht gleichgültig lassen. Offenbar hat der Künstler hier der Natur gewisse Geheimnisse abgelauscht und sie zu den seinigen gemacht. Vor allem hat er sehr glücklich den frischen, belebenden Zug, der das junge Tageslicht durchweht, zu erfassen gewußt. Es zittert wie morgendliche

Hoffnungsfreudigkeit und Tatenlust durch das ganze Bild. Jeder einzelne geht auf dem Fresco mit so herzlich gutem Willen an sein Tagewerk, von Apolls feurigen Rossen an bis auf die hochgeschürzten jungen Weiber, die festen Schrittes auf dem reinen Nichts daherschreiten. Das Bild wurde im Jahre 1739 begonnen und 1740 vollendet, demselben Jahre, in welchem Friedrich den Thron bestieg. Es kann uns nicht zweifelhaft sein, daß der Maler, wenn nicht sein Auftraggeber dabei den damaligen Stand der Dinge im Königreich Preußen im Auge gehabt hat. Das aber erscheint uns zweifelhaft, ob es weise gehandelt war, in so unzweideutiger, für jeden verständlicher Sprache zu reden. Der König wurde unterrichtet über das, was in Rheinsberg vorging, und dürfte mit Recht Anstoß daran genommen haben, daß er als Genius der Nacht im schwarzen Schleier figurieren sollte, der dem Wagen Apolls, den Liebesgöttern und Grazien und der Nachwelt den Rücken kehrt.

Der Konzertsaal konnte von Friedrich als Kronprinz nicht benutzt werden, da er damals noch nicht fertig war. Seine eigenen Konzerte fanden in einem Saale des gegenüberliegenden Flügels statt. Die einzige Gelegenheit, bei welcher er, wie man annehmen darf, von dem großen Saal Gebrauch gemacht hat, war, wie er als König im Herbst 1740, etwa ein halbes Jahr nach seiner Thronbesteigung, auf sechs Wochen nach Rheinsberg kam. In unmittelbarem Anschluß an den Konzertsaal liegt ein kleines rundes Turmgemach, dessen Decke ebenfalls ein von Pesne gemaltes Freskobild schmückt, das in der Wahl wie in der Behandlung seines Gegenstandes sich mehr in Übereinstimmung hält mit den Raumverhältnissen des Zimmers und dessen Bestimmung für eine Unterhaltung tête à tête. Es stellt Ganymed dar, wie er, auf dem Adler Jovis sitzend, Venus eine goldene Schale kredenzt. Diana steht daneben, »um anzudeuten, daß eine schöne Nacht die Freuden des Weines und der Liebe erhöhe«.

In demselben Flügel liegen die Zimmer der Prinzessin Amalie und eine Reihe anderer ohne besondere Bezeichnung. Nachdem wir diese verlassen und in das Corps de logis eingetreten, wurden mir die Zimmer der Kronprinzessin (der späteren Königin Elisabeth Christine) und der Prinzessin Heinrich gezeigt. Im Schlafzimmer der Kronprinzessin befinden sich noch einige Möbel, und die Decke des Raumes, der ihr einst als Vorzimmer diente, schmückt wieder eine Freske von Pesnes Hand.

Aus Prinz Heinrichs Zeit stammen das Muschelzimmer, in welchem Wände und Decke mit wirklichen Muscheln bekleidet sind, das chinesische Zimmer und des Prinzen Bibliothek. Weiterhin, im linken Flügel, liegt das sehr geräumige Schlafzimmer Heinrichs. Es ist leidlich in Ordnung gehalten und enthält noch das mächtige, vierpföstige Bett, in welchem, soviel ich weiß, der Prinz gestorben ist. An das Schlafzimmer schließt sich die sogenannte Galerie. Prinz Heinrich gewann diese dadurch, daß er eine Wand niederreißen ließ und so aus zwei Räumen einen machte. Einer derselben, und zwar der dem Ende des Flügels zunächst gelegene, hatte einst dem Kronprinzen als Musikzimmer gedient, in welchem er seine täglichen Konzerte abzuhalten pflegte.

Dieser Flügel bildet zusammen mit etwa der Hälfte des Corps de logis den ältesten Teil des Gebäudes, das heißt das alte, ursprüngliche Schloß Rheinsberg, erbaut, ich weiß nicht zu welcher Zeit. Es war, noch ehe der Kronprinz davon Besitz ergriff (1734-1736), durch Kemmeter völlig umgestaltet worden, so daß es seinem früheren Zustand in nichts mehr ähnlich sah. Später ist dann das Innere mit Einschluß der eben erwähnten Räume vom Prinzen Heinrich wiederum umgebaut worden.

Friedrichs Studierzimmer, welches in dem Turme am Ende des Flügels liegt, ist von all diesen Veränderungen am wenigsten berührt worden. Es enthält noch einige Stücke seines ursprünglichen Mobiliars, und auch die Decke ist noch genauso, wie sie war. Es ist ein mäßig großer, achteckiger Raum mit enorm dicken Wänden und drei Fenstern, die in tiefen Nischen liegen. Aus jedem Fenster blickt man, wie Carlyle sagt, auf lauter »Himmel und Erde und Wasser in ornamentaler Pracht«.

In den Nischen sind Sitze angebracht, und zwischen den Fenstern stehen Stühle, deren Lehnen und Beine noch die Spuren ehemaliger Versilberung tragen. In der Mitte des Zimmers befindet sich der Schreibtisch von der Größe eines gewöhnlichen Damenschreibtisches. Er hatte einst vergoldete Füße und war mit rotem Sammet bezogen, aber die Vergoldung und der Sammet sind fast verschwunden. Die Platte des Tisches ist beweglich und verstellbar.

Die Decke ziert wiederum eine Freske Pesnes, die den beschaulichen Fleiß versinnbildlichen soll. Ein Genius reicht der Minerva ein Buch, auf dessen aufgeschlagenen Seiten wir die Namen Horaz und Voltaire lesen. In der anderen Hand hält er ein mit Flügeln versehenes Stundenglas. Ein anderer Genius, der das Schwert des Mars in der Hand trägt, macht sich hastig davon. Zu Friedrichs Zeit muß das Zimmer außerordentlich hell und freundlich und bei alledem infolge der Dicke seiner Wände doch recht warm und behaglich gewesen sein. Friedrichs Bücher standen teils an den Pfeilern zwischen den Fenstern, teils in dem geräumigen Kabinett, welches den einzigen Zugang zu dem Turm bildet und sein Licht vom Studierzimmer aus durch eine Glastür erhält. Hier sind sie noch jahrelang geblieben, als Friedrich lange schon nicht mehr nach Rheinsberg kam. Ja, selbst noch, als er das Gut bereits seinem Bruder geschenkt hatte. Erst 1747, dem Jahre, in welchem der Bau von Sanssouci vollendet wurde, sind sie nach Potsdam gebracht worden. Dem Schreibtisch irgendwo gegenüber hat einst Voltaires Porträt gehangen.

Ihre gegenwärtige Gestalt haben die Wände der Fensternischen erst durch den Prinzen Heinrich erhalten. Hier standen nämlich seine eigenen Bücher von der Zeit seiner Verheiratung im Jahre 1752 an bis nach Beendigung des Siebenjährigen Krieges. Als Studierzimmer benutzt hat er den Raum, soviel ich weiß, vom Jahre 1752 bis 1756. Als dann im Jahre 1763 seine Bücher in der neuen Bibliothek untergebracht wurden, ließ er die Wände, um die Spuren der Bücherregale zu vertilgen, paneelieren und die Paneele im Sinne einer Symbolisierung der vier Jahreszeiten mit Blumen, Vasen und so weiter bemalen.

Jetzt ist das alles mit einer weißlich-gelbgrünen Kalktünche überzogen. An den Pfeilern zwischen den Fenstern sind Konsolen angebracht, auf denen die Büsten von Horaz, Voltaire, Rousseau und Diderot stehen. Jedenfalls hat sie Prinz Heinrich dort aufstellen lassen.

Die beiden Flügel des Schlosses enden, einander genau entsprechend, jeder in einem runden Turm, der den Eindruck eines riesigen Pfeilers macht. So bildet denn das Studierzimmer Friedrichs das Visavis zu dem kleinen runden Turmgemach an dem Ende des anderen Flügels, welches, wie schon erwähnt, sich an den großen Konzertsaal anschließt.

Nach Hennert – und seit seiner Zeit hat sich ja wenig geändert, wenigstens nicht in den oberen Etagen – beträgt die Zahl der Zimmer im Erdgeschoß des Schlosses sechsunddreißig, im ersten Stock aber neunundzwanzig. Zu Friedrichs Zeiten ist an bewohnbarem Raum kaum mehr als die Hälfte des eben angegebenen vorhanden gewesen. Das Kavaliergebäude, welches nach Hennert neunundfünfzig »möblierte« Zimmer für die Gäste enthielt, war eben erst im Entstehen, als Friedrich Rheinsberg verließ. An das Domestikenhaus, welches unter des ersten Baron Reisewitz Leitung während des Siebenjährigen Krieges erbaut wurde, hatte man damals noch nicht einmal gedacht.

Während der letzten vierzig Jahre hat das Schloß unbewohnt, fast von allem Hausrat entblößt, gestanden. Die Witwe und die Kinder des Prinzen August haben ohne Zweifel alle ihnen gehörige bewegliche Habe mit sich genommen oder verkauft. Der Rest einschließlich allem, was aus der Zeit Friedrichs des Großen und des Prinzen Heinrich stammt, gehörte der Krone. Friedrich Wilhelm IV. ließ eine Menge Bilder wegnehmen, um sie in Potsdam und anderswo aufhängen zu lassen.

Vielleicht ist auch manches Stück Möbel bei dieser Gelegenheit woandershin gebracht oder verkauft worden. Jetzt ist das Schloß tatsächlich leer, befindet sich aber baulich in gutem Zustand. Von Zeit zu Zeit pflegt ein Beamter des zuständigen Ressorts von Berlin oder Potsdam herüber-

Schloß Rheinsberg
mit der Hofgesellschaft des Kronprinzen

zukommen, um nach dem Rechten zu sehen – wohl auch, wie ich vermute, um Gelder einzuziehen oder solche anzuweisen. Zu seinem Gebrauche sind ein paar Zimmer in moderner Weise möbliert worden.

Friedrich ergreift Besitz von Rheinsberg

Es war Tradition im kurfürstlichen Hause Brandenburg, daß der Kurprinz irgendeinem »Amte« überwiesen wurde. So übertrug denn der König auch dem Kronprinzen, als er aus dem Küstriner Exil zurückkehrte, das Amt Ruppin, das ehemalige Lindowsche Lehen, welches einen Amtsbezirk bildete. Da die dienstlichen Funktionen des Kronprinzen vorwiegend militärischer Natur waren (der König hatte ihn zum Oberst des in Ruppin garnisonierenden Regimentes ernannt), wurde es notwendig, daß er entweder in der Stadt selbst oder doch in deren unmittelbarer Nachbarschaft seinen Wohnsitz nahm. Nun gab es ja in Neuruppin ein ganz gutes Haus, das sich wohl zur Wohnung für einen jungen Obersten mit den bescheidenen Ansprüchen eines Soldaten und Junggesellen eignete, aber kein Palais, wie es sich für den Thronerben und seine Gemahlin samt den Damen und Herren ihres Hofes schickte. Als Friedrich im Jahre 1733 heiratete, wurde es allen Beteiligten, den König Friedrich Wilhelm mit inbegriffen, klar, daß, wenn das junge Paar überhaupt einen gemeinschaftlichen Haushalt führen sollte, irgendwo eine geeignete Residenz gefunden werden mußte.

Da Friedrich sich sehr nach einem ländlichen Aufenthalte sehnte, wurden Verhandlungen über den Ankauf von Rheinsberg eingeleitet, der alten Grenzwarte gegen Mecklenburg, die von Neuruppin nur etwa vier Meilen entfernt lag und damals, wie bereits erwähnt, sich im Besitz des Obersten Chenevix de Béville befand. Als Beitrag zur Kaufsumme gab der König (am 11. November 1733) aus seine Tasche 55 000 Taler her, und im Januar 1734 ritt der Kronprinz selbst hinüber nach Rheinsberg, um den Kauf abzuschließen, der am 18. März des Jahres durch den König bestätigt wurde. Die

Kaufsumme betrug 75 000 Taler. Der Mehrbetrag wurde, wie sich nach den vorhandenen Andeutungen schließen läßt, aus der Mitgift der Kronprinzessin bestritten.

So war denn wenigstens der Platz für eine Wohnung beschafft. Allein das dort vorhandene Wohnhaus bot nicht genügenden Raum für den jungen prinzlichen Haushalt. Es bedurfte hierzu eines gründlichen Umbaues und bedeutender Vergrößerungen. Hiermit betraute der König seinen Hofbaumeister Kemmeter, der aus dem alten Herrenhause zunächst den linken Flügel und die linke Hälfte vom Corps de logis des Schlosses herstellte. Damit war für den jungen prinzlichen Hof – zunächst freilich nur innerhalb der bescheidenen Grenzen eines Privathaushaltes – der notwendige Raum gewonnen. Die Vollendung des Mittelbaues indessen und die Aufführung des rechten Flügels, in denen die Staats- und Repräsentationsräume Platz finden sollten, blieb einer späteren Zeit vorbehalten. Da Kemmeter zwei Jahre zur Vollendung seines Werkes brauchte, blieben Friedrich und seine junge Gemahlin tatsächlich während dieser Zeit voneinander getrennt.

Friedrich führte seinerseits zu Ruppin ein lustiges Junggesellenleben. Er tat seinen Dienst als Regimentskommandeur, verschmähte aber auch nicht, gelegentlich mit seinen Offizieren nächtlicher Weile irgendeinen tollen Streich auszuführen und dabei den Nachbarn die Fenster einzuwerfen.

Dicht vor den Mauern der Stadt legte er sich einen Garten an, den er »Amalthea« nannte, baute darin einen Tempel und brachte häufig die Sommerabende dort zu. In der Amalthea wurde treffliches Gemüse gezogen, so daß noch Jahre nachher die Bedürfnisse der Rheinsberger Schloßküche von dort aus versorgt und ausgezeichnete Stücke als Geschenk für seine Majestät nach Potsdam gesandt werden konnten.

Inzwischen lebte die junge Kronprinzessin einsam im Palais ihres Gemahls zu Berlin, während des Sommers auch auf kurze Zeit in Schönhausen, einem ehemaligen Jagdschlößchen Friedrichs I., das zu einem Landhause umgebaut worden war, demselben, welches später ihr Privateigentum wurde.

54

Kronprinz Friedrich

Um das Frühjahr 1736 war der Neubau so weit vollendet, daß Friedrich zu seiner größten Freude in Rheinsberg bleibenden Aufenthalt nehmen konnte. Er brachte einen Teil des Frühsommers dort zu und schildert uns in den glühendsten Farben sein »verzaubertes Schloß« sowie das seßhafte Leben, welches er dort führe, indem er seine Zeit mit Lesen, Schreiben und Musizieren verbringe, letzteres übrigens sehr mit Maßen, da ihn »le Diable« (Manteuffel) gewarnt habe, er werde sich ein Lungenleiden zuziehen, wenn er fortfahre, so viel Flöte zu blasen, wie er bisher getan.

Die Anwesenheit der Kronprinzessin und ihrer Damen, welche im August 1736 an den Hof des Prinzen übersiedelten, brachte ein neues Element frohen Lebensgenusses in den Rheinsberger Kreis. Friedrich selbst gesteht in einem Briefe an Manteuffel, daß die Gesellschaft des schönen Geschlechts eine große »ressource« sei, und ist darin gewiß aufrichtig. Mag er nun in der Tat damals eine wirkliche Zuneigung für seine junge Gemahlin empfunden haben oder nicht, jedenfalls freute er sich nach seiner Junggesellenzeit des Sonnenscheins von Glanz und Frohsinn, den die Damen mit sich brachten, und der völlig veränderten Gestalt, welche ihre Anwesenheit dem Leben an seinem Hofe verlieh.

Ein wichtiges Ereignis sollte übrigens die Routine täglicher Beschäftigung, wie man sie sich vorgenommen hatte, unterbrechen, noch ehe dieselbe recht hatte in Gang kommen können. Dies war der Besuch des Königs und der Königin. Schon im Frühsommer, lange bevor alles in Ordnung war, hatte Friedrich in seinem wie im Namen seiner Gemahlin untertänigst darum gebeten, Ihre Majestäten als die ersten Gäste in seiner neuen Häuslichkeit begrüßen zu dürfen. Die Einladung wurde sehr gnädig aufgenommen. Das Programm der dem König zugedachten Unterhaltungen war folgendes: erster Tag: Hetzjagd, zweiter Tag: Fischzug, dritter Tag: Taubenschießen. Die hohen Herrschaften blieben, glaube ich, drei Tage in Rheinsberg und amüsierten sich vortrefflich. Seine Majestät befand sich in ausgezeichneter Laune, und wenn ich nicht irre, war es damals, als gewisse Personen, die in des Prinzen Wünsche eingeweiht waren, die

Gelegenheit benutzten, sich bei ihm beliebt zu machen, indem sie den König zu seinen Gunsten bearbeiteten.

Wenigstens scheint es zweifellos, daß Pöllnitz einen dieser Tage, wahrscheinlich war es der letzte des Besuches, im Sinne hat, wenn er uns erzählt, daß »eines Tages, im Sommer 1736, als der König beim Kronprinzen zu Mittag speiste und in vortrefflicher Laune zu sein schien, Grumbkow die Gelegenheit benutzte, sich bei letzterem, mit dem er nicht gerade auf dem besten Fuße stand, in Gunst zu setzen. So begann er denn das glänzende Diner zu loben, das der Kronprinz dem Könige vorgesetzt habe, und fügte scherzend hinzu, solche Bankette werde er wohl nicht oft veranstalten können, sonst möchten seine Finanzen darunter leiden. Da fragte der König seinen Sohn, ob er Schulden habe und wie hoch sie sich beliefen. Der Kronprinz getraute sich nicht, eine höhere Summe zu nennen als 40 000 Taler, worauf der König sagte, er werde sie ihm bezahlen. Darauf fragte Grumbkow, ob dies denn so zu verstehen sei, daß die jährlichen Einkünfte des Kronprinzen um die genannte Summe erhöht werden sollten. Friedrich Wilhelm tat indessen, als habe er nichts gehört, schickte aber am anderen Tage seinem Sohn die 40 000 Taler.«

La République de Platon

Der Prinz und die Prinzessin bildeten mit den Damen und Herren ihres Gefolges zusammen eine Gesellschaft von ungefähr vierzig Personen. Außerdem fehlte es auch nie an Gästen, fürstlichen und anderen, selbst im Winter nicht. Im Februar 1737 schreibt Friedrich an die Markgräfin von Bayreuth: »Gewöhnlich sind wir zwei- bis vierundzwanzig Personen bei Tafel ... Wir amüsieren uns mit allerlei harmlosem Nichts und halten uns alles fern, was uns das Leben unbehaglich machen und unser Vergnügen stören könnte. Wir führen Tragödien und Komödien auf, geben Bälle und Maskeraden und machen Musik. Da hast du einen Abriß unseres täglichen Lebens. – Bei alledem wird aber das Stu-

Kronprinzessin Elisabeth Christine

dium der Philosophie nicht vergessen, denn sie ist doch die zuverlässigste Grundlage, auf der wir unser Schicksal aufbauen können.«

Nach allem, was wir wissen, scheint Friedrich mit seiner Gemahlin zu dieser Zeit ebenso glücklich gelebt zu haben wie andere jungverheiratete Paare. Es findet sich nirgends die leiseste Andeutung, die auf etwas wie eine Entfremdung zwischen den Ehegatten schließen ließe. Im Gegenteil, es sind Spuren vorhanden, die auf einen natürlichen und herzlichen Verkehr zwischen ihnen deuten. Wie der junge Gatte im innersten Herzen für die Frau fühlte, welche er gezwungen worden war zu heiraten, wissen wir nicht.

Die hübsche und liebenswürdige Prinzessin war übrigens keine Spielverderberin und scheint an allem, was man unternahm, tätigen Anteil genommen zu haben. Sie hatte ja Jugend, Geist und eine vortreffliche Gesundheit auf ihrer Seite. Ein junger Prinzenhof, den noch keine Krone und keine Regierungssorgen drücken, noch dazu, wenn er an einem so abgelegenen Orte residiert, ist immer eifrig danach aus, sich möglichst zu amüsieren, und so nahmen auch in Rheinsberg die Vergnügungen bisweilen einen etwas geräuschvollen Verlauf. Überdies hatte man ausdrücklich dafür gesorgt, daß ein Hemmschuh zur Hand war, wenn das Rad des geselligen Vergnügens einmal bergab zu rollen begann, und die Verantwortlichkeit hierfür in die Hände der Grande Maîtresse (Oberhofmeisterin) Ihrer Königlichen Hoheit der Kronprinzessin (in diesem Falle repräsentiert durch Frau von Katsch) gelegt, einer Dame, die man den Inbegriff und die Verkörperung alles dessen nennen konnte, was gute Lebensart und strenge Sitte fordern, und die es vortrefflich verstand, in ihr verbindlichstes Lächeln zur rechten Zeit eine kleine Belehrung zu legen oder eine leise Mißbilligung in eine tiefe Verbeugung zu kleiden. Neben ihr figurierte die unglückliche Person eines gewissen Oberst von Bredow, der – ich weiß nicht recht, was für eine Stellung einnahm. Eine Stellung, die der Herr des Hauses nur allzugern beseitigt haben würde, wenn er damit zugleich den Mann selbst hätte loswerden können. Über die eigentlichen Pflichten Bredows zu Rheinsberg respektive das, was man als solche anzusehen glaubte, wagte man nicht laut zu reden. Er galt allgemein als der »Kundschafter« des Königs, der über alles, was in Rheinsberg vorging, nach Potsdam zu berichten hätte; Berichte, die natürlich im boshaftesten Sinne abgefaßt und sehr stark gefärbt seien.

Wir besitzen noch das Verzeichnis der Personen, welche dauernd beim prinzlichen Hofe angestellt waren. Der Hofmarschall, in dessen Händen die ganze innere Verwaltung lag, war Wolden. Schon in Küstrin war er mit dem Amte betraut worden, als der Prinz aus seiner Gefangenschaft entlassen wurde, und blieb darin bis wenige Wochen vor dessen Thronbesteigung, als er ganz plötzlich starb. Von Bredow habe ich schon gesprochen. Neben ihm sind vor allem noch Keyserlingk, Knobelsdorff, Semming, Stille und Jordan zu nennen. Einige Offiziere von des Prinzen Regiment, Chasot, Wylich und Buddenbrock, hatten ihr stehendes Quartier in Rheinsberg und gingen nur, wenn der Dienst es erforderte, in ihre Garnison. Andere, von denen Rathenow, Kleist und Schenkendorf namentlich genannt werden, waren im Schlosse häufige Gäste. Fouqué aber, der alte Freund aus den Küstriner Tagen, ist nur anfangs auf längere Zeit zu Besuch dort gewesen. Der Letzte, der sich in der Absicht, eine dauernde Anstellung zu erlangen – und zwar nur wenige Monate, bevor die Hofhaltung daselbst aufgelöst wurde –, in Rheinsberg eingefunden hatte, war Bielfeld.

Einige von Friedrichs besten Freunden sind überhaupt nie oder kaum nach Rheinsberg gekommen. So zum Beispiel Duhan, Camas, Manteuffel, Suhm und Voltaire. Letzterer hat allerdings dort einen kurzen Besuch abgestattet, aber erst nach Friedrichs Thronbesteigung. Für ihre Abwesenheit hielt er sich nach Möglichkeit schadlos durch einen überaus regen und stetigen brieflichen Verkehr.

Friedrich liebte es sehr, seinen Freunden Phantasienamen zu geben, indem er entweder ihre wirklichen Namen in antikisierender Form umwandelte oder den neuen so wählte, daß durch denselben irgendein angeblicher Charakterzug seines Trägers ausgedrückt wurde. Einige Freunde des

Rheinsberger Kreises kennt man beinahe gar nicht unter ihrem wirklichen Namen. So figuriert zum Beispiel Keyserlingk in den Briefen stets als »Cäsarion«, bisweilen auch, der Abwechslung wegen, als der »Schwan von Mitau«, nach der bekannten Hafenstadt an der Ostsee, in deren Nähe er geboren war. Jordan war »Hephästion« oder auch – warum weiß ich nicht – »Tindal«. Grumbkow, zwar kein Freund, aber aus sehr zwingenden Gründen ein naher Bekannter, hieß »Biberius« oder auch »cher Cassubien«. Suhm wurde »Diaphanes«, Algarotti »Der Schwan von Padua« genannt. Manteuffel figurierte bezeichnend genug als »Diable«, bei direkter Anrede indessen meist als »Quinze-Vingt«, was ihm jedenfalls lieber war.

Die Damen der Prinzessin waren die schon erwähnte Frau von Katsch als Grande Maîtresse und die Fräulein von Walmoden und von Schack als Hofdamen. Andere werden uns als ständiger Besuch genannt, so die Frauen von Hacke, von Morrien, von Brandt, von Veltheim und von Kaunenberg, von denen einige auch ihre Gatten mitbrachten. Ein sehr häufiger Gast war des Prinzen Vetter, der Markgraf Heinrich, später von Schwedt. Obwohl zu jener Zeit mit Friedrich sehr befreundet, war er doch mit seinem mehr als lebhaften, lärmenden und dabei zugleich halsstarrigen Wesen, und weil er mitunter ohne militärischen Urlaub kam, nicht immer ein willkommener Gast. Mit mehr Recht konnte als solcher der Lieblingsbruder der Prinzessin, der nachmalige berühmte Kriegsheld Ferdinand von Braunschweig gelten. Noch eine Reihe anderer fürstlicher Namen wird in der ihnen gebührenden Rangordnung aufgezählt. Auch die Gesandten und sonstige in Berlin verkehrende Diplomaten verfehlten nicht, am Hofe des Thronerben gelegentlich ihre Aufwartung zu machen. Neben diesen gingen und kamen fortwährend Gäste der verschiedensten Kategorien, wie zum Beispiel Lord Baltimore, in dessen Gefolge sich auch Algarotti befand.

Sie alle haben sich, wie es scheint, in Rheinsberg nach Herzenslust amüsiert. Wir besitzen allerdings darüber, was sie dort getrieben und gesprochen haben, nur sehr spärliche Nachrichten. Aber wir dürfen sicher sein, daß die Unterhaltung eine sehr heitere gewesen ist. Wenigstens wissen wir, daß mancher von den damaligen Gästen des prinzlichen Hofes jenen Rheinsberger Tagen ein dankbares und freundliches Andenken bewahrt hat. Selbst heiter und voll Frohsinns, tat der Hausherr gewiß sein Bestes, die Gäste in fröhlicher, angeregter Stimmung zu erhalten. Freilich stellte sich oft genug Mangel an Geld ein, und dies sowie allerlei Reibungen, die sich von Zeit zu Zeit fühlbar machten, mußten wohl wie ein Dämpfer auf seine eigene frohe Stimmung wirken. Allein das alles vermochte doch nichts daran zu ändern, daß es eine Lust war, in Rheinsberg Hof zu halten.

Noch im Jahre 1734, als der König einmal recht krank war, hatte Friedrich ausgerufen: »Wenn mein Vater mich doch nach meiner eigenen Neigung leben lassen wollte. Mit Freuden würde ich meinen rechten Arm hergeben, könnte ich sein Leben damit um zwanzig Jahre verlängern.« Jetzt durfte er endlich während eines vierjährigen Landaufenthaltes tatsächlich ungestört seinen Neigungen leben, und nur dann war's mit dieser glücklichen Freiheit aus, wenn er, wozu er freilich von Zeit zu Zeit durch höhere Gewalt genötigt wurde, seine Heimstätte verließ. Er studierte jetzt mit großem Eifer, blies fleißig die Flöte und schrieb Essays sowie eine nicht geringe Zahl von Versen und Briefen in mehr oder minder gutem Französisch, worin er sich durch gesellige Vergnügungen, obwohl er sich ihnen mit aller Lust und Frische hingab, niemals stören ließ. Je tiefer er es empfand, daß seine erste Erziehung traurigerweise mißleitet worden war, mit desto größerem Eifer und Fleiße suchte er nun durch Selbststudium das Versäumte nachzuholen. Vielleicht wiegte er sich auch in dem Traume, daß es ihm gelingen werde, sich dereinst einen Platz zu erringen neben den großen Meistern der Literatur.

Im Jahre 1738 schreibt er an Duhan: »Ich bin begraben in meinen Büchern und jage hinter der Zeit her, die ich in meiner Jugend so gedankenlos weggeworfen, mich nach besten Kräften bemühend, Schätze an Wissen und Erkenntnis einzusammeln.«

Kahnpartie des Kronprinzen Friedrich in Rheinsberg

Einmal, während des Winters, kam eine kurze Unterbrechung in das Stilleben zu Rheinsberg. Das war, wenn sie alle auf ein paar Wochen an den Hof nach Berlin mußten, um zu »tanzen«. Allein gegen Mitte Januar waren sie schon wieder zurück in ihrer lieben Schneewüste. Einmal scheinen sie indes den ganzen Winter hindurch überhaupt nicht nach Berlin gegangen zu sein. Friedrich selbst mußte zu seinem großen Verdrusse häufig von Rheinsberg fort. Entweder rief ihn der Dienst seines Regiments nach Neuruppin, oder er mußte in gewissen Zwischenräumen nach Potsdam, um das heilige Abendmahl zu nehmen, oder endlich nach Berlin zu den großen Frühjahrsparaden. Im Herbst hielt ihn wohl gar ein Manöver in Ostpreußen auf mehrere Wochen fern von Rheinsberg. Über solche Unterbrechungen seines Stillebens war er dann immer höchst entrüstet.

Jeder Tag, den er nicht in seinem Turmzimmer zubringen konnte, galt ihm als ein verlorener. Erst recht, wenn er ihn zum Drillen seiner Soldaten verwenden mußte. Bei alledem aber studierte er nicht nur eifrig Taktik, sondern gab sich auch seinen Pflichten als Regimentskommandeur mit einer Sorgfalt und Pflichttreue hin, die wohl die Anerkennung und Bewunderung aller Militärs verdienen. Persönlich war ihm der Fürst Leopold von Dessau im höchsten Grade zuwider. Aber da er ihn für einen der größten Heerführer seiner Zeit hielt, so erkannte er ihn willig als seinen Lehrer an, reiste mit ihm nach Stettin, um dort unter seiner Leitung praktische Studien in der Fortifikation zu machen, und unterhielt einen lebhaften Briefwechsel mit ihm über allerlei taktische Fragen. Als er im Juni 1737 zu den Frühjahrsparaden in Berlin ist, ruft er (natürlich in einem Briefe an den vertrauten Freund Duhan) aus: »Wir sitzen wieder bis über die Ohren in Paraden und vergeuden die kostbare, unwiederbringliche Zeit mit lauter Trivialitäten.« Ein anderes Mal, als der König gerade wieder sehr verdrießlich ist und in seiner üblen Laune an allem zu tadeln findet, hören wir von Friedrich, »er werde den Soldaten für die Parade ein paar Hände voll Weizenmehl [Puder] mehr auf den Kopf streuen, das werde schon alles wieder gut machen«, und dann stößt er einen tiefen Seufzer aus, in welchem teils sein Ärger, teils etwas wie Verachtung durchklingt, die ihm die Gamaschenreiterei an höchster Stelle einflößt. Das alles hindert ihn aber nicht, seine volle Schuldigkeit zu tun.

Die harte, ununterbrochene Arbeit, welcher Friedrich unmittelbar nach seiner Befreiung in Küstrin genötigt worden war sich zu unterziehen, war nachgerade eine immer leichtere geworden. Es war von ihm verlangt worden, daß er als aktives Mitglied der verschiedensten Behörden mit allen Zweigen des Verwaltungsdienstes bis in die kleinsten Details hinein sich völlig vertraut mache; und wie widerwärtig und ermüdend, ja mitunter wohl bis an die äußerste Grenze seiner Kräfte gehend, ihm die Bewältigung dieser Aufgabe auch erschienen war, er hatte sie bewältigt, und zwar in viel kürzerer Zeit, als der Vater vorausgesetzt. Nun war der größere und schwerere Teil dieser Arbeit von seinen Schultern genommen. Immer aber verblieb ihm noch ein gewisser Kreis von Geschäften, namentlich solchen, welche die Verwaltung des ihm übertragenen Amtsbezirkes mit sich brachte und über deren Fortgang der König fortwährend auf dem laufenden gehalten sein wollte. So hatte er zum Beispiel ausdrücklich befohlen, daß der Prinz, wo es sich um Aufstellung der Ertragsanschläge für die Verpachtung der Domänen handle, diese Arbeiten stets selbst anzufertigen habe und sich dabei in keinem Falle auf die früheren Anschläge oder etwa auf die Angaben der ortsangestellten Beamten verlassen dürfe. Für Friedrich, der eine große natürliche Begabung für rasches Erfassen des Wesentlichen besaß, waren diese Arbeiten selbst anfangs keine allzu schwere Bürde gewesen; inzwischen aber hatte er längst gelernt, sie gleichsam spielend zu bewältigen, so daß seine eigentlichen Lieblingsbeschäftigungen dadurch keine Einbuße erlitten. Bald nachdem er von seinem Gut Besitz ergriffen, schreibt er: es würde, nachdem sein Vater die Gnade gehabt, ihm Rheinsberg zu schenken, sehr undankbar von ihm sein, wenn er ihm nicht die ersten Früchte von allem zum Geschenk darbrächte, was er daselbst erzeuge. »Ich nehme mir deshalb die Freiheit, meinem aller Gnädigsten Vater ein vet Kalb in aller unterthähnigkeit zu presentiren, und wünsche hertzlich, dass es ihm smecken möge.« – Als Gegengeschenk schickt ihm der König dann einen halben Salm. Ein anderes Mal bedankt der letztere sich bei »Fritz« für das »große gemästete Kalb« aus der Rheinsberger Zucht, »das sehr schön ausgefallen sei«. Dabei vergißt er aber nie die Geschäfte. Er verlangt, daß auf das strengste untersucht werden solle, »weshalb die Bauern des Dorfes Zechlin keinen Kornzehnten bezahlen«, und als einmal in der Stadt Neuruppin ein Feuer ausgebrochen war, befiehlt Seine Majestät dem Kronprinzen, ihm darüber zu berichten, »wer dabei sein Devoir nicht getan habe, und ob an der Feuerordre vielleicht noch verbessert werden könne«.

Als der Prinz den Vorschlag macht, in Strobeck eine Ziegelei zu bauen, wünscht der König erst zu wissen, ob sich dort auch ein hinreichender Absatz für die Ziegel werde finden lassen. In gleicher Weise billigt Seine Majestät zwar auf des Prinzen Vorschlag das allmähliche Abholzen der auf den Feldern der Lüderstädter Bauern noch vorhandenen Bäume, verfügt aber zugleich: »Ihr müsset vorher zusehen, wie das Holz beschaffen und wie es zu Nutze gemacht werden kann.« Im Oktober 1738 schreibt der Prinz, sein gnädigster Vater werde sich wundern, daß er jetzt in der Heide Holz schlagen lasse, »aber es hat mich mehr als eine Ursache dazu bewogen; erstlich wahr das Holtz alt, und wenn ich es nicht hätte schlagen lassen, so wehre es auf den stam verdorben; zum anderen brauche ich es zum stall und zu Werthschaftsgebäude, so ich auf ein Fohrwerck, bei Sonnenberg gelegen, machen lasse und überdem ist junckholtz genug, das so zu dicke ist und verdirbet, wohr es nicht gelüftet wird.« Der König hat nichts dagegen einzuwenden und schreibt: »Ihr habet recht daran gethan: weil dort Holtz überflüssig vorhanden ist.«

Das persönliche Verhältnis des Prinzen zu seinem Vater war und konnte kein recht natürliches und herzliches sein. König Friedrich Wilhelm trug selbst am meisten Schuld daran, daß es dazu niemals hatte kommen können, und die Art, wie er den Sohn behandelte, wenn sie beieinander waren, hatte sehr wesentlich dazu beigetragen, diesen in seiner Sehnsucht nach einem Wohnsitze zu bestärken, wo er zurückgezogen leben konnte und sich selbst überlassen war. So kann man sich auch nicht wundern, daß der Prinz wenig oder gar kein Verlangen nach den am Hofe veranstalteten Lustbarkeiten trug, wenn man weiß, wieviel bittere Tropfen ihm der Vater mit seinem unaufhörlichen Nörgeln und Schelten in den Becher der Freude mischte. Es mag ihm schwer genug geworden sein, alles das still zu ertragen. Allein laut dagegen zu murren, verboten ihm sowohl seine Stellung wie die traurigen Erfahrungen, welche er in seinen jungen Jahren hatte machen müssen, und nur in den Briefen an die vertrautesten Freunde, besonders an Camas, macht er bisweilen seinem Unmut über die ungerechte Behandlung, die ihm zuteil wird, Luft.

Von dem, was die nach ihm folgende Generation »Natur« nannte und ihre Nachkommen so nennen lehrte, wußte Friedrich freilich nichts. Er liebte sein Leben lang leidenschaftlich die Blumen und hatte seine unbefangene Freude am Grün der Bäume, an frischer Luft und warmem Sonnenschein.

Nicht das also war es, worüber er sann und grübelte auf seinen einsamen Spaziergängen durch Garten und Wald oder auf seinen Ritten nach und von der Garnison. Einem anderen Geheimnis, dem uralten, unerbittlich dunklen vom Menschen, zu welchem das der Natur erst hinzugetreten ist wie eine heitere, sonnige Antithese, galt all sein Sinnen. Das Dunkel zu durchdringen, in welches es sich hüllt, war sein Begehren, in vergeblichem Kampf mit den Zweifeln, welche seine kritische Natur stets von neuem wachrief. Ein tiefes Gefühl der unendlichen Nichtigkeit des Menschen und seiner Ziele war, wie wir wissen, das Endergebnis all seines Sinnens und bildete fortan das Fundament seiner ethischen Überzeugungen.

Die Flöte

Friedrich war kein Jäger. Schon in seinen Jünglingsjahren soll er, wenn der Vater ihn mit auf die Jagd nahm – er mochte nun wollen oder nicht –, stets die Flöte zu sich gesteckt haben, um bei günstiger Gelegenheit mit ein paar vertrauten Freunden sich beiseite zu machen und fern von der Jagdgesellschaft an irgendeinem einsamen Plätzchen nach Herzenslust zu blasen, daß rings der Wald davon widerhallte. Dann stürmte und raste der Vater in ehrlichem Zorn ob solch unmännlichen Treibens, ohne doch sicher zu sein, daß er damit demselben ein Ende mache. Im Grunde wußte er wohl gut, daß seine Mahnungen hier wie in gewichtigeren Dingen nicht allzu tief gegangen waren, denn als er sich seinem Ende nahe fühlte, gab er seine besten Rüden an den Fürsten Leopold von Dessau, »da sein Sohn doch keine Hunde gebrauchen könne«. Indessen hat Friedrich, obwohl er selbst nicht auf die Jagd ging, doch andere nie daran gehindert, es zu tun. Die Jagd um Rheinsberg herum war gut, und viele von den Gästen, ja auch einige Herren vom Hofe machten sich diese zunutze.

Bis zu einem gewissen Grade hatte sich übrigens Friedrich Wilhelm die Neigung seines Sohnes für das Musikmachen selbst zuzuschreiben. Schon als der Prinz noch ein Knabe war, hatte der König ihn dem Domorganisten Heyne übergeben, damit dieser ihn die Choräle singen lehre. Heyne aber, der sein Lehramt gewissenhaft auffaßte, hatte mit seinem Schüler neben der Praxis im Choralsingen auch noch einen regelmäßigen Kursus im Generalbaß durchgenommen. So war dem Prinzen frühzeitig eine gute und gründliche Schulung zuteil geworden. Die bekannten Lektionen im Flötenspiel fanden im Jahre 1728 statt. Der König hatte in demselben Jahr seinen ältesten Sohn mit nach Dresden genommen, als er dem König von Polen seinen Besuch abstattete. Dort sah und hörte der junge Prinz zum ersten Mal in seinem Leben eine Oper. Als der König von Polen nun den Besuch erwiderte, brachte er in seinem Gefolge einige seiner Kammermusiker mit, deren Leistungen am preußischen Hofe große Bewunderung erregten. Damals oder vielleicht einige Wochen später war es, als Quantz vor der Königin von Preußen spielte und ihr sowie dem Kronprinzen damit ein solches Vergnügen bereitete, daß er auf die inständige Bitte des letzteren und unter Einverständnis Ihrer Majestät als

Lehrer des Prinzen engagiert wurde. Unmittelbar darauf fingen die Lehrstunden an, und Quantz, so wird uns erzählt, kam zu wiederholten Malen auf mehrere Wochen nach Berlin, um sich Seiner Königlichen Hoheit ganz zur Verfügung zu stellen. Es erscheint einigermaßen wunderbar, daß dies und manches andere vor sich gehen konnte ohne Wissen und gegen den Willen des Königs. Noch dazu unter den Augen derer, welche er mit Beobachtung und Berichterstattung beauftragt hatte. Eine dieser Unterrichtsstunden wurde bekanntlich in sehr unsanfter Weise durch den König unterbrochen. Die seidenen Schlafröcke wurden ins Feuer geworfen, und Quantz steckte, zitternd vor Schreck, eine Stunde lang in der Holzkammer – oder war es das Kaminloch? – Er hatte Grund zu zittern!

So mußte denn das Flöteblasen heimlich weiterbetrieben werden, bis er in seinem eigenen Hause, mit dem bißchen Freiheit, das ihm die Verheiratung brachte, sich seiner Lieblingsneigung hingeben durfte, soweit es ihm seine Mittel erlaubten. Schon in Ruppin hatte er Musiker in seinen Diensten und dann in Rheinsberg eine ziemlich vollständige Kapelle. Hennert nennt uns die Namen von fünfzehn Mitgliedern derselben sowie die Instrumente, welche sie spielten, darunter sieben Violinen, mit Einschluß der Brüder Graun und Benda. Um diese auf die Höhe eines Konzertorchesters zu bringen, wurde sie bei gewissen Gelegenheiten aus den Reihen der Dienerschaft verstärkt.

Über Friedrichs kleine Konzerte und die Personen, welche daran teilgenommen haben, ist wenig zu berichten. Quantz und Franz Benda haben zwar beide von eigener Hand geschriebene Biographien hinterlassen – recht unterhaltende Darstellungen ihrer Jugenderlebnisse –, allein über Rheinsberg sagen sie kaum ein Wort, was freilich nicht gut anders sein konnte, da sie noch zu Friedrichs Lebzeiten und für die Öffentlichkeit schrieben. Das ausgezeichnetste Mitglied des Orchesters war der jüngere Graun. In Hennerts Verzeichnis figuriert er als erste Violine, und ohne Zweifel hat er sie auch gespielt. Aber seine eigentliche Aufgabe in Rheinsberg war doch die, Tenor zu singen. Nachdem er in Dresden seine

Flötenkonzert des jungen Friedrich

musikalische Ausbildung erhalten, hatte er in Braunschweig als erster Tenor ein Engagement erhalten und bei Gelegenheit der Hochzeit des Kronprinzen von Preußen in seiner eigenen Oper »Timareta« und in Händels »Parthenope« so vorzüglich gesungen, daß letzterer sich ihn vom Herzoge erbat. So kam er 1735 nach Neuruppin, um sofort Franz Benda abzulösen, der bis dahin mit seinem damals immer noch ganz leidlichen Tenor – wie er uns selbst mitteilt – allabendlich mehrere Arien hatte singen müssen. Von nun an sang Graun die Arien und komponierte deren eine ganze Anzahl. Während seines Aufenthaltes in Rheinsberg hat er gegen fünfzig Kammerkantaten geschrieben, von denen jede gewöhnlich aus zwei Rezitativen mit Begleitung und zwei Arien bestand. Für die meisten von diesen verfaßte der Kronprinz den Text in französischer Sprache und ließ ihn dann ins Italienische übersetzen. Nebenbei studierte er unter Grauns Leitung fleißig die Grundsätze musikalischer Komposition.

In jenen Tagen pflegte Friedrich auch mit Graun und Knobelsdorff das Projekt einer großen Oper zu besprechen, welche er dereinst in Berlin einzurichten gedachte, und dafür Pläne zu entwerfen.

Knobelsdorff

Georg Wenzeslaus von Knobelsdorff wurde im Jahre 1699 auf seines Vaters Gut zu Kuckädel bei Crossen geboren. Da der Vater früh gestorben war, ergriff Georg, der Erstgeborene von vier Brüdern, den Soldatenberuf, als er fast noch ein Knabe war. Er nahm an dem Feldzug in Pommern einschließlich der Belagerung von Stralsund teil und landete mit seinem Bataillon auf der Insel Rügen. Alles dies, besonders der Umstand, daß er es im Winter durchzumachen hatte (Stralsund kapitulierte am 24. Dezember 1715), erschütterte die Gesundheit des Jungen. Er fing an Blut zu speien, hielt aber in seinem Dienst aus. 1723 avancierte er zum Fähnrich und 1728 zum Sekondeleutnant. Sein Regiment hat verschiedene Garnisonen in der Mark und in Pommern durchgemacht, bis es im Jahre 1729 nach Berlin beordert wurde.

Unmittelbar darauf kam Knobelsdorff um seinen Abschied ein und erhielt denselben im Juni des Jahres 1729 mit dem Range eines Capitains. Von der Zeit an ergab er sich ganz der Kunst, für die er sich schon früher, sobald er nur irgendwie freie Zeit erübrigen konnte, durch fleißiges Zeichnen und Malen vorbereitet hatte. Nun begann er in Berlin mit großem Eifer unter Pesnes Leitung die Malerei sowie unter Kemmeter und Wangenheim die Architektur zu studieren.

Um diese Zeit soll er auch den Kronprinzen im Zeichnen unterrichtet haben. König Friedrich Wilhelm hatte bekanntlich selbst in tormentis gemalt und konnte deshalb nicht gut etwas dagegen haben, daß sein Sohn in einer so nützlichen Fertigkeit unterwiesen wurde. Des Prinzen Einkerkerung im August 1730 machte allen diesen Bestrebungen ein Ende.

Im Jahre 1732 wurde es dem Kronprinzen, nachdem er zu seiner militärischen Ausbildung nach Neuruppin geschickt worden war, gestattet, einige seiner Freunde und Lieblinge in seine persönlichen Dienste zu nehmen. Unter ihnen befand sich auch Knobelsdorff, mit der besonderen Aufgabe, den Prinzen im Zeichnen zu fördern und ihm zugleich in bezug auf alles, was die schönen Künste betraf, als Kenner und Berater zur Seite zu stehen.

Schon in Neuruppin gab es für Knobelsdorff einige Arbeit unter freiem Himmel zu tun. In Friedrichs Küchengarten, der »Amalthea«, baute er im Jahre 1735 einen Tempel in Form einer von dorischen Säulen getragenen Kuppel, welche eine Statue des Apollo krönte. Hier pflegte, so darf man wohl annehmen, Friedrich bisweilen in einer schönen Mondnacht im Kreise der Freunde das Souper einzunehmen, oft auch allein mit seinen Büchern und seinen Gedanken zu sitzen. Die Tradition, wie sie noch heute am Orte selbst lebt und mir von einem alten Gärtner mitgeteilt wurde, ist die, daß er dort »über seine Pläne nachzudenken« pflegte. Der Tempel steht noch und gehört zugleich mit dem Garten einem wohlhabenden Kaufmann in Neuruppin, der das Ganze in guter

Ordnung hält und noch selbst Abendgesellschaften in dem Tempel gibt, wie ich aus Fontane ersehe, der einmal zu einer solchen eingeladen worden war. Die Statue des Apollo ist verschwunden.

Im Jahre 1736 ging Knobelsdorff nach Italien, teils um Sänger für eine in Neuruppin einzurichtende italienische Oper zu engagieren (was ihm aber nicht gelang), teils um seine eigenen Kenntnisse in denjenigen Zweigen der Kunst, an denen sein Herz am meisten hing, zu erweitern. – Im Frühjahr 1737 kehrte er, vom Prinzen zurückberufen, wieder heim. Der junge Hof hatte sich inzwischen in dem halbfertigen Palais leidlich eingerichtet. Während der nächsten drei Jahre, bis sie alle Rheinsberg verließen, war Knobelsdorff – wenigstens nach einer Richtung hin – die wichtigste Person im Hause, ganz abgesehen von seiner Tätigkeit als Architekt, für die ganze Gesellschaft ein großer Gewinn. Dabei war er durchaus nicht das, was man einen Hofmann nennt. Dazu fehlte ihm das glatte, schmiegsame Wesen. Im Gegenteil, nach allem, was man hört, ist anzunehmen, er sei barsch, schroff und eher verschlossen und schweigsam als mitteilsam und gesprächig gewesen. Wenn er aber einmal sprach, so habe er leicht seine Meinung sehr unverhohlen gesagt und dann auch daran festgehalten.

Knobelsdorff hatte eine ganze Mappe voll Skizzen aus Italien mitgebracht, eine Fundgrube des Genusses für Friedrich, der sich damals vielleicht noch in Träumen wiegte von der großen Tour, die er zu unternehmen gedachte und die es ihm ermöglichen sollte, das Land »der schönen Künste« selbst zu sehen, Dinge, an denen sein Herz hing und die ihm auf dem heimatlichen Boden der Mark versagt waren.

Knobelsdorffs erstes Werk nach seiner Rückkehr war ein Porträt Friedrichs, das er für Voltaire malte, dasselbe, welches Keyserlingk später nach Cirey brachte.

Ein ganzer Monat wurde der Durchsicht der Mappen und dem Porträt gewidmet, während Knobelsdorff über das, was er gesehen, berichtete und für das Werk, das ihm zunächst vorlag, Pläne entwarf. Es war eine köstliche Zeit, um so mehr, als der Genuß ein heimlicher war, da man dem Könige von Knobelsdorffs Rückkehr nichts mitgeteilt hatte. Als dann endlich Seine Majestät in aller Form die Meldung davon erhielt, wurde der Capitain nach Potsdam befohlen, um Bericht zu erstatten, und hatte auf die Bitte des Kronprinzen bei dieser Gelegenheit die Ehre, auch seine Majestät zu malen.

Als man dann später Kemmeter, den Baumeister des Königs und Knobelsdorffs alten Lehrer (soweit sich ermitteln läßt, unter Zustimmung aller Beteiligten), losgeworden war, wurde der weitere Ausbau von Rheinsberg ganz in Knobelsdorffs Hände gelegt. Da das Corps de logis und der linke Flügel inzwischen vollendet worden waren, handelte es sich nur noch um die Hinzufügung des rechten Flügels. Unter diesen Umständen blieb dem neuen Baumeister keine andere Wahl, als mit Würde in seines Vorgängers Fußstapfen zu treten. Ein Jahr später wurde dem neuen Flügel gegenüber ein Haus für die Dienerschaft angefangen, das später vom Prinzen Heinrich zum Kavalierhaus gemacht worden ist, ein Name, den es noch bis zum heutigen Tage führt.

Im Schloß läßt sich Knobelsdorffs eigener Geschmack hauptsächlich in der aus zweiunddreißig ionischen Säulen bestehenden Kolonnade nachweisen. – Von den vier Brücken über den Graben und den Fluß hat er drei erbaut. Die auf den Haupteingang zu führende trug auf ihren Geländern acht Lampen haltende Statuen, die fünf Planeten Mars, Venus, Merkur, Jupiter und Saturn nebst Apollo, Diana und Aurora, »welche der aufgehenden Sonne auf ihrem Wege vorleuchten sollten«.

Um das Jahr 1739 war der Bau des Schlosses so weit gediehen, daß man es zur Not fertig nennen konnte, obwohl Pesne und seine Gehilfen noch tüchtig an der inneren Ausschmückung zu tun hatten. So konnten der Prinz und sein Architekt – der eine den Kopf voller Projekte, der andere bereits mit fertigen Plänen und Zeichnungen bei der Hand – nunmehr ihre Gedanken auf die Parkanlagen und den Garten richten. In jenen Zeiten pflegte man noch darauf zu halten, daß ein Schloß und der dazu gehörige Park und

Garten in strenger Übereinstimmung miteinander angelegt wurden. Beide sollten durchaus ein einheitliches Ganzes bilden; das Schloß dabei als ein integrierender Teil der Anlagen und diese wiederum als eine Art von Erweiterung des Schlosses gedacht. In dem vorliegenden Falle freilich, wo verschiedene Hände tätig gewesen, machten sich auch verschiedene Stilarten geltend, deren Anzahl sich in späterer Zeit noch vermehrte. Im Jahre 1740 wurde der Bau eines recht großartigen Eingangstores am anderen Ende des durch den Garten führenden Hauptweges begonnen und, nachdem Friedrich Rheinsberg verlassen hatte, vollendet. Es hatte eine Breite von dreizehn Metern und Pfeiler korinthischer Ordnung, welche Kindergruppen und Vasen von mächtiger Größe trugen. Es ist noch heute in leidlich gutem Zustande. Um dem Bilde nach dieser Richtung hin einen passenden Abschluß zu geben, wurde außerhalb an einer ansteigenden Stelle des Terrains ein Obelisk aufgeführt. Mit dem Bau von Treibhäusern wurde begonnen, ebenso mit dem einer Orangerie, welche indessen nie vollendet, sondern später von Heinrich zu anderen Zwecken verwendet worden ist.

Im April des Jahres 1740, sechs Wochen vor Friedrichs Thronbesteigung, brannte die Stadt Rheinsberg bis auf den Grund nieder. Das Palais blieb unversehrt. Von der Stadt aber blieb nichts verschont als einige wenige Häuser und die Kirche. Der ganze Ort wurde, so wie wir ihn jetzt sehen, nach Knobelsdorffs Plänen, aber nicht unter seiner persönlichen Leitung wieder aufgebaut.

Der junge König hatte den Kopf voller Pläne, wie er die Musen verlocken sollte, nach Berlin zu kommen und sich dort niederzulassen – nein, für alle Zeiten ihr Standquartier dort zu nehmen. Da galt es denn vor allem, ihnen eine würdige Stätte zu bereiten. Mit Anfang Juli begannen in der Stadt allerlei Gerüchte über die Bauten laut zu werden, die Seine Majestät auszuführen gedenke – ein neues Palais, ein Opernhaus, ein Schauspielhaus, eine Akademie der Künste, eine solche der Wissenschaften und was weiß ich sonst noch alles! Knobelsdorff ging nach Frankreich, um mit eigenen Augen sich die französischen Theater anzusehen und Bild-

hauer zu engagieren, und wurde, als er im November zurück-
kehrte, zum Oberintendanten aller Königlichen Paläste und
Gartenanlagen sowie zum Direktor der Theater und der
Hofmusik ernannt.

Die ersten baukünstlerischen Werke, die er in die Hand
nahm, waren das Opernhaus [in Berlin], das Charlotten-
burger Schloß, dessen Bau von König Friedrich I. begonnen
und während der ganzen Regierungszeit Friedrich Wilhelms I. als Fragment liegengeblieben war. – Charlottenburg
wurde rasch und gut zu Ende gebaut. Noch heutigen Tages ist
dieser spätere Teil des Schlosses bemerkenswert durch das
edle Maß seiner Verhältnisse und durch die Einfachheit, die
in seinen Details herrscht, und es ist in gewissem Sinne
rührend zu sehen, mit welcher Freudigkeit und Treue diejenigen, welche einst hier gearbeitet haben, an ihr Werk
gegangen sind.

Pesne, dessen großes Fresko der »Aufgehenden Sonne« in
Rheinsberg kaum trocken geworden, malte nun auch die
»Aufgegangene« in Charlottenburg an die Decke des großen
Saales. Prometheus, der das himmlische Feuer stahl, schwebt
in der Mitte des Himmels, das heißt: Friedrich, der preu-
ßische Aar, der zur Sonne auffliegt, mit dem Motto: »Nec soli
cedit.« Pallas Athene in voller Rüstung zeigt ihm seinen Weg.
Unten in den vier Ecken der Saaldecke harren, seiner
Befehle gewärtig, die vier Tageszeiten.

Kaum ist je ein Jugendtraum so bald und schön in Erfüllung gegangen als der, den Friedrich einst in den Rheinsberger Tagen von der Erbauung eines Opernhauses in Berlin
geträumt hatte, das sowohl in bezug auf die Schönheit seiner
baulichen Verhältnisse wie den Glanz der Vorstellungen es
mit allen Opernhäusern der Welt aufnehmen, ja dieselben
noch überbieten sollte. Am 5. September 1741, während der
König in Reichenbach bei der Armee stand, legte Prinz
Heinrich, der damals fünfzehn Jahre alt war, den Grundstein.
Dank einer unerhört raschen Förderung des Baubetriebs war
es am 7. Dezember 1742 in der Tat so weit fertig geworden,
daß an diesem Tage die erste Vorstellung – es war Grauns
Oper »Cäsar und Cleopatra« – darin stattfinden konnte.

Ungefähr ein Jahr später war das Haus vollendet. Es war in der Tat ein ausgezeichnetes und für die Zeit seiner Entstehung in bezug auf die edle Einfachheit wie klassische Schönheit seines Stils einzig dastehendes Bauwerk. Es zeigte wie kaum ein anderes, was Knobelsdorff zu leisten imstande war. Hätte er so weiter fortfahren können, wie er begann, er würde sicherlich große Dinge geschaffen haben. Allein, das sollte ihm nicht vergönnt sein.

Sanssouci, mit dem noch heute die Erinnerung an den Namen Knobelsdorff verknüpft ist, wurde die unmittelbare Veranlassung zu dem schlimmsten Streit, der jemals zwischen dem König und ihm stattgefunden hat. Friedrich, der sich endlich entschlossen hatte, auf seinem Lieblingshügel, wo er einst begraben zu werden wünschte, eine Sommerresidenz zu bauen, hatte hierzu selbst den ersten rohen Entwurf gemacht. Nach dieser Skizze fertigte Knobelsdorff eine Zeichnung, die, was er auch sonst von den Ideen des Königs denken mochte, im völligen Einklange mit diesen gehalten war. Soweit ging nun alles gut. Vielleicht hatte er gehofft, den Plan, wenn es einmal zur Ausführung kam, noch modifizieren zu können. Aber hierin täuschte er sich.

Als der Bau frühzeitig im Jahre 1745 begonnen werden sollte und er diese und jene Änderung vorschlug, wollte der König nichts davon hören. Knobelsdorff, der, wie uns berichtet wird, damals »noch nicht an Widerspruch seines ehemaligen Schülers gewöhnt war«, bestand auf seiner Ansicht, und der König, der seinerseits schon nicht mehr recht vertragen konnte, daß man ihm widersprach, blieb ebenfalls bei der seinigen. So kam es schließlich einmal zu ziemlich lautem Wortwechsel. Am nächsten Morgen ließ der Oberintendant sagen, er sei krank. Knobelsdorff erhielt die Erlaubnis, Potsdam zu verlassen und nach Berlin zu gehen. Sanssouci aber wurde nach den von ihm entworfenen Plänen, soweit diese vom König gebilligt waren, von Boumann gebaut, der von da an für lange Zeit Seiner Majestät wie ein Gottgesandter erschien, da er jeden Befehl, ohne ihn zu kritisieren oder daran zu deuteln, geschweige denn darüber zu murren, buchstäblich ausführte.

Als alles fertig war, wurde Sanssouci am 1. Mai 1747 »feierlich eingeweiht«. Es war ein glänzender Kreis, der sich an diesem hochfestlichen Tage hier zusammenfand. Alle die alten Freunde, soweit sie noch am Leben, waren da, gleichzeitig natürlich auch eine große Zahl von neuhinzugekommenen. Von dem alten Rheinsberger Kreise wurden ein paar der besten und teuersten – Jordan und Keyserlingk – schmerzlich vermißt. Knobelsdorff war sicherlich da und wurde selbstverständlich später noch nach Sanssouci eingeladen. Allein es scheint, als habe sich bald nach dieser Zeit eine gewisse Kluft oder Entfremdung zwischen dem König und ihm bemerklich gemacht. Knobelsdorffs barsches Wesen und seine derbe Sprache harmonierten zu wenig mit dem Ton, der in diesem eleganten, geistig angeregten und verfeinerten Kreise herrschte. Ihm war es keineswegs darum zu tun, zu gefallen, und wo es galt, die Leute zu belehren, da stieß er ihnen wohl mit seiner rauhen, ungestümen Hand fast die Augen aus, die er ihnen zu öffnen gedachte. Eine solche Natur mußte notwendig sehr unbequem werden. Der Kummer, den er über seine getäuschten Hoffnungen empfand, über die Nichterfüllung alles dessen, was er einst ersehnt hatte, nagte an seiner Seele wie an seiner Gesundheit. Er lebte zuerst in dem einen, dann in dem anderen seiner beiden Häuser in Berlin und den Sommer über in seiner kleinen Meierei an der Spree, da, wo jetzt das Schloß Bellevue steht.

Das letzte große Werk, wozu er nicht nur den Plan entworfen, sondern dessen Ausführung er auch selbst überwacht hat, war das Palais des Fürsten von Anhalt-Dessau. Im Laufe der Zeit hat er dann wieder angefangen, Pläne für öffentliche Gebäude in Preußen zu zeichnen; Pläne, die dann später, bisweilen erst nachdem sie bedeutende Abänderungen erlitten hatten, von Boumann oder anderen ausgeführt worden sind. Im Herbst 1753 starb Knobelsdorff.

An Rauchs Monument Friedrichs des Großen figuriert er in einem Basrelief mit Sanssouci im Hintergrund. Er überreicht Friedrich die Bronzestatue des »betenden Knaben«, die er für den König aus der Sammlung des Prinzen Eugen angekauft hatte.

Knobelsdorffs Anteil an der Kunstentwicklung Preußens ist anerkanntermaßen ein weitaus größerer, als dies angesichts der mißlungenen Ausführung so vieler seiner Entwürfe auf den ersten Blick erscheinen mag – ein größerer, als er ihn selbst, wenn er auf seine zerbrochene Karriere zurückblickte, erhoffen durfte. Das wenige, das ihm erlaubt war zu schaffen, und das viele, das er wenigstens angestrebt hat, haben gleichsam die Grundlage gebildet, auf welcher die Kunst in Berlin später Fuß fassen konnte.

Antoine Pesne

Antoine Pesne wurde im Jahre 1683 zu Paris geboren. Er entstammt einem Geschlecht von Künstlern. Sowohl der Vater wie der Großvater (Jean Pesne, der bekannte Kupferstecher) waren Jünger der Kunst, und in noch hervorragenderem Grade darf dies von dem Bruder der Mutter, Charles de la Fosse, gelten. Nachdem er in der Lehre und unter dem Vorbilde dieser Männer selbst zum Manne gereift, ging Antoine nach Italien, und dort wurde ein Porträt des preußischen Barons von Knyphausen, das er im Jahre 1707 zu Venedig gemalt hatte, Veranlassung, daß Friedrich I. ihn als ersten Hofmaler und Akademie-Direktor nach Berlin berief.

Im Jahre 1710 langte er, der sich inzwischen zu Rom mit Anna, einer Tochter Guyot de Buissons, verheiratet hatte, in Berlin an. Als Direktor bezog er das ansehnliche Gehalt von 1200 Talern und hatte in seinem Atelier über fünfzig Schüler. Aber böse Zeiten waren im Anzuge und brachen bald genug über die Akademie herein, sobald Friedrich I. im Jahre 1713 die Augen geschlossen hatte. Friedrich Wilhelm I. jagte die Jünger der Kunst von dannen und zog ihre Gehälter ein, so daß Pesne, der rasch ein gesuchter Mann geworden war, für lange Zeit sich hauptsächlich durch Porträtmalen ernähren mußte. Einige Jahre darauf ging er nach England und malte mehrere Mitglieder der königlichen Familie, blieb aber nicht so lange dort, wie er beabsichtigt hatte, »da seine französische Manier«, wie Füßli sagt, »drüben nicht gefiel«. Er kehrte nun nach Berlin zurück und nahm seine alte Tätigkeit wieder auf. Aber erst, als der Kronprinz zum Manne herangewachsen war, oder richtiger, erst als er den Thron bestiegen hatte, brachen für Pesne und seine Kunstgenossen bessere Tage an.

In bezug auf seine Fresken in Rheinsberg und Charlottenburg möge das wenige genügen, was darüber an anderer Stelle bereits gesagt wurde. Die später in Sanssouci von ihm ausgeführten liegen außerhalb der Grenzen dieses Buches, und obwohl einige derselben zu ihrer Zeit eine gewisse Berühmtheit erlangten, so lag doch weder in ihnen noch in den historischen Bildern, sondern in den Porträts Pesnes eigentliche Stärke. Er hat beinahe alle Personen von einiger Distinktion in Preußen und dessen Nachbarländern gemalt und in den Bildnissen, zu denen ihm eine hübsche Hofdame gesessen, sich geradezu selbst übertroffen. Seine Porträts sind nicht allein ihrer Sujets wegen, sondern auch durch die Art ihrer Behandlung interessant. Man findet sie ebenso wie seine mythologischen Bilder in den Galerien von Berlin, Dresden und Braunschweig zahlreich vertreten. Aber obgleich Pesne in der Kunstgeschichte seiner Zeit einen bedeutenden Platz ausfüllt und von hervorragenden Kunstkritikern ein eminenter Künstler genannt wird, wissen doch die Geschichtsschreiber von ihm kaum mehr als seinen Namen. Ein sorgfältiger Bericht über die von ihm gemalten Porträts würde für jemanden, der sich hierzu berufen fühlt, eine recht dankbare Aufgabe sein.

Es existiert eine französische Ode Friedrichs auf Pesne, die vom 14. November 1737 datiert ist und zu der Zeit geschrieben wurde, als der Künstler den Auftrag erhalten hatte, die Plafonds im Schlosse zu Rheinsberg mit Gemälden auszuschmücken. Sie ist ziemlich lang, ganz in Friedrichs gewohntem Stile, aber eines der erfreulichsten Erzeugnisse desselben. Ich möchte sagen, vielleicht das erfreulichste, einfachste, frischeste und lesenswerteste von allen. Damit soll indessen keineswegs gesagt sein, daß sie etwa an irgendeiner Stelle den Bannkreis der Gemeinplätze durchbräche. Allein auf diesem ihrem heimatlichen Boden bewegt sie sich mit

Antoine Pesne zeigt dem Kronprinzen ein Deckengemälde
im Rheinsberger Schloß

soviel Anmut, daß man seine Freude daran hat. Mit einiger Ausführlichkeit verweilt die Dichtung bei drei der damals neuesten Porträts Pesnes, dem der Königin (der Mutter des Dichters), dem der Hofdame, des Fräulein von Wallmoden, und dem des Fürsten Leopold von Dessau. Dieselben werden beschrieben und hochgepriesen, und dann wird der Künstler, welcher sich auf das Gebiet der kirchlichen Kunst verirrt hatte, ermahnt, dies aufzugeben und sich an gute Modelle und mythologische Stoffe zu halten.

Pesne malte Friedrich als König im Jahre 1742. Pesne und Knobelsdorff waren die einzigen Maler, welchen Friedrich jemals gesessen hat, mit einer Ausnahme allerdings, nämlich der des Braunschweiger Hofmalers Zisenis, dem er, auf die dringende Bitte der Herzogin von Braunschweig, eine Sitzung von der Dauer einer Stunde bewilligte.

Die Jugendgenossen

Um die langen Winterabende hinzubringen, griff man in dem geselligen Kreise des jungen Hofes von Rheinsberg zum Theaterspiel. Wer selbst in seiner Jugendzeit bei dergleichen mitgewirkt hat, wird sich vorstellen können, wie amüsant die Proben gewesen sein müssen. Aber wie alles, was man in Rheinsberg unternahm, wurde auch diese harmlose Zerstreuung anderswo übel vermerkt.

Seckendorff in Berlin, der immer eifrig auf alles Geklatsch horchte, in der Hoffnung, davon im bösen Sinne irgendeinen Gebrauch machen zu können, hat darüber eine Bemerkung in sein Journal aufgenommen. »Fouqué«, sagt er, »hat dem Prinzen in den Kopf gesetzt, Komödien und Tragödien aufzuführen. Man hat den ›Mithridates‹ von Racine gegeben, und der Prinz hat selbst eine Rolle darin übernommen. Wenn der König das hört, wird er sehr zornig werden.«

Ich kann nur annehmen, daß Seckendorff sich hier im Irrtum befindet, wenn er Fouqué schuld gibt, die Anregung zu den Theatervorstellungen gegeben zu haben. – Ich denke, ich kann es verantworten, wenn ich sage, daß dieser Einfall

Friedrichs eigenem Gehirn entsprungen ist. Wie dem auch sei, soviel steht fest, daß nicht nur der »Mithridates« eine ganze Reihe von Aufführungen ähnlicher Art eröffnete, sondern daß Fouqué darin auch die Rolle des königlichen Vertrauten Arbates übernommen hatte. Die Rolle muß ganz zu seinen Jahren und seinem ernsten Wesen gepaßt haben, aber – mag man ihn nun zur Übernahme derselben gegen seine Meinung überredet haben oder nicht – sein Spiel scheint ein totaler Mißerfolg gewesen zu sein. Wie ich fürchte, hat er darüber manche Sticheleien hören müssen und hat meines Wissens nie wieder die Bühne betreten. Noch viele Jahre nachher galt in den betreffenden Kreisen eine witzige Bemerkung, die jemand über Fouqués Arbates gemacht hatte, als sprichwörtliche Bezeichnung dafür, wie eine Sache *nicht* gemacht werden müsse. Er hat übrigens selbst eingestanden, daß er kein Talent für die Bühne habe.

Heinrich August Baron de la Motte Fouqué war der Sohn eines protestantischen französischen Refugiés und 1698 in Haag geboren. Frühzeitig nach Deutschland gebracht, wurde er Page am Hofe zu Dessau im Dienste der schönen Anneliese, der Apothekerstochter, des Alten Dessauers hoch in Ehren gehaltener Gemahlin. Als ihm die Erlaubnis, mit in den Krieg zu ziehen, verweigert wurde, lief er heimlich vom Hofe fort, folgte auf eigene Faust der Armee und gewann durch diesen Akt des Ungehorsams erst recht das Herz Leopolds von Dessau. Bald darauf wurde er zum Offizier in dessen Regiment ernannt. Das Regiment des Dessauers war eine gute Schule strenger und rauher militärischer Zucht.

In den Tagen von Küstrin war Fouqué dort ohne, soweit uns bekannt ist, zu irgendeinem anderen Zweck als dem, Friedrich bei gutem Mute zu erhalten. Es gelang ihm, Zutritt zu diesem zu bekommen und ihm gegen die gegebene Order bis spät in den Abend Gesellschaft zu leisten. Seine ernsten Grundsätze und seine strenge Auffassung von Pflicht, die er nur gerade so weit milderte, als seine große Anhänglichkeit an Friedrich es bisweilen erforderte, machten ihn zu einer sehr geeigneten Gesellschaft für den gefangenen Prinzen,

Heinrich August de la Motte Fouqué

einer viel geeigneteren jedenfalls, als manche andere Freunde sie bieten könnten.

Friedrich wußte das wohl zu würdigen. Er hatte ihn nicht nur sehr gern, sondern blickte auch mit Achtung zu ihm auf und sorgte, sobald er nur einigermaßen in Rheinsberg eingerichtet war, dafür, daß Fouqué Urlaub erhielt und ihm einen langen Besuch abstatten durfte. Er mochte wohl gehofft haben, der Besuch werde sich zu dauerndem Aufenthalte ausspinnen lassen, allein, das sollte nicht sein. Fouqué mußte zurück in seinen Dienst und hatte bald nachher das große Unglück, mit seinem Regimentschef, dem Alten Dessauer, der nunmehr wirklich alt und barscher denn je geworden war, in Differenzen zu kommen, Differenzen, die sich so weit zuspitzten, daß er schließlich im Jahre 1739 seinen definitiven Abschied aus dem preußischen Dienst nahm und nach Dänemark auswanderte. Hier blieb er, bis Friedrich den Thron bestieg und ihn zurückrief.

In späteren Jahren hat Fouqué in hervorragender Weise Anteil genommen an allen Feldzügen seines Souveräns und ist von diesem in hohem Grade ausgezeichnet, ja wirklich geliebt worden. Auch in bezug auf den Geldpunkt hat sich Friedrich sehr großmütig gegen ihn bewiesen und, wenn er ihn anredete oder an ihn schrieb, stets den alten achtungsvollen Ton durchklingen lassen. Fouqué gehörte wie Zieten zu denen, die keine gottlosen oder frivolen Reden vertragen konnten, und wenn einer von den beiden zugegen war, gab sich der König alle Mühe, dergleichen Gespräche nicht aufkommen zu lassen.

Im Jahre 1760, gerade als der Siebenjährige Krieg seinen schlimmsten Höhepunkt erreicht hatte, kam es doch einmal zu einer starken Reibung zwischen dem König und General Fouqué. Der König, der einige Tagemärsche von ihm entfernt im Lager stand, war auf das äußerste empört, daß Fouqué eine wichtige Position verloren hatte, und schrieb ihm einen zornigen Brief, der in einem dem alten Freunde gegenüber durchaus nicht sehr achtungsvollen Ton gehalten war, und befahl ihm, die Position wieder einzunehmen. Fouqué war auf das tiefste verletzt und gelobte, im Falle einer Niederlage niemals wieder für Preußen den Degen zu ziehen, gehorchte aber, wurde zurückgeschlagen und geriet in Gefangenschaft.

Als er drei Jahre später beim Friedensschluß wieder in Freiheit gesetzt wurde, zog er sich nach Brandenburg zurück und lebte dort von den Einkünften seiner Domherrenpfründe. Schon viele Jahre vorher hatte er sich mit einem Fräulein Maison verheiratet und war Vater mehrerer Kinder. Die letzten elf Jahre seines Lebens verbrachte er in tiefer Ruhe und Zufriedenheit im Kreise seiner Familie und vom König sehr gehätschelt, der längst allen Groll vergessen hatte. Da Potsdam von Brandenburg aus zu Wagen leicht zu erreichen ist, war Fouqué, solange es ihm seine gebrechliche Gesundheit gestattete, für ein paar Tage im Sommer in Sanssouci ein stets erwarteter Gast, und wenn der König auf einer seiner Inspektionsreisen im Frühjahr nach Brandenburg kam, pflegte er dort regelmäßig ein paar Stunden haltzumachen und bei Fouqué zu speisen.

Der Briefwechsel mit dem Freund aus der Zeit der letzten Lebensjahre desselben wimmelt von Beweisen ausgesuchtester, zärtlicher Aufmerksamkeit seitens des Königs. Beständig sendet er ihm Geschenke, bisweilen sehr wertvolle wie Silbergeschirr und ganze Porzellanservice aus der neuen Königlichen Manufaktur in Berlin, noch öfter aber Früchte und Gemüse aus den Gärtnereien von Sanssouci.

In den Rheinsberger Tagen hatte Fouqué sich besonders tätig erwiesen (und hierauf begründen sich auch die Ansprüche, die er auf eine auszeichnende Erwähnung hat) bei der Stiftung des Bayardordens und in der Wahrnehmung seiner Würde als Großmeister desselben. Es ist merkwürdig, wie wenig man über diesen Orden weiß, der doch als ein charakteristischer Zug aus Friedrichs Jugendleben eine gewisse Berühmtheit erlangt hat. – Der Bayardorden war ein ausschließlich militärischer und als solcher keineswegs etwa als ein Scherz oder eine Spielerei gemeint. Es war ein Verein zur Förderung militärischen Wissens. Ich weiß nicht, wer den Gedanken dazu zuerst angeregt hat, sehr wahrscheinlich Friedrich selbst auf die Eingebungen Fouqués hin.

Fouqué wurde zum Großmeister gewählt und hatte als solcher die Ehre, Friedrich und die übrigen Kandidaten zu Rittern zu schlagen. Jeder Ritter trug auf seiner Brust, unmittelbar auf seinem bloßen Körper, ein Ehrenzeichen, das aus einem Schwert bestand, das auf einem Lorbeerkranz ruhte, mit dem Motto »Sans peur et sans reproche«.

Die Zahl der Ritter war auf zwölf festgesetzt (ein vollständiges Verzeichnis ihrer Namen habe ich nie zu sehen bekommen), und zwar sämtlich aktive Militärs. – Nach der Thronbesteigung Friedrichs ließ man den Orden keineswegs aussterben. Er hat sich noch viele Jahre am Leben erhalten, und obwohl er niemals eine große Bedeutung erlangte, sind doch noch aus jener Zeit in Rheinsberg bis zum Beginn des Siebenjährigen Krieges und später Spuren seiner Wirksamkeit nachzuweisen.

Es scheint keinem Zweifel zu unterliegen, daß von allen Freunden Friedrichs aus der Rheinsberger Zeit – die Freundschaften, die er in späteren Jahren geschlossen, haben nicht den intimen Charakter gehabt wie die aus seiner Jugendzeit – Keyserlingk ihm am nächsten gestanden hat und am teuersten gewesen ist. Und gerade über ihn weiß man so gut wie gar nichts.

Wie so viele andere aus dem Rheinsberger Kreise war auch Keyserlingk von Geburt kein preußischer Untertan. Er wurde am 5. Juli 1698 auf dem Familiengute Octen in Kurland geboren, war also nahezu vierzehn Jahre älter als Friedrich. Seine Mutter stammte aus einer italienischen Familie. Er war schon als Knabe eine außergewöhnliche Erscheinung. Als er mit achtzehn Jahren auf die Universität nach Königsberg geschickt wurde, hat er ein ungewöhnlich glänzendes Aufnahmeexamen abgelegt und bei dieser Gelegenheit Reden in vier Sprachen gehalten. Nicht minder zeichnete er sich in allen körperlichen Übungen aus, war ein vorzüglicher Tänzer etc. Nach zweijährigem Aufenthalte in Paris fand er seinen Weg nach Berlin und erhielt ein Leutnants-, später ein Hauptmannspatent im Regiment Markgraf Albrecht.

Bei irgendeiner Gelegenheit wurde er dann der Person des Kronprinzen attachiert. Was er während des Prinzen Gefangenschaft getrieben hat, weiß ich nicht. Es war aber einer der ersten Gunstbeweise, die Friedrich nach seiner Befreiung sich von König Friedrich Wilhelm erbat und der ihm auch bewilligt wurde, daß Keyserlingk ihm zurückgegeben werden sollte. Und von diesem Tage an, bis der Tod sie voneinander trennte, hat, soviel mir bekannt ist, ihre Freundschaft nicht die leiseste Abschwächung erfahren. Das, was Fremden an Keyserlingk so sehr auffiel und wodurch er seine Freunde so häufig ermüdete, war seine außergewöhnliche Lebhaftigkeit. In der Gegenwart des königlichen Freundes wird er sie wohl meist zu mäßigen gewußt haben. Pöllnitz, der hier freilich Züge zusammenstellt, die zum Teil einander zu widersprechen scheinen, sagt von ihm: »Er war noch lebhafter und ungestümer als ein Gascogner und besaß eine ganz erstaunliche Beweglichkeit der Zunge. Er sprach deutsch, französisch, italienisch, lateinisch, polnisch, holländisch und bisweilen alle diese Sprachen in einem Atem ... Das Gedächtnis mußte ihm den Geist ersetzen. Wenn man ihn selber hörte, gab es allerdings nichts, was er nicht wußte ... «

Bielfeld hat uns Schilderungen von Keyserlingk hinterlassen, welche augenscheinlich den Eindruck machen sollen, als wären sie zeitgenössisch, die in Wirklichkeit aber aus dem Gedächtnis niedergeschrieben sind: »Während er sich ankleidete, deklamierte er mir Stücke aus der Henriade und lange Tiraden aus deutschen Dichtern vor und unterhielt mich dann wieder mit Politik, Malerei, Architektur, Literatur und Militärwissenschaft. Ich stand wie versteinert, voller Bewunderung über alles, was ich sah und hörte, selbst über die Leichtigkeit, mit welcher er von einer Materie auf die andere überzuspringen wußte. Doch wollte es mir scheinen, als könne diese Lebhaftigkeit keine natürliche sein und flösse nicht immer aus der Quelle eines wahrhaft produktiven Geistes ... «

Im November 1743 heiratete Keyserlingk die Gräfin Juliane von Schlieben, Hofdame der Königin. Die Hochzeit wurde bei Hofe in der glänzendsten Weise gefeiert. Aber in weniger als zwei Jahren starb Keyserlingk am 13. August 1745. Aus dieser Ehe hinterließ er eine Tochter.

Dietrich Freiherr von Keyserlingk

Unter den Herren seines Gefolges und im Kreise der Genossen war, glaube ich, nächst Keyserlingk oder vielleicht in gleichem Maße wie dieser Jordan der Liebling Friedrichs. Der Sohn eines französischen protestantischen Refugiés, im Jahre 1700 zu Berlin geboren, war zu Prenzlau in der Uckermark Prediger gewesen, hatte aber nach dem Tode seiner Frau teils aus Gesundheitsrücksichten, teils oder vielleicht weil seine Glaubensansichten inzwischen andere geworden waren, seine Stellung aufgegeben und sich mit seinen beiden kleinen Mädchen nach Berlin zurückgezogen. Seine Brüder, welche Kaufleute waren, gewährten ihm die Mittel zu einer Reise nach Frankreich, England und Holland. Nach seiner Rückkehr gab er eine »Voyage littéraire« heraus. Der Kronprinz, der entweder das Buch gelesen oder sonst Günstiges über dessen Autor gehört hatte und dem es um einen französischen Gelehrten zu tun war, bat Manteuffel, in welchen er damals großes Vertrauen setzte, die Bekanntschaft des Expredigers zu machen und sein Urteil darüber abzugeben, ob derselbe zu dem Posten befähigt sei. Daraufhin lud Manteuffel Jordan zu Tisch ein und berichtete über ihn im günstigen Sinne. Die Folge davon war, daß dieser nach Rheinsberg eingeladen wurde, zunächst nur, wie es scheint, als Gast, und Friedrich mußte versprechen, ihm »einen Bücherschrank in sein Zimmer stellen zu lassen«.

Nach Friedrichs Thronbesteigung wurde Jordan zum Geheimrat, Kurator der Preußischen Universitäten, Akademien etc. und zum Direktor einer Maison de travail in Berlin ernannt.

Ich glaube, es war in dieser letzteren Eigenschaft, daß er ein Polizeikorps organisierte und sich als Begründer des Berliner öffentlichen Fuhrwesens einen Namen gemacht hat.

Jordan starb drei Monate vor Keyserlingk, am 25. Mai 1745, während Friedrich noch im Feldlager war. Das war ein Sommer voll Arbeit und voll Kummer und Sorgen im Leben des Königs. Zweifel und Schwierigkeiten türmten sich immer von neuem vor ihm auf, und als sie endlich überwunden waren, kam der Tod und verdüsterte ihm die Freude über die errungenen Erfolge durch die Lücken, die er im Kreise sei-

ner liebsten Freunde riß. Als man im Herbst jenes Jahres dem
König einige Bücher Jordans sandte als Ersatz für die, welche
er in der Schlacht von Sohr bei der Plünderung seiner
Bagage verloren hatte, schreibt er beim Öffnen des Paketes
an Duhan: »Ich gestehe, daß mir die Tränen in die Augen
traten, als ich die Bücher meines armen Jordan aufschlug.
Von neuem kam tiefer Schmerz über mich, daß der Mann,
den ich so sehr geliebt, nicht mehr ist. Ich fürchte mich
deshalb ordentlich vor Berlin. Es wird mir recht schwer
werden, die Genüsse zu entbehren, welche mir aus dem
freundschaftlichen Umgange mit diesen beiden Männern
erwuchsen. Ich werde mein Leben lang um sie trauern.«

Duhan selbst, Friedrichs ehemaliger Erzieher und später
sein treuer Berater, folgte jenen beiden am 3. Januar 1746.
Diese drei innerhalb von acht Monaten eingetretenen Todes-
fälle alter Jugendfreunde hinterließen eine Lücke in Friedrichs Leben, die nie wieder ganz ausgefüllt worden ist. Nie
mehr hat der König zu irgend jemanden eine so tiefe Zuneigung gefaßt. Als dann das hohe Alter kam, war sein Herz
vereinsamt, und ehe es ganz zu Ende ging, war ihm diese
Vereinsamung zur Gewohnheit, ja vielleicht sogar liebge-
worden.

Friedrich verläßt Rheinsberg

Es war aller Welt ziemlich klar geworden, daß der Winter
1739/40 der letzte sein würde, den man in Rheinsberg auf
die alte Art verleben könnte. Dem hungrigen Bielfeld, der
sich noch zu guter Letzt als Schmarotzer eingefunden,
wässerte schon der Mund in dem Gedanken, daß er gerade
noch zu rechter Zeit gekommen sei, um in der Rolle eines
erprobten Anhängers mit in das neue Königtum überzugehen. Auch altbewährte Anhänger des Prinzen freuten sich
des in Aussicht stehenden Wechsels der Dinge. Wie konnte es
auch anders sein! Allein diese wahrten das geziemende
Dekorum. Im Prinzen selbst regte sich angesichts der Leiden
des Vaters und der Nähe seines Todes wieder etwas von dem
alten Kindesgefühle, dem er so lange fremd gewesen war.

Charles Etienne Jordan

Dem König wurde das Sterben schwer. Er hatte sich wohl darein ergeben, aber der Kampf war doch ein recht langer und bitterer. Während der ganzen Wintermonate und noch die ersten Frühlingswochen hindurch dauerte der Todeskampf dieses Mannes.

Am 26. Mai wurde dem Kronprinzen ein Kurier gesandt mit der Nachricht, der König habe eine so schlechte Nacht gehabt, daß man jede Stunde seiner Auflösung entgegensehen müsse und es gut sein würde, wenn Seine Königliche Hoheit kämen. Jedoch möchte er sich nicht merken lassen, daß irgendeine ernste Gefahr vorhanden sei. Am nächsten Morgen machte sich der Prinz auf, begleitet von Jordan, Willich und Buddenbrock. Folgen wir dem Bericht Bielfelds, der uns einen Blick in eine wenig ergreifende Szene tun läßt:

„Jedermann in Rheinsberg erwartete mit der höchsten Ungeduld die nächsten Nachrichten von Potsdam, und jedesmal, wenn auf der Heerstraße Pferde, Ochsen oder Maulesel die große Brücke links vom Garten passierten, wandten sich unwillkürlich aller Augen nach dieser Seite, und alles stürzte ans Fenster. Die Kronprinzessin allein blieb ruhig und bewahrte, wenigstens äußerlich, die geziemende Haltung und Würde.

Fünf Tage vergingen in diesem Zustande der Ungewißheit. Uns erschienen sie als eine unerträglich lange Zeit. Mehr als einmal meinten wir, ein zweiter Josua müsse der Sonne Stillstand geboten haben. Am Freitag, dem 3. Mai, des Abends, saß die Kronprinzessin mit drei ihrer Damen beim Spiel. Herr von Brandt und ich spielten im Vorzimmer eine Partie Quadrille. Da sahen wir, wie gegen acht Uhr der Kammerdiener der Prinzessin, einen schwarz gesiegelten Brief in der Hand, ins Zimmer trat. Sofort nahmen wir es für ausgemacht an, daß der Tod des Königs erfolgt sei. Wir legten sämtlich die Karten vor uns auf den Tisch. Herr von Brandt erhob sich, nahm seinen Hut und sagte: ›Ich will der Erste sein, der die Prinzessin als Königin begrüßt, und alle Segel der Beredsamkeit aufziehen, um das Wort Eure Majestät recht majestätisch klingen zu machen.‹ Nun schlichen wir uns leise an die Tür, welche in das Kabinett der Prinzessin führt und offen geblieben war, während diese den Brief las. Allein sie sah uns gleich an, was in uns vorging, und fragte, nicht ohne ein gewisses Erstaunen, weshalb wir unser Spiel unterbrochen hätten. Wir wußten nicht recht, was wir darauf erwidern sollten, und ihr machte offenbar unsere Verlegenheit großes Vergnügen. Noch beim Souper wurden wir damit geneckt, und ich konnte mich nicht enthalten, zu sagen, daß, wenn der Kranke dies alles wüßte, er sicherlich nicht sehr erbaut darüber sein würde. Das Souper verlief gegen das Ende hin sehr heiter, und die Prinzessin war in vortrefflicher Laune. Gegen Mitternacht erhob sie sich von der Tafel, und jedermann zog sich in sein Zimmer zurück.

Allein mein Schlaf sollte nicht von langer Dauer sein. Gegen zwei Uhr weckte mich das Getrappel eines Pferdes, das im Galopp über die Brücke jagte. Ich richtete mich auf. Da es aber in meinem Zimmer dunkel und im Hause alles still blieb, so zog ich vor, ruhig unter meiner Bettdecke zu bleiben. Nach Verlauf von einigen Minuten aber hörte ich die Stimme des Barons von Knobelsdorff, und im nächsten Augenblicke trat er auch schon mit lautem Geräusch in die Türe und rief: ›Steh schnell auf, Bielfeld, der König ist tot. Willich ist soeben von Potsdam angekommen, um der Prinzessin die Todesnachricht zu bringen.‹ Ich äußerte einige Zweifel an der Wahrheit dieser Nachricht, mit der man uns nun schon oft zum besten gehabt hatte. Aber er erwiderte: ›Nein, diesmal ist die Sache richtig, er ist tot – mausetot! – Jordan hat Befehl erhalten, den Körper zu öffnen und einzubalsamieren. Du weißt doch wohl, wer in seine Hände kommt, steht nicht wieder auf!‹ Ich mußte über den Scherz lachen und bat Knobelsdorff, mir Licht zu besorgen. Wir gingen beide, um den Baron Willich aufzusuchen. Wir fanden ihn im Vorzimmer der Prinzessin, wo sich auch Frau von Katsch und Fräulein Bortefeld, die erste Kammerfrau der Prinzessin, eingefunden hatten. Willich sagte uns, daß er sich im Walde verirrt habe, sonst hätte er um Mitternacht in Rheinsberg sein müssen, da Seine Majestät um drei Uhr am vergangenen Tage verstorben sei und der neue König ihn unmittelbar darauf fortgeschickt habe. Wir waren einigermaßen in Verlegenheit, wie wir die große Neuigkeit der jungen Königin mitteilen sollten, die noch im tiefsten Schlafe lag. Frau von Katsch, welche bei aller überwältigenden Freude nicht einen Augenblick Haltung und Geistesgegenwart verlor, beauftragte Fräulein Bortefeld mit dieser Aufgabe und gab ihr die nötigen Anweisungen, wie sie dabei zu verfahren habe.

Demgemäß ging Fräulein Bortefeld in das Schlafzimmer der Prinzessin und öffnete leise die Fensterläden. Die Prinzessin erwachte, erblickte sie und fragte, was sie wolle. ›Ich bitte untertänigst um Verzeihung, Majestät, wenn ich Sie früher als gewöhnlich wecke.‹ – ›Aber weshalb nennst du mich Majestät, träumst du?‹ – ›Nein, Madame‹, erwiderte diese, ›Baron Willich ist angekommen, als Kurier von Potsdam, und hat die Nachricht gebracht, daß der König gestern gestorben ist.‹

Frau von Katsch, welche ein niederschlagendes Pulver in Bereitschaft gehalten, trat nun im selben Augenblicke ins Zimmer und begrüßte, nachdem sie die Prinzessin das Pulver hatte einnehmen lassen, dieselbe mit dem Titel ihrer neuen Würde, und nach Verlauf einer halben Stunde erschien die reizende, unvergleichliche Königin in höchst geschmackvollem, schwarz und weißem Negligé. Nie ist sie mir so schön vorgekommen! Sie gestattete uns, in das Audienzzimmer zu treten, um ihr dort den ersten Ausdruck unserer Huldigung darzubringen. Die Beileidsbezeugungen waren kurz, dagegen die Glückwünsche zur Thronbesteigung Ihrer Majestät um so länger. Und aus der lebhaften Weise, wie sie zum Ausdruck kamen, konnte man mit Sicherheit auf die Aufrichtigkeit und Herzlichkeit der Gefühle schließen, welche uns alle bewegten.

Die junge Königin benachrichtigte uns, daß sie Rheinsberg verlassen und sofort nach Berlin abgehen werde. Um zehn Uhr wolle sie ihren Wagen besteigen. Wir sollten uns deshalb alle zur Abreise fertig machen. Von acht Uhr morgens ab war alles zur Abfahrt bereit. Unser Frühstück gestaltete sich zu einem glänzenden Mahle. Die Köche hatten sich selbst übertroffen. Die Oberhofmeisterin, Frau von Katsch, ließ sich ein großes Glas reichen und brachte kühn einen Toast auf die Gesundheit des neuen Monarchen und der Königin aus, denen sie eine ebenso lange wie gesegnete Regierung wünschte. Ihre Majestät war so gnädig, uns zu versichern, daß sie uns allen auch fernerhin ihren gnädigen Schutz und ihre königliche Gunst bewahren werde. Dann bot Herr von Brandt ihr die Hand, um sie zur Kutsche zu führen. Ihre Damen folgten, und nachdem wir am Kutschenschlage alle zum letzten Male Abschied von Ihrer Majestät genommen hatten, enteilte sie nach Berlin und war bald mit ihrem ganzen Gefolge unseren Blicken entschwunden.«

Zwei Monate nach seiner Thronbesteigung, im August 1740, stattete Friedrich Rheinsberg einen flüchtigen Besuch ab, und im Oktober desselben Jahres kam der gesamte Hof zu einem längeren Aufenthalte dorthin. Der König langte am 19. an, um, wie er meinte, den Rest des Herbstes und einen Teil des Winters dort zuzubringen. Innerhalb zwei Tagen folgten ihm die Königin und ein großer Kreis von Freunden und Hofkavalieren mit Einschluß des Prinzen August Wilhelm und des Markgrafen sowie der Markgräfin von Bayreuth etc., die alle insgesamt mit dem Vorsatze kamen, sich in der hübschen Nachbarschaft des Schlosses und der angenehmen Gesellschaft nach Herzenslust zu amüsieren. Man beabsichtigte, Liebhabertheater-Vorstellungen zu geben. Und zwar sollte Voltaires »Tod des Caesar«, Boissys »Franzose in London« und wer weiß was noch mehr aufgeführt werden. Der neue große Konzertsaal war, soviel ich weiß, fertig, und mit dem Bau eines neuen Theaters sollte so rasch als möglich begonnen werden. Das Palais selbst und sämtliche für das Gefolge bestimmten Außengebäude waren so überfüllt, daß, als Bielfeld ein paar Tage später als die übrigen anlangte, er genötigt war, in der »Post« abzusteigen.

Der König litt damals, und zwar bereits seit mehreren Wochen, an einem Wechselfieber, ließ sich aber dadurch so wenig als möglich in seinen Vergnügungen stören und litt auch nicht, daß die anderen in den ihrigen beeinträchtigt wurden. Wenn der Anfall kam, »herrschte alle Mal eine trauervolle Stille« durch das ganze Haus. Sowie er aber

vorübergegangen war, dinierte Seine Majestät mit der Königin in Gesellschaft seines Bruders und seiner Schwester und
gab in seinem eigenen Zimmer ein Konzert, bisweilen am
Abend auch einen Ball. Es war die Fortsetzung der alten
Lebensweise von ehedem, nur in etwas großartigerem Stil
und in dem Bewußtsein, nun sein eigner Herr zu sein.

Gegen Ende November kam Voltaire auf ein paar Tage. Es
war das erste Mal, daß er Preußen betrat. Für einen so kurzen
Aufenthalt war die Reise in dieser Jahreszeit lang und unbequem genug. Auch fehlte es unterwegs nicht an Abenteuern.
An der westfälischen Grenze zerbrach sein Wagen, und er
mußte ein widerspenstiges Pferd besteigen und »in Sammet-
hosen und seidenen Strümpfen« nach Herford hineinreiten.
Am Stadttore um seinen Namen befragt, antwortete er, er sei
Don Quichote, und passierte unter diesem Namen.

Die Erwartung eines solchen Meteors und sein Erscheinen
muß einige Aufregung unter der Gesellschaft hervorgerufen
haben. Allein es fehlt so gut wie jede Nachricht über den
Besuch selbst. Man kann sich denken, daß Friedrich, soweit
ihm dazu Muße gelassen war, den Dichter ziemlich viel für
sich selbst in Anspruch nahm. Die Hauptveranlassung zu
Voltaires Reise war eine politische. Ein zweites Motiv von
mehr als sekundärer Bedeutung, aber immerhin von großem
Gewichte in Voltaires eigenen Augen war die Rückerstattung
von einigen tausend Talern, welche er seiner Angabe nach bei
Gelegenheit der Unterhandlungen mit dem holländischen
Buchhändler wegen der Antimacchiavel-Ausgabe in Friedrichs Interesse ausgelegt hatte. In bezug auf den ersteren
seiner oben angedeuteten Reisezwecke erreichte er gar
nichts. Es gab keine Staatsgeheimnisse auszuhorchen, weil
niemand außer dem Könige diese kannte. Und dieser – wie er
bei einer anderen Gelegenheit einmal von sich selbst sagt –
vertraute seine Geheimnisse niemand an, am allerwenigsten
Voltaire. Seinen anderen Zweck erreichte dieser. Das Geld
wurde ihm ausgezahlt. Es scheint indes, als habe der König,
obwohl der die Zahlungsorder ausstellte, mehr als bloßen
Argwohn gehegt, daß die Forderung zum Teil aus der Luft
gegriffen sei. Die Summe, die der Dichter liquidierte, bezog

sich hauptsächlich auf die Kosten seiner holländischen Reise. Er hatte aber auch die für die gegenwärtige Rheinsberger Reise, und zwar hin und zurück, mit auf die Rechnung gesetzt.

Wahrscheinlich war dies das erste Mal, daß der König den bisher von ihm so hoch geschätzten Charakter in einem anderen Licht erblickte. Er macht denn auch kein Hehl daraus, wie er über die Sache dachte. Die Anweisung, welche er an Jordan zur Zahlung des Geldes ergehen läßt, lautet wörtlich wie folgt: »Dein Geizhals soll seinen unersättlichen Golddurst bis auf die Hefe stillen. Er soll die dreitausend Taler haben. Auf diese Weise wird mir sein sechstägiger Besuch fünfhundertfünfzig Taler pro Tag kosten. Das heißt einen Hanswurst etwas teuer bezahlen. Wohl niemals hat ein Hofnarr eine so hohe Gage bezogen.«

Zu jener Zeit war Voltaire, einige Tage vor der übrigen Gesellschaft, nach Berlin gefahren, um der Königinmutter seine Ehrfurcht zu bezeugen.

Anfangs Dezember löste sich die Rheinsberger Hofgesellschaft auf, um nie wieder in der alten Weise zusammenzukommen, weder dort noch anderswo. Es war das erste und letzte, ja das einzige Mal, daß Ihre Majestäten als Wirt und Wirtin in ihrem eigenen Hause einen Kreis von Gästen empfingen.

Als die Königin an jenem schönen Junimorgen von Rheinsberg abfuhr und Bielfeld mit den anderen ihr nachschaute, wie sie Berlin zueilte, hatte sie für immer Abschied von ihrem ehelichen Glück genommen. Mit der eben geschilderten Ausnahme jener sechs Wochen, die sie im Herbste desselben Jahres wieder am alten Orte zubrachten, kann man sagen, daß Friedrich und sie nie wieder miteinander gelebt haben. In späteren Jahren sah man sie bisweilen während des Sommers in Charlottenburg auf wenige Tage beisammen, wenn sie bei großen offiziellen Gelegenheiten wie Hochzeiten und dergleichen Gäste zu empfangen und die Honneurs zu machen hatten. Im Winter wohnten sie stets während sechs oder sieben Wochen unter einem und demselben Dache, aber – es sei denn, daß es zu repräsentieren

Friedrich II. und Voltaire

galt – so völlig voneinander abgesondert, als wenn sie auf verschiedenen Hemisphären gelebt hätten.

Wenige Wochen nach der Thronbesteigung erhielt die Königin Schönhausen als ihr Privateigentum angewiesen. Es war damals und ist bis zu einem gewissen Grade heut noch ein hübsches, von einem Park umgebenes Landhaus, etwa eine Stunde von Berlin entfernt. Nach Schönhausen führt eine schöne Straße, welche den Namen »Schönhauser Allee« trägt. Die Bäume, welche dieselbe auf beiden Seiten einfassen, hat Knobelsdorff pflanzen lassen.

Der König und die Königin sahen einander zum letzten Mal am 18. Januar 1785 (Geburtstag des Prinzen Heinrich und stets ein großer Festtag). Unmittelbar danach ging der König wieder nach Potsdam. Im nächstfolgenden Winter kam er gar nicht nach Berlin, und im Sommer darauf, während er in Sanssouci blieb und seine Gesundheit schon im Schwinden begriffen war, war die Königin in Schönhausen.

Am 16. August gab sie dort eine Abendgesellschaft, zu der auch Mirabeau, der während jenes Sommers in Berlin weilte, geladen wurde. Er war gerade von einem vierzehntägigen Besuch beim Prinzen Heinrich in Rheinsberg zurückgekehrt, und so war es sehr natürlich, daß die Königin, sowie sie seiner ansichtig wurde, von ihrem alten Landsitze zu sprechen begann. »Sie sprach mit mir von Rheinsberg«, sagt er, »und dem Glücke, das sie dort gekostet, als sie noch Kronprinzessin war.« In demselben Monat gerade vor fünfzig Jahren war es gewesen, daß sie im Jahre 1736 zum ersten Male ihren Wohnsitz dort genommen hatte. Während sie so stand und sich mit Mirabeau unterhielt, ahnte sie nichts davon, daß ihr Gatte bereits mit dem Tode rang. Friedrich der Große starb in derselben Nacht – in den ersten Morgenstunden des 17. August 1786.

Prinz Heinrich

Im Juni 1744 erhielt Prinz Heinrich Rheinsberg zum Geschenk. Prinz August Wilhelm, der »Prinz von Preußen« und künftige Thronerbe, wurde mit Oranienburg, dem einstigen

Lieblingsschlosse König Friedrichs I., bedacht und für Ferdinand, den jüngsten, später ein Palais in Neuruppin gebaut. So sahen sich alle drei Brüder des Königs im Besitze von Landschlössern in ein und derselben Nachbarschaft und bequem zu erreichender Entfernung voneinander. Für die nächsten Jahre freilich lebten sie keineswegs alle auf demselben Fuß.

Der älteste von ihnen, der Prinz von Preußen, hatte als verheirateter Mann eine vollständige Hofhaltung und war Herr in seinem eigenen Hause. Er kommandierte ein Regiment, das zu Spandau in Garnison lag, lebte aber, glaube ich, meist in seinem Palais zu Berlin. Wesentlich verschieden hiervon war die Stellung der beiden anderen Brüder. Heinrich war im Jahre 1744 erst achtzehn Jahre alt und Ferdinand noch ein Knabe von vierzehn. Mit diesem jüngsten der Brüder, der später noch Jahre lang unter der Aufsicht von Erziehern stand (Bielfeld war einer von ihnen) und der wenig von sich reden machte, haben wir uns hier nicht zu beschäftigen.

Um das Jahr 1744 hatte der König nach langem Schwanken Potsdam definitiv zu seinem eigenen Ruhesitz gewählt. Freilich war während dieser ersten Jahre sein Leben ein sehr unstetes gewesen und war es auch jetzt noch. Der Erste und Zweite Schlesische Krieg hatten alle Regelmäßigkeit seiner Lebensgewohnheiten durchbrochen. Die meiste Zeit wurde mit beschwerlichen Reisen, auf Märschen und auf dem Schlachtfelde, aber nicht daheim zugebracht.

Auch der Prinz von Preußen und der Prinz Heinrich nahmen teil an diesen beiden Kriegen. Endlich, nachdem der Friede zu Dresden ihnen ein Ende gemacht und Friedrich am 28. Dezember 1745 in Berlin seinen feierlichen Einzug gehalten hatte, begann jene Friedensepoche, welche zehn Jahre dauern sollte.

Rheinsberg war nun Heinrichs Eigentum geworden. Für die nächsten Jahre hatte er sich allerdings mehr dem Namen als der Sache nach als Eigentümer zu betrachten. Ich weiß nicht, ob er selbst mit der Verwaltung seines Gutes irgend etwas zu tun hatte. Jedenfalls war es ihm nicht gestattet, dort zu wohnen. Dem Herkommen gemäß oder weil es dem Könige so beliebte, vielleicht auch aus beiden Gründen waren die jungen unverheirateten Prinzen an die unmittelbare Umgebung Seiner Majestät gefesselt und mußten, sie mochten wollen oder nicht, in Potsdam ein Garnisonleben führen.

Schon im Juni 1740 war Heinrich zum Oberst des 35. Regiments ernannt worden, das zu Spandau in Garnison lag. Wie jedem anderen jungen Offizier in der Garnison war es auch ihm nicht gestattet, nur auf einen einzigen Tag nach Berlin oder irgend sonstwohin zu gehen, ohne vorher um Urlaub gebeten und solchen erhalten zu haben. Die Strenge und Eintönigkeit des Offizierslebens an einem Orte, wie es Potsdam zu jener Zeit war, mag oft genug selbst für jene eine harte Probe gewesen sein, die mit ganzem Herzen an ihrem Beruf hingen. Um wieviel quälender mußten sie einem jungen Prinzen fühlbar werden, der sich wenig aus dem Soldatenleben machte und dem nach vielen Seiten hin Fesseln angelegt wurden, wo andere eine verhältnismäßige Freiheit genossen.

Der König fühlte sich zu allen Zeiten als Haupt der ganzen Familie, ein Haupt, das ganz danach geartet war, durch jede Regung, jedes Zeichen von Unbotmäßigkeit, das sich bei einem der Familienmitglieder kundtat, sogleich auf das empfindlichste berührt zu werden und den Urheber mit einem einzigen Nicken oder Kopfschütteln sofort in seine Schranken zurückzuweisen. Seine Majestät liebte es sein ganzes Leben lang, die nächsten Verwandten – Gattin, Brüder, Schwestern und alle anderen – in so vollkommener und direkter Abhängigkeit von sich wie nur möglich zu erhalten.

In späteren Jahren, als Brüder, Schwestern, Vettern und Basen bereits alle ihr eigenes Heim besaßen, Kinder und Enkel hatten, war dies Regiment nicht mehr ein so direktes und strenges. Wenigstens machte es sich den Beteiligten nicht mehr so fühlbar und wurde von Außenstehenden nicht so leicht bemerkt. Das hohe Alter übte zu jener Zeit bereits seinen mildernden Einfluß auf die Energie, mit der sich der maßgebende Wille äußerte, und auch das Gehorchen war in Folge langgeübter Gewohnheit leichter geworden.

Für Heinrich traf es sich nun, daß er gerade zu der Zeit, wo sein eigenes Blut am heißesten wallte, die Machtäußerungen Seiner Majestät auszuhalten hatte, der damals in seinen besten Jahren stand und sich in der Fülle seiner Kraft fühlte. Des Königs Despotismus war zwar voller Weisheit, aber doch auch von spaßhaften Anwandlungen und plötzlichen Launen beeinflußt und konnte allerdings bei Gelegenheit recht empfindliche Schläge versetzen. Zuweilen hatte Heinrich das, was ihm geschah, auch verdient. So hören wir zum Beispiel von Ausflügen, die trotz aller militärischen Befehle ohne Urlaub und in Verkleidung nach Berlin unternommen wurden, Expeditionen, die, wenn sie entdeckt wurden, natürlich mehrere Tage Arrest zur Folge hatten.

Der Hauptsache nach war das Los, welches ihm zuteil wurde, das, welches allen jüngeren Söhnen regierender Häupter unvermeidlich zufällt, oder vielmehr das nicht minder unvermeidliche, darum aber nicht weniger unbehagliche des jüngeren Bruders eines willenskräftigen, absoluten und noch dazu sich als Sieger fühlenden Königs. In manchen Fällen glaubte sich Heinrich ganz besonders tief verletzt und hatte wahrscheinlich guten Grund dazu.

Sei dem nun, wie es wolle, daran ist kaum zu zweifeln, daß in jenen Jahren der Same ausgestreut worden ist zu dem Haß, den Heinrich sein ganzes Leben hindurch gegen den ältesten Bruder gehegt hat, trotz alledem, was sie gemeinschaftlich getan und gelitten, trotz der großen Intimität ihrer Beziehungen zueinander in guten und bösen Tagen. Ein Haß, den er so lange nährte, hätschelte und offen zur Schau trug, bis er zuletzt eine geradezu ungeheuerliche Gestalt und Größe annahm.

Für einen damals noch so jungen, so begabten und so ehrgeizigen Mann wie ihn war es sicherlich eine recht harte Prüfung, ein Leben führen zu müssen, das ihn in fortwährender Abhängigkeit erhielt und eine ununterbrochene Selbstunterdrückung von ihm forderte, ein Leben, das eigentlich nur dazu da war, ein anderes zu ergänzen und ihm

112

Prinz Heinrich von Preußen

gelegentlich als Zierde zu dienen. Und dies alles ohne die goldene Hoffnung, es werde an höchster Stelle einmal eine gründliche Änderung eintreten. Der einzige aktive Dienst, den man von ihm forderte, die Sorge für sein Regiment, war ihm verhaßt und wurde von ihm, soweit es anging, links liegengelassen. Jede Art von Beschäftigung dagegen, die einer eigenen Neigung entsprach, wurde ihm beharrlich verweigert. Zuweilen machte er den ernstlichen Versuch, zu zeigen, daß er auch einen Willen habe, ja er versuchte sogar, denselben in unbedeutenden Dingen durchzusetzen, sich ein kleines Stückchen Freiheit nach irgendeiner Richtung hin zu sichern oder doch wenigstens den Schein zu erwecken, als sei er frei. Alles das half ihm nichts. Seine Majestät hielt die Zügel fest in der Hand, kümmerte sich nicht darum, ob man ihm ein mürrisches Gesicht zeigte oder mit ihm schmollte, und weigerte sich rundweg, seinen Feuergeist von Bruder freizugeben, indem er ihm gestattete, in auswärtige Dienste zu gehen und dort sich Auszeichnung oder gar Lorbeeren zu erwerben. An so etwas war gar nicht zu denken.

Friedrich war ein Bruder, der die jüngeren Glieder der Familie aufrichtig lieb hatte und dem es ein Bedürfnis war, für sie zu sorgen und sie um sich zu sehen. Er hat das oft selbst ausgesprochen und meinem Erachten nach auch bewiesen. Aber wie wird ein junger Prinz, dem bei allen seinen Amüsements Hindernisse in den Weg gelegt werden und dem man die Erfüllung seiner Wünsche für alle Zeit verweigert? Der König wurde sehr bald als ein Tyrann angesehen, gegen den sich zu verbünden für die Prinzen ebenso eine Pflicht wie ein Vergnügen war, natürlich nicht zu aktivem, sondern zu passivem Widerstande, sei es auch nur, daß man ihm, soweit es die Etikette und das eigene Interesse gestatteten, ein verdrossenes Gesicht zeigte.

Seine Majestät konnte übrigens bei Gelegenheit eine recht bissige Feder führen. Die folgenden Bruchstücke aus Briefen an Heinrich, die sämtlich aus dem Jahre 1746 datieren, geben Zeugnis davon: »Mein lieber Bruder! Ich denke, wir haben uns gegenseitig nichts vorzuwerfen und stehen einander gleich kühl gegenüber. Du hast es einmal so haben wollen, mag es denn so sein. Das einzige, was Dich zuweilen zu veranlassen scheint, mildere Seiten gegen mich aufzuziehen, ist der Umstand, daß Du meiner guten Dienste bei Deinen Liebeshändeln bedarfst. Übrigens kann mich das außerordentlich geringe Maß freundlicher Gesinnung, die Du mir bei jeder Gelegenheit zeigst, wahrhaftig nicht dazu aufmuntern, immer wieder von neuem einen Anlauf zur Zärtlichkeit zu nehmen einem Bruder gegenüber, der mir wenig Dank weiß. Das ist alles, was ich Dir für diesmal zu sagen habe.«

»Mein lieber Bruder! Deine beredte Feder bringt merkwürdige Dinge zutage. Wenn du mich liebst, dann muß Deine Liebe eine metaphysische sein, denn bis jetzt habe ich noch nicht gesehen, daß sich die Leute einander auf diese Weise ihre Liebe kundtun, das heißt, indem sie sich keines Blickes würdigen, kein Wort miteinander wechseln, kurz, sich gegenseitig nicht das geringste Zeichen von Zuneigung geben. Ich weiß nur, daß Du Dich von mir fernhältst, mich mit Kälte behandelst und mir gegenüber eine Gleichgültigkeit zeigst, wie sie sich nicht vollkommener denken läßt.«

»Mein lieber Bruder! Allerdings hatte ich nicht erwartet, einen Brief von Dir zu erhalten. Allein, nachdem Du für gut befunden hast, sechs Monate lang zu schmollen und mich, obwohl Du mit mir in demselben Hause wohnst, weder anzusehen noch mit mir zu reden, es sei denn, daß Du es schicklichkeitshalber gar nicht vermeiden kannst, vermag mich nichts mehr in Erstaunen setzen. Noch weniger freilich war ich auf das Projekt gefaßt, welches Du mir mitteilst. Ich habe gar nichts dagegen, daß Du bestrebt bist, Dich zu instruieren. Allein das geringe Interesse, welches Du bisher für den vaterländischen Militärdienst an den Tag gelegt hast, scheint mir wenig zu versprechen für Deine Leistungen im Felde. Überdies sind die Einrichtungen in fremden Armeen so verschieden von den unsrigen, daß ich nicht einsehen kann, was Du aus den ersteren lernen könntest, ganz abgesehen davon, daß ich Dich bei der gegenwärtigen europäischen Lage nicht gut zu einer der beiden kriegführenden Armeen schicken kann, ohne damit eine Parteinahme zu markieren.«

116

Aus anderen Briefen von ein oder zwei Jahren späterem Datum ersehen wir, daß sich das Verhältnis zwischen beiden Brüdern nicht gebessert hatte. Der König schickt den Oberst von Rohr, um das Regiment des Prinzen wieder in Ordnung zu bringen, und ist taub gegen alle Vorstellungen des letzteren. Er habe niemand Rechenschaft darüber zu geben, was er tue, und werde diejenigen Änderungen treffen, welche er für gut halte. Er erwarte vor allen Dingen, daß Heinrich selbst eine Änderung in seinem Betragen eintreten lasse.

Friedrich täuschte sich über Heinrich gerade ebenso, wie sein Vaters sich in bezug auf ihn getäuscht hatte. In späteren Jahren sah er freilich seinen Irrtum ein. Heinrich besaß, davon hat er seinerzeit glänzende Proben abgelegt, nicht nur eine ausgesprochene Neigung zum Soldatenberufe, sondern auch wirkliches militärisches Genie. Aber ihm − wie seinem Bruder Friedrich in demselben Lebensalter − war das Abrichten der Soldaten eine höchst widerwärtige, ja verächtliche Beschäftigung. So vernachlässigte er sein Regiment, gab sich aber zu derselben Zeit mit Eifer taktischen Studien hin.

Es gab viele Punkte, in denen Friedrich der Große und sein Bruder Heinrich sich überraschend ähnlich waren, sowohl in bezug auf Charakter, Gemütsart, Neigungs- und Geschmacksrichtungen. In körperlicher Hinsicht bestand zwischen ihnen, wenigstens in den Jugendjahren, eben nur, was man Familienähnlichkeit nennt. Heinrich war stets häßlich. Ein Porträt von ihm, am Spätabend seines Lebens gezeichnet, könnte wohl als eine Karikatur Friedrichs gelten.

Ihre Lieblingsneigungen und Beschäftigungen im Privatleben waren dieselben, nicht minder die Genüsse, mit denen sie ihre Mußestunden ausfüllten. Sie hatten beide die gleiche Neigung für das, was sie Poesie und Philosophie nannten, das heißt, beide erblickten in der Pflege der französischen Literatur das beste und edelste geistige Ziel, welches ein Mann sich vorsetzen könne. Jeder von beiden blickte zu den Koryphäen dieser Literatur wie zu den Größten unter den Sterblichen auf und liebte es, eine Art von Verwandschaft mit diesen Halbgöttern für sich in Anspruch zu nehmen, indem

117

er sich bemühte, demütig in ihre Fußstapfen zu treten. Die Liebe zur Musik, die Baulust und die Neigung zur Gärtnerei beherrschten beide bis zur Narrheit.

Ungleich anderen fürstlichen Personen oder Landedelleuten gewöhnlichen Stils hatten beide nicht das geringste Interesse für irgendeine Art von Sport oder an Pferden und Reiterkünsten. Gegen gewisse andere Liebhabereien oder Zeitvertreibe, denen nicht nur fürstliche Personen, sondern überhaupt die Mehrzahl der Menschenkinder nachzujagen pflegen, waren beide königlichen Brüder in ungewöhnlichem Maße gleichgültig.

Die Königinmutter

Im Februar 1745 stattete die verwitwete Königin ihren Söhnen zu Oranienburg und Rheinsberg Besuche ab. Die Prinzen wünschten, ihrer Mutter ihre neuen Besitzungen zu zeigen, und Ihre Majestät, die sich selbst und ihnen eine Freude machen wollte, willigte ein, zu Ostern eine Woche bei ihnen zuzubringen. Pöllnitz hat uns eine Beschreibung dieses Ausfluges hinterlassen, die leider zu lang ist, um hier ganz wiedergegeben zu werden. Sie ist ganz in seinem besten Stil geschrieben, ein Stil, der hoffentlich mit dem Manne selbst gestorben ist, affektiert und gewunden, obwohl nicht ganz ohne Witz und eine gewisse Gutmütigkeit. Nichtsdestoweniger gibt uns seine Erzählung eine Idee davon, wie sich vor hundertunddreißig Jahren in Deutschland eine große Dame bei einem Ausfluge auf das Land zu amüsieren pflegte.

Während der zehn Tage, welche die Königin außerhalb Berlins zubrachte, tat sie nichts als schlafen, Toilette machen, dinieren, soupieren, sticken und Karten spielen. Daß sie je, ausgenommen während der Reise, ihren Fuß vor die Tür gesetzt habe, darüber findet sich nicht die leisteste Andeutung.

Am 12. April, dem Mittwoch vor Ostern, reiste sie von Berlin ab. Am Abend, bevor sie ihr Heim verließ, ging sie früher als sonst zu Bett, schlief aber am folgenden Morgen bis zur gewohnten Stunde. Sowohl am Vorabende wie am Morgen ihrer Abreise tröstete sie diejenigen unter ihrer Dienerschaft, welche so unglücklich waren, zu Hause bleiben zu müssen, und nahm Abschied von ihnen. Die erste Kammerfrau der Prinzessin Amalie war nicht zu trösten. »Vielleicht werde ich Sie niemals wiedersehen, meine geliebte erhabene Herrin!« rief sie weinend aus, und Schluchzen erstickte ihre Stimme. Die Prinzessin Amalie allein blieb ruhig.

Nach frühzeitig eingenommenem Diner bestiegen Königin und Prinzessin ihre Wagen. Dem Wagen der Königin folgten über dreißig andere. Das Wetter war so schön wie nur möglich. In Oranienburg, der ersten Station, wurde die Königin von dem Prinzen und der Prinzessin von Preußen feierlich empfangen und verweilte dort drei Tage. Sie war kaum angelangt und hatte ein paar Augenblicke der Ruhe gepflegt, so setzte sie sich schon zum Kartenspiel nieder, während der Prinz und die Prinzessin mit den Herren und Damen des Gefolges im Garten lustwandelten.

Am anderen Morgen wurden die Damen vor der gewohnten Zeit aus dem Schlafe geweckt durch das Brüllen der Kühe, die seit den Tagen König Friedrichs I. so glänzende Gesellschaft zu Oranienburg nicht mehr gesehen hatten und nun ihrer Freude ›par des cris d'allégresse‹ Luft machten. Daß die Königin in ihrem Schlummer gestört worden sei, wird nicht gesagt. Es würde sich auch kaum mit der Etikette vertragen haben, die Königin-Witwe in ein und demselben Satze mit einer gewöhnlichen Kuh zusammenzubringen.

Die Damen machten nach beendigter Toilette zuerst dem Prinzen und der Prinzessin von Preußen und dann der Prinzessin Amalie ihre Aufwartung. Die letztere fand man in ihrem Boudoir beim Flötenspielen, bekleidet mit einem Korsett von weißer Seide und einem weißen Rock, der mit »natürlichen Blumen in Silber bestickt« war (sie sollte eben zu einem Porträt auf Meißner Porzellanuntertasse sitzen). Nach dem Diner setzte sich die Königin an ihre Goldfädenstickerei, und Pöllnitz las ihr aus einem französischen Roman vor. Um sieben Uhr abends fand ein Ball statt, und die Königin spielte bis zum Souper im Ballsaale Karten.

Am Karfreitag wurde im Vorzimmer der Königin Gottesdienst abgehalten, wobei Monsieur Des Champs, welcher zu diesem Zwecke mitgegangen war, die Predigt hielt und Prinz Ferdinand, der damals fünfzehn Jahre alt war, die Choräle vorsang. »Zwar sang Seine Königliche Hoheit etwas falsch, denn seine Stimme gehörte nicht gerade zu den harmonischsten, allein das diente nur dazu, den Gottesdienst etwas weniger traurig zu machen, als er sonst gewöhnlich in dieser Woche zu sein pflegt, die ganz den Betrachtungen über Leiden und Sterben geweiht ist. Die Damen schüttelten sich vor Lachen. Sogar Frau von Blaspiel wurde in ihrer Andacht gestört und konnte nicht umhin, es wie die anderen zu machen. Als der Gottesdienst zu Ende war, wurde der Prinz tüchtig ausgescholten, und zwar selbst von denen, die am meisten über ihn hatten lachen müssen.«

Am Nachmittag begann die Königin, nachdem sie von der Tafel aufgestanden und sich in ihr Schlafzimmer zurückgezogen hatte, ihre gewohnte Goldfädenarbeit, und der Baron von Pöllnitz hatte die Ehre, ihr die Fortsetzung von »La Mouche« vorzulesen. Auf das Vorlesen folgte Kartenspiel und auf das Kartenspiel das Souper, bei dem es diesmal infolge der Abwesenheit des Prinzen Heinrich, der am Nachmittag nach Rheinsberg vorausgereist war, etwas weniger heiter zuging.

Am Sonnabend folgte ihm die ganze Gesellschaft und legte den Weg von Oranienburg nach Rheinsberg in vier Stunden zurück. Prinz Heinrich empfing die Königin an der Grenze seines Besitztums, setzte sich dann in Galopp an die Spitze des Zuges und half ihr beim Eingang zum Schloß aus dem Wagen.

»Darauf führte er Ihre Majestät in die für sie bestimmten Appartements, welche die früher vom König bewohnten Räume waren. Die Königin drückte ihre größte Freude darüber aus, in Rheinsberg zu sein, und besah sich, während die Tafel gedeckt wurde, die Haupträume des Schlosses, wobei sie das Arrangement derselben, die Schönheit des Mobiliars und die Eleganz des Deckenschmuckes nicht genug zu loben wußte... Prinz Heinrich benachrichtigte die

Königin, daß das Diner serviert sei, und Ihre Majestät ging nun durch den Korridor der Damen und das Kabinett, welches mit den Gemälden Lancrets geschmückt ist. Dort stand sie einige Augenblicke still, um sich die Gemälde zu betrachten, und trat dann in den großen Saal, in welchem die Tafel serviert war. Sie wurde nicht müde, den Geschmack und die Pracht zu bewundern, die in demselben herrschten, und brachte während des Diners das Gespräch auf diesen Gegenstand, wobei sie Gelegenheit nahm, alles nur mögliche Liebenswürdige über den König zu sagen, der so viel Schönes geschaffen, als er doch noch Kronprinz gewesen sei.

Nachdem die Königin von der Tafel aufgestanden war, verfügte sie sich in das runde Kabinett, von welchem aus man den See übersieht. Frau von Kannenberg, die früher zu verschiedenen Malen in Rheinsberg gewesen war, übernahm das Amt eines Historiographen und machte Ihre Majestät auf die verschiedenen Orte der Umgebung aufmerksam. Sie malte ihr die Schönheit des Waldes von Boberow aus und vergaß nicht, von den glücklichen Tagen zu erzählen, die sie einst am Hofe des Kronprinzen verlebt hatte.«

Unmittelbar nachher setzte sich die Königin wieder an ihre Goldfädenarbeit.

Da am anderen Tage Ostersonntag war, so predigte Monsieur Des Champs mit großem Pathos im Vorzimmer Ihrer Majestät, und Prinz Ferdinand ließ es sich gefallen, daß der Ortskantor den Vorsänger machte (und zwar wurde deutsch gesungen, während die Predigt französisch war). Nach der Tafel las Pöllnitz der Königin vor. Einige Mitglieder der Gesellschaft unternahmen einen Ausflug nach einer der benachbarten Glashütten und brachten eine Anzahl Geschenke mit nach Hause. Abends fand ein Ball im großen Saale statt, der bis vier Uhr morgens dauerte.

Am Montag endlich, hören wir, daß alle Welt mit Ausnahme der Königin einen Spaziergang durch Garten und Wald unternahm, wobei Prinz Ferdinand in einen Sumpf geriet und einen Schuh verlor, der aber glücklicherweise von ein paar kleinen Jungen wiedergefunden wurde.

»An demselben Tage erschien der Prinz von Mirow und seine Familie, um der Königin seine Aufwartung zu machen. Prinz Heinrich hatte veranlaßt, daß sie noch am Abend vor dem Ball eingeladen wurden. Sie entschuldigten sich indes damit, daß die Herzoginmutter nicht bei Nacht reisen könne. Prinz Heinrich empfing sie am oberen Ende der Treppe und führte sie, der Herzoginmutter die Hand bietend, in Frau von Blaspiels Zimmer, um hier zu warten, bis es der Königin gefallen würde, sie zu empfangen. Nach kurzer Frist geruhte Ihre Majestät, ihnen Audienz zu geben, und unterhielt sich viel mit der Herzoginmutter, die ihr von der ganzen Gesellschaft die Vernünftigste zu sein schien. Die Schweigsamkeit der jungen Herzogin war ihr langweilig, und die rauhe Stimme der Prinzessin von Schwarzburg, die in den Chroniken von Rheinsberg unter dem Namen Prinzeß Violente figuriert, betäubte sie. Als man durch das Vorzimmer ging, um sich zur Tafel zu begeben, ließ sich die Königin die Damen im Gefolge des Mirowschen Hofes vorstellen. An Fräulein von Rauchbart oder Barbe velue fand sie großen Gefallen und erwies derselben nach aufgehobener Tafel große Auszeichnung. Sie ließ sie zu sich rufen und wünschte von ihr wahrsagen zu hören. Die Sybille prophezeite Monseigneur Prinz Heinrich vielen Ruhm, eine leichte Verwundung und eine große, schöne Prinzessin, die ihn mit acht Prinzen, so schön wie Vater und Mutter, beschenken werde. . . . Als die Mirowschen wieder abgereist waren, setzte sich die Königin zum Kartenspiel nieder.«

Am nächsten Tage verließ sie Rheinsberg und »sprach ihr Bedauern aus, daß sie fort müsse, fügte aber hinzu, sie rechne darauf, eines Tages wiederzukommen«. In Oranienburg wurde für eine Nacht haltgemacht, und wenige Augenblicke nach ihrer Ankunft setzte sich Ihre Majestät wieder zum Spiel nieder. Der Abend endigte mit einer Illumination und einem Ball, und am folgenden Tage kehrten die Königin und ihr Gefolge nach Berlin zurück.

Während alles dies vor sich ging, sah es an der schlesischen Grenze sehr ernst aus. Der König stand bei Neiße und anderen Orten im Feldlager. Innerhalb weniger Tage folgten auch die beiden Prinzen, welche soeben noch ihrer Mutter die Honneurs in ihrem eigenen Hause gemacht hatten, dem König auf den Kriegsschauplatz, und es fehlte nicht viel, so hätte bald nach jenem Osterausflug der Hof sich auf die Flucht begeben. Kaum einen Monat nach den Rheinsberger Besuchen nämlich traf Friedrich, der einen Einfall der Sachsen fürchtete, Maßregeln, um die beiden Königinnen und die übrige königliche Familie an irgendeinen sicheren Ort zu bringen. Aber ehe dies noch zur Ausführung kommen konnte, wurde die Schlacht von Hohenfriedberg geschlagen.

Die Königinmutter hielt Wort. Im Juli des folgenden Jahres (1746) stattete sie Oranienburg und Rheinsberg einen zweiten und etwas längeren Besuch ab. Diesmal war der König mit von der Partie. Alles verlief sehr glänzend, und eine Festlichkeit jagte die andere. Wie es scheint, hat er nach der Abreise der Königin noch eine Nacht in Rheinsberg zugebracht.

Das einzige bei dieser Gelegenheit nicht mit eingeladene Mitglied der königlichen Familie war die regierende Königin. Der Prinz von Preußen sagte ihr ganz offen, daß er ohne höheren Befehl nicht wage, sie einzuladen. Er bot ihr aber an, seine Gemahlin (der Königin jüngere Schwester) dazulassen, um ihr Gesellschaft zu leisten. Schon bei Gelegenheit der früheren Partie, zu Ostern 1745, hat sie einen Seufzer darüber, daß man sie daheimgelassen habe, nicht unterdrücken können: »Was mich betrifft, so werde ich hier allein in dem alten Palast ganz wie eine Gefangene zurückbleiben, während die anderen sich amüsieren. Ich unterhalte mich mit Lesen, Arbeiten und Musizieren.« (Diese Worte sind selbstredend an ihren Bruder Ferdinand gerichtet, dem sie dann fernerhin mitteilt, sie sei, nachdem die ganze Gesellschaft wieder heimgekommen, auf einen Tag nach Köpenick gegangen, »um nicht die einzige zu sein, die keine Reise gemacht hätte«.) Das zweite Mal, als der König auch mit dabei war, wurde ihr die Entbehrung und die Vernachlässigung wohl noch fühlbarer.

In jenen Juli 1746 fällt auch für die Gräfin Voß der erste ihrer für sie gewiß denkwürdigen Besuche in Oranienburg und Rheinsberg. Sie war damals noch Sophie von Pannewitz, eine junge Hofdame im Gefolge der Königinmutter, zu jener Zeit erst siebzehn Jahre alt und in der ersten Blüte ihrer Schönheit. Ohne sich dessen völlig bewußt zu sein, hatte sie – was man in ihrem Falle nur ein Unglück nennen kann – eine tiefe und, wie sich später herausstellte, dauernde Leidenschaft bei dem Prinzen von Preußen August Wilhelm geweckt. Er, in seiner Ehe nicht sehr glücklich, wurde gleich bei ihrem ersten Erscheinen am Hof seiner Mutter von Liebe zu ihr ergriffen. Sie, das arme Mädchen, ganz auf sich selbst angewiesen und sich nicht zu raten und zu helfen wissend, tat, daran ist nicht zu zweifeln, alles, was in ihren Kräften stand, um ihn zurückzuweisen. Das war nun freilich nicht sehr viel.

Lange Jahre nachher, als sie die Geschichte aus der Erinnerung niederschreibt, erzählt sie uns, wie sie ihm aus dem Wege gegangen sei und tagelang ihr Zimmer nicht verlassen habe. Wie sie dann versucht habe, seine Abneigung zu erwecken und unter Tränen ihn angefleht, er möge sie gehen lassen und sie vergessen. Wie sie gepeinigt worden sei durch die Boshaftigkeiten ihrer Gefährtinnen und die Härte ihrer Verwandten. Und zuletzt gesteht sie ein, obwohl sie es damals niemandem, am allerwenigsten dem Beteiligten selbst, hat merken lassen, daß sie ihn ebenso tief liebte wie er sie. Er war ihre erste und einzige Liebe. Ein hochgewachsener schöner Mann (wie auch einige unter seinen Nachkommen), frohsinnig, offenherzig und großmütig, war er ohne Zweifel sehr liebenswert.

Die Königinmutter, ebenso befriedigt von ihrem ersten wie vom zweiten Ausfluge, machte aus ihren Besuchen schließlich eine Gewohnheit. Ich glaube, sie ist beinahe jeden Sommer nach Oranienburg und vielleicht auch nach Rheinsberg gefahren.

Nun waren Park und Garten beider Schlösser, besonders an einem warmen Juliabend, ganz der geeignete Ort für Liebesgeschichten. In den langen, schattigen Buchengängen

Schloß Rheinsberg von der Seeseite

von Oranienburg (hohe, dicke Hecken, durch die weder Wind noch Regen, weder Sonne noch Mond zu dringen vermochten) und in den freundlichen, noch jungen Gartenanlagen von Rheinsberg war es, wo die arme Sophie, den scharfen Blicken der Hofgesellschaft nur halb verborgen, sehr gegen ihren Willen und doch mit klopfendem Herzen Worten lauschte, die niemals zu ihr hätten gesprochen werden sollen und die sie doch niemals vergessen konnte. Das dauerte sechs Jahre lang, bis sie endlich, um der Sache ein Ende zu machen, dem Antrage eines ihrer Vettern Gehör gab, den sie nicht geliebt, mit dem sie aber ein ruhiges und leidlich glückliches Eheleben geführt hat.

Dies geschah indes erst, als der Prinz davon zu reden anfing, daß er sich, um Sophie heiraten zu können, von seiner Gemahlin scheiden lassen wolle. Mit dem übrigen Hofe war auch er bei ihrer Trauung gegenwärtig, brach aber inmitten des feierlichen Aktes ohnmächtig zusammen und mußte hinausgetragen werden.

Prinz Heinrichs Heirat

Am 25. Juni 1752 heiratete Prinz Heinrich die Prinzessin Wilhelmine von Hessen-Kassel. Es wird erzählt, und aller Wahrscheinlichkeit nach mit Grund, er habe keine Neigung zum Heiraten gehabt, sei aber dazu vom König stark gedrängt worden, der vor allen Dingen die Thronfolge gesichert sehen wollte. Es wird sogar weiter behauptet, man habe dem Prinzen Heinrich das Junggesellenleben zu Potsdam absichtlich so unleidlich wie nur möglich gemacht, um ihn dahin zu bringen, sich nach einer Erlösung umzusehen, und ihm dann das Heiraten als die einzige Chance vor Augen gehalten, durch die er seine Unabhängigkeit erlangen könne. Sei es nun, wie es wolle, seine junge Gemahlin war, was ein Prinz oder ein anderer Sterblicher sich nur immer wünschen konnte. Sie war eine Schönheit und, obwohl keineswegs mehr in der ersten Jugendblüte (sie war gerade um einen Monat jünger als der Bräutigam), von solcher Lieblichkeit und Anmut und besaß dabei so viel Anziehendes und so viel Geist, daß sie mit einem Male der Stern des gesamten Hofes und der Berliner Gesellschaft wurde und dies für eine Reihe von Jahren auch blieb. Fast zehn Jahre nach dieser Zeit, so erzählt uns Gräfin Voß, war sie noch allgemein unter einer ganzen Reihe von Schmeichelnamen wie »La Belle Fée«, »La Divina«, »La Toute Divine«, »L'Incomparable« usw. bekannt.

Bielfeld gibt uns eine lange Beschreibung der Hochzeits-feier. Gleich im Anfang erzählt er eine seltsame Geschichte, wie der Prinz, als er von seiner Verlobung in Kassel zurück-kehrte, sich den Spaß gemacht habe, eine höchst ungünstige Beschreibung von dem Äußeren seiner Braut zu entwerfen, und wie dann ein auf Befehl des Königs gemaltes Porträt Ihrer Hoheit in Berlin eingetroffen sei, das in der Tat sehr häßlich war (wie man annehmen muß, hatte der Prinz den Maler bestochen), so daß, als die Prinzessin selbst anlangte und alle nur denkbare Anmut und Reize entfaltete, jeder-mann ganz verblüfft gewesen sei. Der Prinz August Wilhelm von Preußen, der vortrat, um ihr aus dem Wagen zu helfen, schien wie betäubt bei ihrem Anblick und konnte nur mit Mühe wieder so viel Geistesgegenwart gewinnen, um ihr »mechanisch die Hand entgegenzustrecken«.

Prinz Heinrich amüsierte sich köstlich über den Erfolg seines Scherzes. Drei Tage lang fanden große Festlichkeiten in Charlottenburg statt, wo der König, die beiden Königinnen und der ganze Hof die Ankunft der Braut erwartet hatten. Dann kam der feierliche Einzug der Prinzessin in Berlin und ein Fest, das der junge Ehemann in einem hierzu gemieteten Hause gab, da sein eigenes Palais noch nicht fertig war.

Der Prinz und die Prinzessin gingen, wie wir annehmen müssen, nach Rheinsberg und haben dort während der nächsten vier Jahre (gerade so lange, wie einst Friedrich und seine Gemahlin) vergnügt und allem Anschein nach in glück-lichem Zusammenleben hausgehalten.

Eine Schattenseite hatte indes die Sache, und zwar die-selbe, welche Friedrich so viel Sorge bereitet hatte. Prinz Heinrich kam niemals mit seinem Geld aus und erhielt, wenn er auf Hilfe vom Hauptquartier rechnete, Vorwürfe. Der

König, der aus Erfahrung die Symptome solchen Zustandes kannte und sich wahrscheinlich mit Schaudern erinnerte, wie er selbst einst am gleichen Ort dem Bankrott nahe gewesen war, sandte, von »echt brüderlichem Gefühl« getrieben, dem Prinzen dringende Warnungen und gute Ratschläge, die folgendermaßen endigten: »Du wirst noch ins Armenhaus kommen, mein lieber Bruder, wenn Du fortfährst, Dein Kapital auszugeben und Schulden zu machen...«

Um in diesen Jahren des frohen Lebensgenusses sich von Schulden frei zu halten und doch auch alles in fürstlichem Stil zu tun, dazu mag wohl mehr Geschick in der Kunst des Wirtschaftens gehört haben, als Heinrich je besessen hat. Die prinzlichen Brüder (Ferdinand hatte inzwischen ebenfalls geheiratet und sich im Jahre 1755 sein Haus eingerichtet) wetteiferten förmlich miteinander in dem Bestreben, sich und ihre Freunde auf neue und überraschende Weise zu unterhalten.

Sie waren ja jung, an angenehmer Gesellschaft fehlte es ihnen nicht, und ihre hübschen Landschlösser lagen in bequem zu erreichender Entfernung voneinander. Das Leben auf dem Lande war zu jener Zeit nicht ganz das, was es heutzutage zu sein pflegt, wenigstens nicht, wenn man die Absicht hatte, Gastfreundschaft zu üben. Man liebte wohl die Natur, aber nicht au naturel. Es war üblich, sie herauszuputzen, sie, etwa wie die französische Küche dies mit den Speisen tut, mit hochpikanten Saucen und Gewürzen zu servieren, und riß sie zu diesem Zwecke in Stücke, um sie dann wieder in neue Formen zu kneten.

Bielfeld verdanken wir einen Blick in das Rheinsberg vom Jahre 1753. Nach einer sehr ausführlichen Beschreibung von Oranienburg sagt er:

»Das Palais von Rheinsberg ist vollkommen so geblieben, wie es war, mit Ausnahme von fünf oder sechs Zimmern. Dagegen sind die Gärten bedeutend vergrößert und verschönert sowie vielfach verändert und ausgeschmückt worden. Die Orangerie, mit deren Bau damals kaum begonnen worden war, ist jetzt in einen schönen Salon mit daran

129

anschließenden hübschen Kabinetten umgewandelt worden. Dann hat Seine Königliche Hoheit noch ein chinesisches Haus, eine geradezu bewundernswürdig schöne Grotte an einem versteckten Plätzchen des Seeufers und endlich die Ruine einer Kolonnade erbauen lassen, welche einen Eiskeller verdecken soll und sehr hübsch erfunden ist.

Schon seit längerer Zeit hat man Rheinsberg scherzweise Remusberg genannt und behauptet, Remus sei einst von seinem Bruder Romulus in dieses Land verbannt worden, welches damals als das Sibirien des römischen Reiches gegolten habe. Der Prinz hat sich nun dieses spaßhaften Gedankens angenommen und unter der Voraussetzung, der Eiskeller sei das Grab des Remus, den Gipfel desselben mit einem Aufbau aus in Rustika-Manier behauenen Quadern in Form eines Piedestals verkleidet, auf welchem sich eine Graburne erhebt, die scheinbar die Asche eines berühmten Toten enthält. Einige Säulen, Fragmente und verstümmelte Statuen, die man in den Werkstätten der alten Bauhütte von Rheinsberg gefunden hat, sind rings um das Mausoleum herum aufgestellt worden, so daß es in erstaunlicher Weise den Eindruck einer in Trümmer gestürzten Säulenhalle macht. Ringsumher ist das Terrain mit Zypressen und Buchsbaum bepflanzt, alte zerbrochene Kapitäle, gewaltige Steinblöcke, welche erfundene Inschriften tragen, und andere ähnliche Gegenstände liegen überall umher, welche die Idee erwecken, daß hier ein Bauwerk vom Zahn der Zeit zerstört ist.

Das aus grünen beschnittenen Hecken hergestellte Theater, welches der Prinz hat anlegen lassen, ist ein Meisterstück... Sie wissen, daß das Schloß von Rheinsberg am Rand eines großen Sees liegt, der von schönem Eichen- und Buchenwald umrahmt wird. In diesem prächtigen Wald hat der Prinz ländliche Wohnhäuser errichten lassen, die eine Art Hof-Eremitage darstellen, ohne daß sie gerade in völliger Einsamkeit liegen. Es sind zehn aus Holz erbaute Häuser, deren jedes drei allerliebste Zimmer, eine kleine Küche und eine Vorratskammer enthält und die in gewissen Entfernungen voneinander im Walde zerstreut liegen. Ihre

Bewohner können sich gegenseitig sehen und einander zurufen, ohne sich doch durch zu große Nähe gegenseitig zu stören.

Diese Häuser sind von außen mit Muscheln und Eichenrinde bekleidet und mit Strohdächern versehen. Im Innern sind sie angemessen, aber einfach eingerichtet. In der Mitte steht eines, das etwas größer als die übrigen ist und einen Glockenturm hat. Dies ist die für Seine Königliche Hoheit, den Prinzen von Preußen, bestimmte Wohnung und hat einen Salon, der geräumig genug ist, um bei Regenwetter hier für die ganze Gesellschaft das Diner oder Souper zu servieren. Ist das Wetter aber schön, so wird in einem großen Pavillon von hölzernem Gitterwerk gespeist, der nur wenige Schritte weit entfernt ist. Das Signal für jede Mahlzeit wird durch eine große Glocke gegeben, und zwar wird dreimal geläutet. Beim dritten Male verläßt jedermann seine Wohnung, um sich in den Salon zu begeben. Ihre Königlichen Hoheiten unterziehen sich ebenfalls der allgemeinen Vorschrift und wollen durchaus keinen Vorzug in dieser Beziehung genießen. Jeder Bewohner dieser Häuser verbringt den Vormittag nach seinem eigenen Gutdünken, liest, arbeitet, frühstückt, geht spazieren, stattet den Damen Besuche ab, kurz, vertreibt sich die Zeit oder beschäftigt sich, wie es ihm gerade beliebt. Nach Tisch genießt er derselben Freiheit, aber um sechs Uhr abends versammeln sich alle Gäste Ihrer Königlichen Hoheiten zu irgendeiner gemeinsamen Unterhaltung...«

Man kann wohl sagen, jeder würde froh sein, einmal ein paar Tage auf einem der drei Landsitze zubringen zu dürfen. Allein Eremitagen, römische Gräber und chinesische Häuser kosten ein gutes Teil Geld, und so war es am Ende natürlich, wenn der König Sparsamkeit predigte, und dann war Heinrich doch erst ein Jahr verheiratet. Freilich muß es recht unangenehm gewesen sein, wenn im November, so all die Eremitagen für den Winter bereits geschlossen waren und die Rechnungen einzulaufen anfingen, man statt des erhofften Zuschusses von ein paar tausend Talern einen Brief erhält, in welchem vom Armenhause etc. die Rede ist.

Das waren die zehn Friedensjahre (1746–1756), Jahre frisch pulsierenden Lebens, voll Heiterkeit und Lust. Waren doch damals noch alle am Leben und noch jung. Jahre wie diese kehrten niemals wieder. Es kamen Zeiten, da die Überlebenden aus ihren gelichteten Reihen mit wehmutsvollem Ernst auf jene goldenen Jahre zurückschauten.

Der Siebenjährige Krieg

Der Ausbruch des Siebenjährigen Krieges machte allen kostspieligen Gartenfesten ein Ende, Geld und Menschen wurden anderswo gebraucht. Selbstredend folgten die Prinzen dem Könige auf den Kriegsschauplatz, wenn auch wider Willen. Sie wollten oder konnten nicht verstehen, weshalb er von neuem zu den Waffen griff. Im Laufe der Zeit hatten sie die üble Gewohnheit angenommen, die Köpfe zusammenzustecken und fast gegen alles, was er tat, Opposition zu machen. Sie zeigten ihm freilich nicht ihre Mißbilligung, noch wagten sie mit ihm über seine Pläne zu diskutieren, um so mehr aber redeten sie sich schließlich fast in die Überzeugung hinein, daß er und seine Pläne töricht seien. Im vorliegenden Falle glaubten sie zu sehen (der älteste von den dreien, der am meisten dabei zu gewinnen und zu verlieren hatte, geradezu mit Schrecken), daß dieser wankelmütige, eigenwillige und halsstarrige König im Begriffe war, den Staat um eines Verdachtes willen in einen Krieg und höchstwahrscheinlich in den Untergang zu stürzen. »Alle Zeichen«, schreibt der Prinz August Wilhelm, »deuten auf den Zusammenbruch unseres Landes. Sollte das im Buche des Schicksales bestimmt sein, so können wir nicht entrinnen... Meine Kinder werden vielleicht die Opfer vergangener Fehler sein.«

Eine Überzeugung oder Stimmung wie diese wirkte nicht günstig auf die Kommandoführung eines Mannes von der Veranlagung August Wilhelms, der Soldat war, weil es seine Stellung so mit sich brachte, nicht aber aus Neigung oder Hang dazu. »Mein Bruder«, hat Friedrich gesagt, »besitzt esprit, ist wohlunterrichtet und hat das beste Herz von der Welt, aber keine Entschlußfähigkeit. Dabei ist er sehr ängstlich und geht energischen Entschlüssen gern aus dem Wege.«

So sah denn der Prinz, der das Kommando über die Elbarmee führte, im Juli 1757 nach der Niederlage bei Kolin nur Verderben und nichts als Verderben, das immer näher und näher rückte, ja sich fast schon an seine Fersen hing, und wich, stets von dem Gedanken beherrscht, daß es dem Verhängnis geradezu Trotz bieten hieße, wenn er irgend etwas unternähme, zurück und immer wieder zurück, obwohl der König ihm Brief auf Brief sandte und der ihm beigegebene General von Winterfeldt dagegen Einwände erhob. Dieser vier Wochen dauernde Rückzug erwies sich als verderblich.

Als der König in der Nähe von Bautzen mit dem Prinzen wieder zusammentraf, schloß dieser mit seinen Generälen einen Kreis. Der König ritt selbst nicht in den Kreis hinein, sondern sandte Winterfeldt an seiner Stelle, hielt sich indessen in solcher Nähe, daß er hören konnte, ob Winterfeldt genau dieselben Worte sprach, welche er ihm zu sagen befohlen hatte. Der Inhalt dieser Worte war, »daß Sie durch Ihr Betragen verdient hätten, vor ein Kriegsgericht gestellt zu werden, in welchem Falle Sie unfehlbar dazu verurteilt werden würden, ihres Kopfes verlustig zu gehen«. Der König wünschte indessen nicht, die Sache so weit zu treiben, er durfte den Bruder nicht über dem General vergessen.

Als Winterfeldt gesprochen hatte, verließ der Prinz sogleich den Kreis und ritt, ohne ein Wort mit dem König zu wechseln, nach Bautzen. Bald darauf zog er sich nach Torgau, später nach Leipzig und zuletzt im November nach Oranienburg zurück, wo er im darauffolgenden Sommer (am 12. Juni 1758) starb.

Prinz Heinrich hat sich vom Anfang bis zum Ende des Siebenjährigen Krieges in hohem Grade ausgezeichnet. Er war zwar der Ansicht, daß der Krieg ein nutzloser, unüberlegter sei und überdies schlecht geführt werde, allein er verlor nie den Kopf oder vergaß (mit einigen unbedeutenden

Ausnahmen) seine Pflicht als preußischer Prinz. Es zeigte sich, daß er eine ungewöhnliche strategische Begabung besaß und diese bewundernswürdig gut zu verwerten wußte.

In des Königs Suite war er Zeuge der Szene gewesen, die sich bei Bautzen abspielte. Die vermeintliche Ungerechtigkeit erfüllte ihn mit Wut. Sein Kummer über den Tod August Wilhelms würde unter allen Umständen tief gewesen sein, aber so wie die Sache lag, zog er seinen Gram förmlich groß. Ärger mischte sich reichlich mit darein, und schließlich ließ er nicht mehr davon ab.

Auch beim König war der Schmerz über des Bruders Tod stark. Aber Heinrich wurde völlig davon überwältigt. Erinnerungen an vergangene Jahre, wohl auch Hoffnungen auf eine einstige bessere Zukunft, alles war mit in jenes Grab hinabgesunken. Wer weiß, was für Gedanken sein Hirn durchkreuzt haben mögen? Im Kriege gibt es ja so viele Zufälle. Jemand konnte niedergeschossen werden, ein Wechsel an allerhöchster Stelle eintreten. Eine goldene Zeit konnte dann anbrechen. Nun war es anders gekommen, mit alledem war es vorbei. Auch der Gedanke, es könnten niederträchtige Zungen leichtfertig über seines Bruders Unglück reden oder es gar mit einem anderen Namen benennen, machte ihn rasend.

Der Prinz von Preußen hatte Heinrich zu seinem Testamentsvollstrecker bestimmt, und dies machte einen Briefwechsel zwischen diesem und dem König notwendig. Die ersten Briefe sind sehr ergreifend, um so mehr, als wir das, was sein Herz am tiefsten bewegt, zum großen Teil zwischen den Zeilen herauslesen müssen. Weder damals noch später durfte er seine Gefühle rückhaltlos äußern, das verbot die Familiendisziplin. Der König hatte ihm unmittelbar nach der Katastrophe geschrieben: »Ich weiß, wie zärtlich Du ihn geliebt hast... Ich fürchte für Dich... Denke an das Wohl des Staates und unseres Vaterlandes...« Darauf antwortete Heinrich: »Bei der tiefsten Erschütterung, in welche mich der Tod meines Bruders versetzt hat, würde es mir unmöglich gewesen sein, Dir über einen Gegenstand zu schreiben, der für mich so unendlich schmerzvoll ist, wenn ich nicht den Brief erhalten hätte, den es Dir gefallen hat, an mich zu richten. Die Gefühle, die mich bewegen, sind mächtiger als meine Vernunft. Vor meinen Augen steht immer nur das Bild des Bruders, den ich so zärtlich liebte, seine letzten Stunden, sein Tod. Von all den traurigen Wechselfällen und Schicksalsschlägen, an denen das Leben so reich ist und wie sie auch mir nicht erspart geblieben sind, war dieser der schrecklichste und grausamste, der mich treffen konnte...«

Es folgt nun eine Reihe von beiderseitigen Briefen, deren Gegenstand abwechselnd Klagen und Trost, der Inhalt des Testamentes, die Bewegungen der eigenen Armee und der des Feindes bilden. In einem derselben sagt der König: »Bisweilen lassen mich wohl die Berufsgeschäfte unseres gemeinsamen großen Kummers vergessen. Dann aber plötzlich erinnere ich mich seiner wieder, das Herz blutet mir von neuem, und tiefe Melancholie erfaßt mich. Jeder Brief meiner Schwestern, der Anblick des Regimentes, alles berührt mich auf das schmerzlichste.«

Irgend etwas in diesem Briefe muß Heinrichs Gefühle verletzt haben, denn er antwortet in sichtlich erbittertem Ton: »Ich habe schwer genug geseufzt unter dem Mißverständnis, das zwischen Dir und meinem Bruder herrschte. Nun rufst Du die Erinnerung daran von neuem wach und vergrößerst dadurch mein Leid. Allein der Dir schuldige Respekt und mein Schmerz legen mir Stillschweigen auf, und ich darf nichts darauf erwidern... Meine Schwester von Bayreuth ist dem Tode nahe gewesen. Sie vermag nicht zu schreiben. Ich fürchte, daß sie sich nicht wieder von dieser Krankheit erholen wird. Noch weiß sie nichts von dem Tode meines Bruders, denn man war mit Recht besorgt, daß eine Mitteilung dieser Nachricht auch den Schimmer von Hoffnung vernichten würde, den man bis jetzt noch für ihre Wiederherstellung hegen darf...«

Hierauf antwortet der König unter dem 3. August 1758: »Mein teurer Bruder, ich denke, wir haben genug äußere Feinde, als daß wir uns auch noch innerhalb unserer Familie gegenseitig zerfleischen sollten. Ich hoffe, Du wirst mir die

Gerechtigkeit widerfahren lassen, daß ich kein unnatürlicher Bruder und Verwandter bin. In allererster Linie handelt es sich aber jetzt darum, den Staat zu erhalten und uns mit allen uns zu Gebote stehenden Mitteln gegen die Feinde zu verteidigen...«

In seinem nächsten Briefe gibt der König, nachdem er den Prinzen Heinrich zum Vormund ihres beiderseitigen Neffen »mit unbegrenzter Vollmacht« ernannt hat, die nötige Direktive für den von den Truppen zu leistenden Huldigungseid im Falle, daß »ihm selbst etwas Menschliches zustoßen sollte«. Wenige Wochen später wurde die Schlacht von Hochkirch geschlagen und verloren, und unmittelbar darauf empfing der König die Nachricht von dem Tode seiner Lieblingsschwester Wilhelmine.

Man merkt deutlich die Absicht in den Worten des Prinzen, mit denen er in dem oben angeführten Briefe der Lebensgefahr der Schwester Erwähnung tut. In seinem Haß gegen Friedrich gibt er sich gar keine Mühe, des Bruders Gefühle zu schonen. Seine Abneigung gegen denselben, die hier und bei späterer Gelegenheit mit etwas Furcht gemischt scheint, nimmt dann zuweilen Formen an, die uns heutzutage tragikomisch vorkommen.

Es ist hier nicht der Ort, Heinrichs militärische Lebensgeschichte zu schreiben. Friedrich hat zu allen Zeiten Heinrichs Verdiensten und Dienstleistungen die vollste Gerechtigkeit widerfahren lassen. Wenigstens erscheint dies dem unbefangenen Beobachter so. Des Königs Briefe fließen über von Dank und Lob. Heinrich selbst war anderer Meinung, und seine Biographien erzählen uns von nichts als Eifersucht und Ungerechtigkeit sowie der fortgesetzten Geringschätzung, der er ausgesetzt gewesen sei. In Folge davon schützte er im Herbste 1760 ernstes Kranksein vor, verließ die Armee und schloß sich in Breslau und dann für den größeren Teil des Winters in Glogau gänzlich ab – »weniger«, so sagt uns sein Biograph, »weil ihn wirkliche Krankheit, sondern weil ihn die Kränkung, die er über erneute Ungerechtigkeiten seitens des Königs empfand, dort zurückhielt«. Allein im Frühjahr kam er aus seinem

Prinzessin Wilhelmine von Preußen

Schlupfwinkel hervor, meldete sich bei Seiner Majestät in Meißen und erhielt das Kommando der Armee, die in Sachsen operieren sollte.

Wenn man, wie dies der Fall ist, einigermaßen weiß, wie es um Friedrichs Zuneigung für den Bruder stand, und ferner die hohe Meinung kennt, die er von Heinrich als Heerführer hatte, so erscheint es einem um so rätselhafter, warum Heinrich gerade zu jener Zeit von so offenbarem Schrecken und solcher Furcht vor ihm erfüllt gewesen ist. Es sind Briefe vorhanden, welche den Beweis dafür liefern, daß er sich selbst als ein weiteres Opfer der »Tyrannei« Friedrichs ausersehen glaubte und daß das Günstigste, was er zu hoffen wagte, die Erlaubnis war, unbelästigt und ohne Anfeindung sich zurückziehen zu dürfen.

Im Herbst desselben Jahres 1762 wurde die Schlacht bei Freiberg geschlagen, in welcher Heinrich, da diesmal niemand zur Hand war, »um seine besten Pläne zu verderben«, zur Bewunderung von aller Welt die Reichstruppen tüchtig aufs Haupt schlug. Ein so reiner und vollständiger Sieg ließ in des Siegers Seele ein Gefühl der Genugtuung zurück, das manche Mißstimmung zu lösen und auszugleichen vermochte, und gab den sieben Dienstjahren, die, wie er geglaubt, so ungenügende Anerkennung gefunden hatten, einen glücklichen Abschluß. Das Schicksal wollte es, daß derselbe zugleich zu einem Abschluß des ganzen Kampfes wurde. Die Schlacht bei Freiberg war die letzte des Siebenjährigen Krieges. Im Frühling 1763 kam der Frieden.

Bald darauf, so wird uns berichtet, gab der König seinen Generalen ein Bankett und hielt bei dieser Gelegenheit eine Art von Ansprache an diese, in welcher er mit großer Ausführlichkeit die wichtigsten Begebenheiten der Feldzüge, an denen sie nacheinander alle teilgenommen hatten, kommentierte und das Verfahren jedes einzelnen Kommandeurs in gewissen kritischen Lagen einer ziemlich rückhaltlosen Kritik unterzog, dabei aber sich selber nicht schonender behandelte als die übrigen. Nachdem er all die Versehen aufgezählt hatte, welche von einem oder dem anderen begangen worden waren, sagte er: »Lassen Sie uns nun, meine

139

Herren, unser Glas leeren auf das Wohl des einzigen Generals, der während des ganzen Krieges nicht einen Fehler gemacht hat«, und sich gegen den Prinzen Heinrich wendend: »Auf Dein Wohl, mein Bruder!«

Ein anderes Kompliment, so recht nach des Prinzen Geschmack, war die Bewilligung einer Leibwache von vierundzwanzig Husaren – eine Auszeichnung, die niemandem außer ihm und dem Prinzen Ferdinand von Braunschweig zuerkannt worden ist.

In der Zurückgezogenheit

Während des Siebenjährigen Krieges wurde Rheinsberg, obwohl von seinem Besitzer und dessen Gästen verlassen, nicht vernachlässigt. Verbesserungen wurden unter der Aufsicht des Intendanten, Herrn von Reisewitz, vorgenommen und neue Gebäude errichtet. Auch das sogenannte Domestikenhaus ist damals entstanden. Es nimmt einen wunder, daß man in solchen Zeiten es wagen durfte, dergleichen zu unternehmen. Berlin selbst und die in seiner Nähe gelegenen Häuser und Palais wurden gebrandschatzt und geplündert, Rheinsberg entging diesem Schicksal, weil es zu weit aus dem Wege lag. Nur die Schweden lagerten, wie wir wissen, eine Zeitlang in gefährlicher Nähe.

Das waren sieben schreckliche Jahre voller Trübsal und Unsicherheit für die Leute auf dem Lande. Alle kräftigen Männer hatten in den Krieg ziehen müssen, und vielen von ihnen war es beschieden, auf der Walstatt zu bleiben.

Im März 1761 wird uns wieder ein wenn auch nur flüchtiger Blick auf Rheinsberg vergönnt. Der preußische Hof hatte den Winter in Magdeburg zugebracht, wohin er der Sicherheit halber geflohen war. Als im Frühling der Feind sich zurückgezogen hatte, machte sich Herr von Voß diese Rückbewegung zunutze und unternahm schnell eine Reise nach Mecklenburg, um dort nach seinen Gütern zu sehen, denen schwere Kontributionen auferlegt worden waren. Auf der Rückreise nach Magdeburg machten er und seine

Frau für eine Nacht halt in Rheinsberg. In ihrem Tagebuche erzählt uns die Gräfin, sie habe sich, obwohl sie zu später Stunde anlangten (es war um acht Uhr abends) und es heftig regnete, doch sogleich aufgemacht, um das Schloß und den Park zu sehen, und der letztere sei wunderschön gewesen. Dann sagt sie, Herr von Reisewitz habe gütigerweise darauf bestanden, daß sie die Nacht unter seinem Dache zubrächten. Und am nächsten Tage, den 22. Mai, berichtet sie weiter: »Ich stand um drei Uhr auf, kleidete mich schnell an und ging bei Tagesanbruch nach dem Schloß. Nachdem ich eine lange Zeit allein in dem teuren, geliebten Garten umhergewandert war, der so süßer Erinnerungen voll ist, kehrte ich zurück, und um sechs Uhr machten wir uns wieder auf die Reise...«

Man kann es sich nicht versagen, bei diesem Bilde zu verweilen. Es war gerade zehn Jahre her, daß sie ihrer Jugendromanze durch ihr eigenes Handeln ein Ende gemacht hatte. Und nun sehen wir, wie sie – auf einer eiligen, in trüber und gefahrvoller Zeit unternommenen Reise – in der ersten Morgendämmerung eines Maitages nach einer regnerischen Nacht allein hinausläuft, um rasch einen Blick auf den alten lieben Platz zu erhaschen und ein Stündchen im verlassenen Garten allein zu sein mit sich und den Toten, während drinnen alles noch im Schlafe liegt. Dann eilt sie zurück in das Haus des Gastfreundes, und um sechs Uhr morgens ist sie mit dem Gatten schon wieder auf der Reise.

In bezug auf diesen Baron von Reisewitz werden seltsame Dinge erzählt. In seinen Knabenjahren Page bei dem Prinzen von Preußen und später Stallmeister des Prinzen Heinrich, den er in den ersten Winterfeldzug begleitete, wurde er im Jahre 1757 zum Intendanten von Rheinsberg ernannt und verblieb in dieser Stellung bis zum 23. Februar 1763, an welchem Tage (also kurz vor der Unterzeichnung des Hubertusburger Friedens) er, wie Hennert sagt, an einer entzündlichen Krankheit starb.

Das Gerücht indessen will wissen, er habe sich selbst vergiftet, und gibt als Grund hierfür an, er sei fälschlicherweise der ungetreuen Verwaltung von Geldern beschuldigt worden, die ihm zur Ausführung von Neubauten sowie zur Anlage von Fuß- und Fahrwegen sowohl im Park als im Forst von Boberow anvertraut worden waren. Die Parkanlagen, so wie sie jetzt sind, sind im wesentlichen seine Schöpfung. Da es schien, als schenke Prinz Heinrich der Beschuldigung Glauben, zog es Reisewitz angesichts der schleunigen Rückkehr des Prinzen vor, zu sterben, anstatt belastet mit einer solchen Verleumdung diesem vor die Augen zu treten. Soweit das Gerücht über die Art seines Todes.

Diesem Baron von Reisewitz folgte als Intendant ein zweiter Träger desselben Namens. Sie scheinen aber nicht miteinander verwandt gewesen zu sein, wenigstens war der erstere ein Schlesier und letzterer ein Sachse. Er lebte indes kaum ein Jahr in seinem Amte und starb am 16. April 1764.

Im Mai 1763 finden wir Prinz Heinrich in Rheinsberg, wo er mit geringen Unterbrechungen weitere vierzig Jahre während des Frühlings, Sommers und Herbstes zubringen sollte. Er fand großen Gefallen am Landleben und mit der Zeit einen immer geringeren an Berlin.

Das schöne Palais, welches seine Majestät in Berlin für ihn bauen ließ, war noch nicht fertig (der Krieg hatte den Bau verzögert), und da ist denn in den aus Potsdam datierten Briefen des Königs aus jener Zeit viel von Holzarbeiten, Gitterwerk, Möbeln, Freskomalereien usw. die Rede.

Der König und Prinz Heinrich pflegten einander gewöhnlich einmal in der Woche zu schreiben, und Geschenke von Früchten begleiteten die beiderseitigen Briefe. Besonders sendet Friedrich seiner Schwägerin Trauben aus seinen Treibhäusern, und Prinz Heinrich durchstöbert die Glaswerke von Rheinsberg nach »großen Fensterscheiben à la française«. Ihr Leben war mit einem Male wie auf den Druck einer Feder in seine alten Fugen zurückgegangen.

Seine Majestät hatte allerdings ein gehöriges Quantum Arbeit zu erledigen, und dann und wann macht er wohl auch eine Anspielung auf verwüstete Provinzen, denen er wieder aufhelfen muß, ein Bündnis mit den Türken, zu dessen Ratifizierung bereits ein »Mamamouchi« unterwegs ist, eine polnische Königswahl oder dergleichen. (»Was sagst Du zu dem Könige von Polen, dieser Dummkopf, der sich hinlegt und stirbt. Ich gestehe, ich kann die Leute nicht leiden, die alles immer zur unrechten Zeit tun.«) Indessen, wenn er derartige Dinge vorbringt, so tut er es mit einer halben Entschuldigung. Im übrigen aber weht durch seine Briefe ein Hauch von Frische und eine wunderbar behagliche Stimmung, wie sie nur die Muße zu gewähren pflegt. Und wenn der Prinz »seinen Brunnen trinkt«, bis uns das Gähnen überfällt, indem wir uns vorstellen, wie er dabei immer auf und ab schreiten muß, dann kommt geraden Wegs von Sanssouci her solch ein Erguß guter, herzlich gemeinter, hoffnungsatmender Wünsche und ärztlicher Gemeinplätze, daß uns sofort zu Gemüte geführt wird, wie Heinrichs »santé« das einzige Ding in dieser Welt ist, das wirkliche Wichtigkeit besitzt.

Nach sieben im Kriege – und noch dazu einem solchen Kriege – verbrachten Jahren war man älter geworden – nicht nur älter, sondern auch etwas solider. Diese langweilige Brunnenkur war ein Symptom dafür. Man war nicht mehr so schnell wie sonst bereit, jugendliche Rollen in Scharaden zu übernehmen.

Aber zuzuschauen und sich von einer jüngeren Generation amüsieren zu lassen, dazu war noch Neigung genug vorhanden. Es scheint, als hätten sich die gastfreundlichen Tage von Rheinsberg erneuert, als sei der entschlüpfte Faden sofort wieder aufgenommen, ganz im alten Stile, mit der alten Fröhlichkeit und unter Teilnahme vieler, die einst dem alten Kreise angehört hatten. Nur kostete es doch schon einige Anstrengung, so ohne irgendeine Unterbrechung in fortwährendem Saus und Braus zu leben.

Aber all die Fröhlichkeit und gesellige Harmonie sollten eine Wandlung und Einbuße erleiden, und zwar eine Wandlung recht trauriger Art. Zwischen dem Prinzen und der Prinzessin entstand eine Uneinigkeit. Wer dabei recht, wer unrecht hatte, will ich hier nicht untersuchen. Das, was uns darüber in den Büchern berichtet wird, läßt unserer Phantasie einen weiten Spielraum. So lesen wir, daß man einen scheinbaren Anlaß dazu künstlich geschaffen habe. Und von einer Seite wird uns versichert, daß für die Entfremdung der

Gatten gar kein wirklicher Grund vorhanden gewesen sei. Es kann vernünftigerweise kaum bezweifelt werden, daß Kalckreuth, der Adjutant, einen aktiven Anteil an der Sache gehabt hat, ob lediglich aus Bosheit und Freude am Unheilstiften, ist eine andere Frage. Viel zweifelhafter erscheint uns die Behauptung, »Prinz Heinrich habe schließlich seinen Argwohn aufgegeben« und nur »der hartnäckige Eigensinn, den er mit allen Prinzen seines Hauses gemein hatte«, sei einer Wiederversöhnung im Wege gewesen. Auf alle Fälle war eine sofortige und endgültige Trennung der prinzlichen Gatten die Folge.

Die Prinzessin ist nie wieder nach Rheinsberg gekommen. Sie bewohnte in Berlin den einen Flügel des schönen neuen Palais, welches endlich fertig geworden war, und der Prinz, wenn er im Winter nach Berlin kam, den anderen. Sie hatten jedes seine besondere Treppe und sahen einander nie in ihrem eigenen Hause. Wenn sie bei Hofe oder wo es sonst die Etikette erforderte, sich begegneten, sprachen sie nicht miteinander. Dieses Leben haben sie sechsunddreißig Jahre lang geführt, bis zum Tode des Prinzen Heinrich im Jahre 1802.

Wenn nun die Welt, gestützt auf eine Tatsache wie diese, sagt, Prinz Heinrich sei nichts als eine armselige Kopie Friedrichs des Großen gewesen, so muß man gestehen, daß der Punkte, in denen sie einander gleichen, traurigerweise viele sind. Es läßt sich nicht leugnen, daß diese Art von Eheleben dem, wie es zwischen Sanssouci und Schönhausen bestand, sehr ähnlich war − ein gegenseitiges Sichfernbleiben, das nur einmal im Jahre durch eine stumme Verbeugung unterbrochen wurde.

Prinz Heinrichs Hof

Der Rheinsberger Hof war wieder ein sehr glänzender und eleganter geworden und ist es auch viele Jahre lang geblieben − soweit es eben ein Junggesellenhof überhaupt sein konnte. Nicht daß Frauen dort etwas Unbekanntes gewesen wären; sie waren sogar häufig und auf längere Zeit willkommene

Gäste. Des Prinzen Schwestern kamen, die Königin von Schweden, wie wir wissen, auch die Herzogin von Braunschweig, Prinzessin Amalie und die übrigen. Andere Damen scheinen im Sommer ihr Hauptquartier dort aufgeschlagen zu haben. Doch der Hof als solcher war ein männlicher. Und selbst in späteren Jahren, wo sich der Damenbesuch auf ganze Jahre ausdehnte, blieb solcher Besuch doch immer nichts als ein versuchsweise auf den männlichen Stamm gepfropftes weibliches Reis. Des Königs Hof wie der des Prinzen Heinrich waren beide mönchischer Natur, nur war die Regel in Sanssouci eine ernstere und strengere.

Der Hof zu Rheinsberg zählte, wie uns berichtet wird, 110 Personen. Es ist möglich, daß außer den Adjutanten, den Kammerherren, Sekretären, Pagen etc. und den Domestiken auch die Schauspieler und Musiker in diese Zahl mit eingerechnet werden müssen, nicht aber die vierundzwanzig Husaren und ihr Rittmeister, welche vom Könige unterhalten wurden. Der Hofhalt kostete dem Prinzen in der Regel mehr Geld, als er auszugeben hatte. So befand er sich denn fast immer in Geldverlegenheiten, um so mehr, als er von Natur großzügig war und lieber Geld wegwarf an Leute, die es nicht verdienten, als daß er durch sie belästigt wurde. Er war »ein geschworener Feind aller Zänkereien im Hause, die einem mehr Zeit raubten und die Behaglichkeit des Daseins mehr störten, als Dinge von großem Belange dies vermögen«, und wollte sich »lieber bestohlen als in seiner Freigiebigkeit beschränkt sehen«.

Auf der langen Liste von Adjutanten, Kammerherren und anderen zum Gefolge gehörigen Personen, die im Laufe der Zeit im Dienst des Prinzen einander ablösten, finden sich nicht wenige, die sich früher oder später einen Namen gemacht haben.

Auf der großen Glocke der Stadtkirche, welche Prinz Heinrich im Jahre 1780 derselben geschenkt hatte, finden sich unter dem Namen des Prinzen selbst auch diejenigen der Personen seines Gefolges aus jenem Jahr eingegraben. Es sind dies: Major von Kaphengst, die Barone Friedrich und Ludwig von Wreich, Baron von Knyphausen, Freiherr von dem Knesebeck und von Tauentzien, von deren jedem Fontane uns einen kurzen Lebensabriß gegeben hat. Auf dieser Liste fehlen indes beinahe alle diejenigen aus des Prinzen Gefolge, deren Namen den meisten Klang haben. Graf Henckel hatte schon lange vor jener Zeit den Dienst des Prinzen verlassen, ebenso Kalckreuth, der unter dem nächstfolgenden Könige eine hohe Kommandostelle erhielt, und La Roche-Aymon war noch nicht in seine Dienste getreten. Von denen, welche auf der Glocke figurieren, darf allein Tauentzien einen Platz in der Geschichte beanspruchen.

Der Baron von Knyphausen wurde der »schöne Knyphausen« genannt zum Unterschiede von einem seiner Verwandten, der gleichfalls viel um den Prinzen war. Dieser andere oder »ältere« Knyphausen ist mehr ein Anhänger als zum Gefolge gehörig gewesen. Ein Mann voll beträchtlichem Vermögen, hatte er seinerzeit verschiedene diplomatische Posten innegehabt. In der Zurückgezogenheit seines späteren Lebens hatte er sich der Oppositionspartei in Preußen angeschlossen und war nächst dem Prinzen Heinrich selbst vielleicht das bedeutendste Mitglied derselben. Einen großen Teil seiner Zeit brachte er in Rheinsberg zu, obgleich er, wie es scheint, von politischen Fragen abgesehen, nur in wenigen Punkten sich mit dem Prinzen in Übereinstimmung befand.

Prinz Heinrich pflegte auf die Landwirtschaft in all ihren Zweigen von oben herabzusehen als auf eine Beschäftigung, die nur für Bauern tauge, eines Mannes von Erziehung und geläutertem Geschmack aber völlig unwürdig sei, während Knyphausen, der in Ostfriesland Landgüter besaß, für den Landwirtschaftsbetrieb sehr eingenommen war. Namentlich war er sehr stolz auf seine Viehzucht und sprach sehr gern davon. Daraufhin machte ihm der Prinz ein Geschenk mit einer Weste, die über und über mit Ochsen bestickt war. Knyphausen trug nun die Weste so lange und mit so triumphierender Miene, bis der Prinz, welcher fühlte, wie die Pointe des Scherzes sich umkehrte und ihn selbst traf, einige ärgerliche Bemerkungen machte, worauf denn die Stickerei wieder verschwand.

Über die oben erwähnten beiden Wreichs (oder Wreechs, der Name wird auf beide Weisen geschrieben), von denen der eine Hofmarschall und der andere Kammerherr war, ist wenig mehr bekannt, als daß sie Friedrich den Großen von ganzem Herzen haßten. Sie waren die Söhne jener schönen Frau von Wreich, die Friedrich in seinen Küstriner Tagen (1732/33) nur allzugern gesehen hatte. Es ist bekannt, daß sie es sehr übel nahm, daß derselbe Friedrich als König in den Jahren 1758 und 1760 ihr nicht so viel Geld schickte, wie sie sich erbeten und erwartet, als die Russen ihre Güter verwüstet hatten. Ich weiß nicht, ob die Söhne außer diesem noch irgendeinen andern Grund zum Groll hatten, jedenfalls haben sie ihr Leben lang den Prinzen Heinrich auf des Königs Kosten herausgestrichen. Der jüngere von den beiden starb als der letzte seines Geschlechtes im Jahre 1795, und das Familiengut Tamsel ging auf den Sohn einer Schwester über.

Kaphengst, der erste auf obiger Liste, war zu seiner Zeit nur zu sehr bekannt. Im Jahre 1780 stand er nicht mehr im Dienste des Prinzen, brachte aber, da er in der Nähe wohnte, einen großen Teil seiner Zeit in Rheinsberg zu. Der Prinz hatte zu dem hübschen jungen Manne, wie man sagt, während des Siebenjährigen Krieges eine Zuneigung gefaßt und ihn mit sich nach Hause genommen. Aus dem Jüngling war später ein liederlicher, aber schöner Mann geworden (er hatte keinen Geschmack für Genüsse höherer Art, machte sich nichts aus den Künsten noch aus französischen Versen, sondern war eine rohe und übermütige Natur), der viele Jahre lang lediglich a conto seiner schönen äußeren Erscheinung eine große, wohl die erste Rolle im Hofhalte des Prinzen gespielt hat. Natürlich erzählte man sich von ihm eine Menge Geschichten, mehr oder weniger im Flüsterton, immer aber noch laut genug, um sie bis zu den Ohren des Königs dringen zu lassen, der, so sagt man, es endlich überdrüssig wurde, immer und immer wieder dasselbe zu hören, und seinem Bruder eine Summe Geld schickte mit der Weisung, sie Kaphengst zu geben und sich von ihm loszumachen.

Prinz Heinrich, so wird erzählt, fügte eine gleiche Summe aus seiner Tasche hinzu, kaufte mit dem Gelde das nur wenige Meilen von Rheinsberg gelegene Gut Meseberg und beschenkte damit seinen Liebling. Zu Meseberg, einem der schönsten Landsitze in jenem Teile des Landes, sagt Fontane, führte Kaphengst ein wüstes Leben mit Pferden, Hunden und italienischen Tänzerinnen und geriet fortwährend in Schulden. Prinz Heinrich bezahlte dieselben von Zeit zu Zeit, hielt aber das alte vertrauliche Verhältnis aufrecht. Dann und wann ging er nach Meseberg, und Kaphengst kam sehr oft nach Rheinsberg. So ist sein Name mit auf die Kirchenglocke gekommen.

Fontane erzählt uns eine Geschichte von noch einer anderen Inschrift, die in einem Saale zu Meseberg zu sehen ist und dort einst angebracht worden war, als man den Prinzen Heinrich erwartete. Man hatte einen Maler von Berlin kommen lassen, um seine Königliche Hoheit mit einer Apotheose seiner eigenen Person in einem Deckengemälde zu überraschen. Der Prinz, der die Kunst liebte und ein Kompliment, wenn es in künstlerischer Form dargebracht wurde, nicht ungern sah, war entzückt über das Bild.

Thiébault schreibt, von Kaphengst sei es bekannt gewesen, daß er nach dem Frühstück von Rheinsberg nach Berlin ritt (eine Entfernung von ungefähr zehn Meilen), dort dinierte, sich während einiger Stunden des Nachmittags amüsierte und dann nach Rheinsberg zurückritt, wo er gerade zu rechter Zeit für das Souper eintraf. Weiter erzählt er als eine bekannte Geschichte von ihm, er sei mit seinem Pferde die Treppe eines Hauses bis in das erste Stockwerk hinauf geritten, wo gerade eine Hochzeit gefeiert wurde, habe dort zu Pferde am Tanze teilgenommen und sei dann die Treppe wieder herunter geritten. Auch soll er mit einem einzigen Faustschlage die stärkste Tür haben aufbrechen können.

Kaphengst machte eine Mesalliance, indem er Frau Bilger, geborene Toussaint, heiratete, eine Schauspielerin und die Frau vom Kammerdiener des Prinzen Heinrich, von dem sie sich scheiden lassen mußte, um den Baron zu heiraten. Sie war eine energische Frau, die sich alle mögliche Mühe gab, Ausgaben und Einnahmen ins Gleichgewicht zu bringen. Allein ihr Gatte führte ein immer wilderes und verschwenderischeres Leben, wurde gehaßt und gefürchtet und sah sich zuletzt gezwungen, die Hälfte seines Gutes zu verkaufen. Im Jahre 1800 starb er.

Alle Schilderungen, wie man in Rheinsberg den Tag verbrachte, gleichen einander sehr. Die überschäumende Lustigkeit der ersten Jahre war freilich dahin. Aber für solche, die den Landaufenthalt liebten, war das Leben dort kein langweiliges. Die Morgenstunden brachte der Prinz für sich allein zu. Er pflegte viel zu schreiben. Wie andere Mitglieder seiner Familie liebte er es zu philosophieren, besonders mit der Feder. Auch führte er eine sehr ausgedehnte Korrespondenz und hatte die Gewohnheit, alle seine Briefe mit Ausnahme rein geschäftlicher Noten eigenhändig zu schreiben. In den späteren Vormittagsstunden machte er einen Spaziergang, meist zu Fuß und allein. Nur bei seltenen Gelegenheiten durften ihn einige bevorzugte Gäste begleiten. Das Diner wurde um zwei Uhr serviert, und während desselben ging es sehr lebhaft zu. Die französischen Gäste sagen, es sei ein sehr einfaches Diner gewesen, aber die Heiterkeit, welche dabei herrschte, habe den Mangel an Delikatessen ersetzt.

Am Nachmittag ließ sich der Prinz vorlesen und schnitt während der Vorlesung wie früher Figuren aus, oder er bemalte chinesische Tapeten. Den Gästen indessen scheint es, wie ich bereits bemerkt habe, in den späteren Jahren freigestanden zu haben, ob sie sich ihm in diesen künstlerischen Beschäftigungen anschließen oder irgend etwas anderes vornehmen wollten, was ihnen mehr behagte. Gegen sechs Uhr vereinigten sich alle entweder zu einer Theateraufführung, falls eine solche stattfand, oder zu irgendeinem anderen Amüsement; im Sommer häufig etwas früher, um einen Ausflug zu unternehmen. Den Beschluß von allem machte das Souper, das sich häufig bis spät in die Nacht hinzog und fast immer sehr angeregt war.

Bis in sein spätes Alter, als die Abnahme seiner Kräfte ihn zwang, vom Souper überhaupt wegzubleiben, sah der Prinz es gerade bei dieser Mahlzeit gern, wenn sich nicht nur ein lebhaftes Gespräch, sondern auch eine Diskussion entspann, die sich dann am häufigsten auf dem Gebiet der Politik oder philosophischer und religiöser Fragen bewegte. Der Literatur im eigentlichen Sinne des Wortes ging er in der Regel aus dem Wege, ebenso militärischen Fragen. Wurde er indessen auf letzteres Gebiet geführt, dadurch daß Gäste darauf bezügliche Fragen an ihn richteten, so pflegte er sich zuweilen darüber unanfechtbar und mit außerordentlicher Lebhaftigkeit zu verbreiten.

In religiösen Dingen war er ganz einer Meinung mit seinem Bruder Friedrich. Er hat nie in seinem Leben an irgendeinem gottesdienstlichen Akt teilgenommen oder eine Kirche betreten, aber obwohl er sich für seine Person wie ein Scheinheiliger vorgekommen wäre, wenn er sich hätte in einer Kirche sehen lassen, so fand er es doch an dem Könige höchst tadelnswert, daß dieser sich nicht an dem öffentlichen Gottesdienste der Staatskirche beteiligte.

Friedrich und Heinrich waren einander auch darin ähnlich, daß sie der Literatur ihres eigenen Vaterlandes nicht die geringste Beachtung schenkten. Was den König betrifft, so hat er freilich nur noch die Anfänge davon gesehen. Daß die »Sturm-und-Drang-Periode«, deren Ende er noch erlebte, nicht einmal seine flüchtige Neugierde zu erregen vermochte, war eben nicht zu verwundern, mußten ihre Produkte ihm doch lediglich als eine Wiederaufwärmung jener »schlechten Stücke Shakespeares« erscheinen, auf die er einmal einen flüchtigen Blick geworfen und sie dann, nun schon vor langer Zeit, aus seinen Augen verbannt hatte. Eher hätte man erwarten dürfen, daß Lessings Laufbahn, die fünf Jahre vor der seinigen endete, auf seine Phantasie gewirkt haben würde. Prinz Heinrich hat gelebt, bis die Sonne der deutschen Literatur ihren Zenit erreichte, aber in seine Seele sind ihre Strahlen nie gedrungen.

Als Kuriosität sei angeführt, daß Goethe im Gefolge des Herzogs von Weimar am 17. Mai 1778 in Berlin beim Prinzen Heinrich diniert hat.

Landschaftsgärtnerei

Landschaftsgärtnerei und Dekorativbau waren zu Rheinsberg stets im Schwunge. Ein gutes Teil von dem, was dort gebaut wurde, dürfte freilich dem heutigen Geschmack nicht zusagen.

In Eile errichtet, nur um das Auge zu fesseln, und dann vernachlässigt, ist es zum größten Teile wieder dahingeschwunden. Und von den wenigen Bruchstücken, die noch übriggeblieben sind von dem, was einer anderen Generation einst ungetrübtes Vergnügen bereitete, braucht ein modernes Auge keinen Anstoß zu nehmen.

Seltsame Baustile und Denkmäler, einander so unähnlich wie nur möglich, wurden immer wieder mit demselben Entzücken aneinandergereiht. Damals reisten die Leute nicht so viel wie heutzutage, und wenn sie es taten, konnten sie nicht Pakete von Photographien oder auch nur Miniaturkopien antiker Skulpturen, Lampen usw. oder Modelle von Tempeln mit heimbringen. Ich weiß nicht, ob man damals schon die Gewohnheit hatte, an den Trümmerstätten antiker Paläste Marmorbruchstücke zu sammeln. In der Regel war man damit zufrieden, durch an den Wänden aufgehängte Kupferstiche und Gemälde an das erinnert zu werden, was man gesehen hatte. Sehr reiche Leute, Fürsten und dergleichen Personen, durften es sich hier und da erlauben, das Faksimile irgendeiner Lieblingsfassade in der Größe des Originals wiederaufzubauen und sich damit ein mehr dauerndes Souvenir zu verschaffen.

Im Jahre 1778 gab der Leutnant von Hennert sein Buch über Rheinsberg heraus. Ungefähr vierzig Seiten füllt die Schilderung der Park- und Gartenanlagen, so wie sie damals waren. Statuen oder Gruppen von solchen zählt er gleich nach Dutzenden, wenn nicht nach halben Hunderten auf. Da gibt es steinerne Sphinxe am Fuße der Treppe, die im Zuge des großen Hauptweges liegt. Weiterhin dann ein griechisches Portal und in einiger Entfernung außerhalb des Parkes auf einem Hügel einen sechzig Fuß hohen Obelisk, errichtet an Stelle des hölzernen, welchen Friedrich im Jahre 1740 dort hinterlassen hatte. Ferner ist da ein Naturtheater, das ganz aus Hecken besteht – Orchester, Proszenium, Bühne, Garderoben, alles aus lebendigen grünen Hecken von verschiedener Höhe.

Dicht dabei liegt der chinesische Garten voll Pagoden, Mandarinen und Affen sowie Käfigen aus vergoldetem Draht, welche Vögel mit glänzendem Gefieder einschlossen. Weiterhin kommt ein chinesisches Haus, dann wieder ein griechisches, welches Bäder enthält und inmitten eines Ovales liegt, das rings mit Büsten umstellt war.

Nun folgt ein schattiges Quincunx, das zu einem erhöhten Tempel führt, darauf eine Grotte, die der Verfasser mit ungewöhnlicher, fast zärtlicher Sorgfalt beschreibt – eine Grotte, ganze siebzig Fuß lang, mit einem großen Speisesaal und zwei Seitenkabinetten, deren Wände mit Muscheln und bunten Glasstückchen bekleidet sind und ihr Licht insgesamt von einem prächtigen Glaslüster sowie einem Kandelaber aus demselben Material empfangen, Erzeugnissen der Weißglashütte. Von dieser Grotte aus kann man den Leuchtturm (er war nach Hennerts eigenem Plan erbaut) und daneben das Bootshaus sowie all die Boote und Gondeln auf dem Wasser sehen. Die größte und schönste unter ihnen ist in Schweden gebaut und ein Geschenk ihrer Schwedischen Majestät.

Geht man weiter, so gelangt man zu einer Eremitage, wie sie in alten Tagen gewesen waren. Deren folgen noch mehrere. Weiterhin steht ein Altar unter Lindenbäumen und ein zweiter in einem Tempel, auf dem die Herzogin von Braunschweig eine Inschrift zum Andenken an ihren Besuch hat anbringen lassen. Dann kommt eine Ruine, die auf einem Hügel gelegen »und darauf berechnet ist, aus der Ferne gesehen zu werden. Sie ist deshalb nur aus Holz hergestellt und mit einem Überzug von Birken- und Eichenrinde versehen. Da die Kapitelle der Säulen mit weißer, die Schäfte aber mit dunkler Rinde bekleidet sind, so machen sie, aus der Ferne gesehen, ganz den Eindruck von Stein.«

Mit großer Sorgfalt schildert nun der Bericht die Gartenanlagen mit ihren Treibhäusern. Dann aber wird man ganz verwirrt, denn es kommen immer wieder chinesische Häu-

Die Feldsteingrotte im Park von Rheinsberg

ser, römische Säulen und Tempel, bis man endlich glücklich seinen Weg zu der Landzunge gegenüber dem Schlosse gefunden hat. Dort gelangt man zu den Terrassen, dem Försterhause, der Angelhütte, einer Geflügelhaltung (die beiden letzteren in chinesischem Stile) und zu der Meierei. Diese wird durch einen Giebel versteckt, »auf welchem die Ruinen des Concordia-Tempels al fresco gemalt sind« – ebenfalls auf Fernsicht berechnet. Dann lesen wir von einer ganzen Reihe aufeinanderfolgender Ruheplätzchen, von denen aus man einen schönen Blick auf den See, die Gartenanlagen und das Schloß genieße. Und es wird uns erzählt, »wie die verlängerten Schatten der sinkenden Sonne ... die Seele in sanfte Emotionen ländlicher Schönheit einlullen«.

Nachgerade fängt man an, sich nach Ruhe zu sehnen – aber da kommt das große Eingangstor zum Park in chinesischem Geschmack und ein Gartenhaus mit zwei gemalten Bacchanten daran. Weiterhin dann in der Nähe des Seeufers liegt, glaube ich, der Tempel des Jupiter von Spalato und das Grab Virgils. Im Erdgeschoß des letzteren sind Räume eingerichtet, in welchen Karussells, Schaukeln und andere ländliche Unterhaltungsmittel aufgestellt sind. Etwas weiter hin liegt der Tempel, der zur Erinnerung an die Abreise der Königin von Schweden errichtet wurde. Darauf gelangt man zu einem Labyrinth und dann wieder zu chinesischen Häusern und Ruinen und steigt schließlich einen Hügel hinan, auf dem eine Pagode steht.

Wie gesagt, gab Hennert sein Buch im Jahre 1778 heraus. Bedenkt man, daß Prinz Heinrich danach noch fünfundzwanzig Jahre gelebt hat, so kann man sich, auch wenn man berücksichtigt, daß sein Verschönerungstrieb mit der zunehmenden Last der Jahre wohl etwas nachgelassen haben wird, recht gut vorstellen, daß sein Landsitz schließlich eine »Sehenswürdigkeit« geworden sein muß. Im Jahre 1784 erhalten wir wieder eine Schilderung desselben, die man fast offiziell nennen möchte (ganz offiziell ist darin der Ton der Bewunderung und Anbetung), aus der Feder Guyton de Morveaus.

155

»Die Gartenanlagen«, sagt er, »vereinigen alles, was sie zu einem entzückenden Aufenthalte machen kann. Der in englischem Stile gehaltene Teil derselben entlockt dem, der sie durchwandert, bei jedem Schritte von neuem Bewunderung und Staunen. Die Treibhäuser und Orangerien, die sie enthalten, die verschiedenen Pavillons, die unser Auge über ihre Ausdehnung täuschen sollen, alles offenbart und verkündet die Größe des Genies, welches sie erdachte und ins Dasein rief.

Die ungeheuer ausgedehnten Parkanlagen, in welche das Ganze sich verläuft, fesseln nicht weniger unser Interesse durch die Majestät des Baumwuchses, der sie überschattet, als durch die Schönheit ihrer Perspektiven, die Regelmäßigkeit, in der die zahlreichen, sich fast ins Unendliche verlierenden Avenuen angelegt sind, und durch all die malerischen Plätze, aus denen die Kunst alles nur Mögliche geschaffen hat...

Bald ist es ein ländliches Gehöft, bald ein antiker Tempel, Grotten, Ruinen, kunstvoll angelegte Wiesengründe, Eremitagen in ländlichem Geschmacke, Kolonnaden, Felsen, Obelisken, Quellen und Fontainen, Sonnendächer, Rasenflächen, sich schlängelnde Pfade, Wohlgeruch verbreitende Sträucher, Lauben ohne Zahl, Boskette, in die kaum das Tageslicht dringt, wilde Partien neben lachenden Gründen, als hätte es im Plane gelegen, das Schaurige dem Heiteren gegenüberzustellen. Häfen, Wasserbecken, Ankerplätze mit Schiffen und Gondeln bedeckt...

Endlich eine verzauberte Insel, umsponnen von einer Sage, welche, unzweifelhaft ohne Grund, behauptet, Remus habe einst hier gelebt. Auf ihrem höchstgelegenen Punkte erhebt sich ein Wartturm, der mit allerhand allegorischen Ornamenten verziert ist, von dem aus das Auge sich in der Schönheit des Bildes verliert.«

Rheinsberg
Architektonischer Abschluß des Parks bei der Manege

Der Obelisk

Ich weiß nicht, wann der Gedanke zu der Errichtung des Obelisken zuerst Gestalt angenommen hat, nicht einmal, wann der Grundstein gelegt worden ist. Im Hochsommer 1791 wurde er vollendet. Unter allen architektonischen Schöpfungen Heinrichs die umfangreichste und am ernstesten gemeinte, hat er sich auch als die dauerhafteste unter ihnen erwiesen. Nicht nur dem Zahn der Zeit hat er widerstanden, sondern auch dem der Vernachlässigung; jenes langsam schleichenden Dämons der Gleichgültigkeit, der siebzig Jahre lang alles unterwühlte und erschütterte, was hier an Friedrich oder Heinrich erinnerte, sich am Zerbröckeln der Denkmäler ergötzend, wenn er sah, wie ihre einstigen Bestandteile abgetragen und dem Chaos übergeben wurden.

Der Obelisk soll ein dem Andenken des Prinzen von Preußen und der übrigen Helden des Siebenjährigen Krieges mit alleiniger Ausnahme des Königs geweihtes Denkmal sein. Keine Legende oder Inschrift erklärt uns, weshalb dieser wichtigste unter all den Namen weggelassen wurde. Das Fehlen desselben spricht laut genug, und schon die Existenz des Denkmals ist eine Erklärung. In mehr als einem Sinne stellt sich dieses als ein Protest dar. Deutlich und absichtlich ist es ein solcher zugunsten des geliebten Bruders. Seine Ruhmesansprüche sind scharf eingegraben, und zwischen den Zeilen lesen wir, wie Verblendung und Übelwollen es verhinderten, daß ihnen die gerechte Anerkennung zuteil wurde. Weiter erfahren wir, ebenfalls ohne daß es ausgesprochen wurde, daß eine Stimme, die noch vor kurzem die Allmacht besaß, zu loben oder zu tadeln, nun gar keine Macht mehr hat und man mit ihr nicht länger zu rechnen braucht, daß dagegen andere Stimmen nunmehr zu Worte kommen.

Neben diesem offenkundigen Geheimnis, welches sich hinter dem massiven Denkmal, seinen Trophäen und Medaillons versteckt, birgt der Obelisk noch einen anderen Sinn, der auf keine Weise auszudrücken war oder offen eingestanden werden konnte. Er ist in Wahrheit und Wirklichkeit ein ewiger Protest gegen das Los, welches dem Erbauer zuteil geworden war; das Los, als begabter jüngerer Sohn eines regierenden Hauses in Zeiten despotischen Regimentes unter einem großen König leben zu müssen. Die Bürde eines solchen Lebens ist hier in Stein manifestiert.

Solange Friedrich der Große lebte, war es kaum möglich gewesen, daß irgend jemand in Preußen, sei es selbst auf privatem Grund und Boden, den militärischen Helden Preußens ein Denkmal setzen konnte, auf welchem sein Name fehlte. Wahrscheinlich verspürte der neue König keine Lust, dagegen einzuschreiten, und hätte er es gewollt, würde es ihm schwer geworden sein, einen Vorwand zu finden, unter dem sich Einspruch gegen die Errichtung eines Denkmals erheben ließ, welches dem Andenken seines Vaters gewidmet war.

Der Obelisk steht auf einer Erhebung gerade dem Schlosse gegenüber am anderen Ufer der Seebucht, die hier gegen sechshundertunddreißig Meter breit ist. An der dem See zugewandten Seite ist eine Waffentrophäe und darunter ein Medaillon angebracht, welches das Reliefporträt August Wilhelms darstellt.

Eine darunter befindliche Inschrift lautet: »Dem ewigen Andenken August Wilhelms, Prinzen von Preußen und zweiten Sohnes König Friedrich Wilhelms«. Auf dieser und den drei anderen Seiten des Piedestals befinden sich weitere achtundzwanzig Medaillons, alle mit Inschriften in goldenen Lettern versehen und dem Andenken preußischer Helden gewidmet. Die Namen derselben sind: Keith, Schwerin, Leopold von Dessau, Prinz Ferdinand, Seidlitz, Zieten, Herzog von Bevern, Platen, Wedell, Hülsen, Tauentzien, Möllendorf, Haucharmoy, Retzow, Wobernsnow, Wünsch, Saldern, Prittwitz, Kleist, Dieskau, Ingersleben, Henckel, Goltz, Blumenthal, Reder, Marwitz, De Quede, Platen. Jede Inschrift gibt eine Skizze des Lebenslaufes und der Ruhmestaten der genannten Persönlichkeit. Mehrere, die wahrlich nicht geringere Ansprüche geltend machen könnten, aus Friedrichs Gefolgschaft sind fortgelassen. Unter diesen sind als die hervorragendsten zu nennen: Winterfeldt und

Der Obelisk im Park von Rheinsberg

Fouqué. Prinz Heinrich hat indes aus Besorgnis, man möge ihm dies ankreiden, eine Tafel anbringen lassen, auf welcher er, ebenfalls in goldenen Lettern, sagt:

> Leurs noms gravés sur le marbre
> Par les mains de l'amitié,
> Sont le choix d'une estime particulière;
> Qui ne porte aucun préjudice
> A tout ceux qui comme eux
> Ont bien mérité de la patrie
> Et participent à l'estime publique.

Auch Boumanns, des Architekten, geschieht Erwähnung. Sämtliche Inschriften sind in französischer Sprache abgefaßt.

Der Obelisk wurde am 4. Juli 1791 eingeweiht. Viele Tausende von Zuschauern waren dabei zugegen, eine große Zahl von auswärts – aus Berlin, Hamburg, Strelitz und selbst aus Kassel, darunter Massen von Offizieren und Soldaten. Den Anfang des festlichen Aktes machte ein militärisches Bankett. Nach diesem fielen die Hüllen, welche die Inschriften verbargen, unter dem Donner der Kanonen und beim Schalle der Trompeten und Pauken. Dann stieg Tauentzien, der Adjutant, die Stufen des Piedestals hinan und verlas die Rede, welche der Prinz, natürlich in französischer Sprache, verfaßt hatte.

Später am Tage wurde eine deutsche Übersetzung der Rede den alten Soldaten vorgelesen. Gegen Abend endete die Festlichkeit mit einem Ball. Bei Übersendung eines Exemplars seiner Rede an Graf Henckel schreibt der Prinz: »Ich hatte Ihnen schon lange gesagt, ich würde für meinen Bruder etwas tun; nun ist es geschehen, und ich habe den Geistern und Herzen, soweit ich es konnte, die Namen aller derer wieder in Erinnerung gebracht, von denen der große Friedrich in seinen lügnerischen Memoiren kein Wort sagt.«

Die zweiunddreißig Inschriften dürften, wenn sie mit kritischem Blicke gelesen werden, für Militärhistoriker von einigem Wert sein. Darüber kann kein Zweifel bestehen, daß

163

jedes Wort darin sorgfältig abgewogen worden war, ehe es mit goldenen Lettern eingegraben wurde. Bekanntlich hat Prinz Heinrich einen Kommentar zu Friedrichs Geschichte des Siebenjährigen Krieges geschrieben. Allein das Manuskript ist, im Einklang mit den Bestimmungen seines Testamentes, nach seinem Tode verbrannt worden. Fontane bemerkt mit Recht: »Eine jede dieser Medailloninschriften ist von Bedeutung und kann uns, solange der ›kritische Kommentar‹, den der frondierende Prinz zu dem großen Geschichtsbuche seines Bruders geschrieben haben soll, ein Geheimnis bleibt, als Fingerzeig und kurzer Abriß dessen gelten, was in jenem ›Kommentar‹ an Ansichten niedergelegt wurde.«

Graf Henckels Erinnerungen

Im Jahre 1793 starb zu Königsberg, zu dessen Gouverneur er inzwischen ernannt worden war, Graf Henckel von Donnersmarck, Prinz Heinrichs einstiger Adjutant beim Beginn des Siebenjährigen Krieges. Der Prinz hatte stets in sehr freundlichem Briefwechsel mit ihm gestanden (wie wir gesehen haben, wurden sie im Feldzug des Jahres 1778 noch einmal zusammengeworfen) und hegte für ihn eine wirkliche Hochachtung. Er bewies sie dadurch, daß er nach Henckels Tode sofort der Witwe, die mit zwei Söhnen und einer Tochter sich in einer für ihre gesellschaftliche Stellung sehr beschränkten Lage befand, seine guten Dienste anbot. Der Prinz nahm die Erziehung des jüngeren Sohnes auf sich und kam dieser übernommenen Verpflichtung auch nach. Ihre Tochter wurde zur Hofdame der Prinzessin Heinrich in Berlin ernannt, und die Gräfin selbst schlug dann ihren Wohnsitz in Rheinsberg auf. Es sollte nur ein Besuch sein, allein er dehnte sich auf fünf Jahre aus. Natürlich konnte sie an einem Junggesellenhofe keine irgendwie offizielle »Stellung« einnehmen. In Wirklichkeit aber war sie doch so eine Art Oberhofmeisterin und diente dieser zahlreichen und gemischten Gesellschaft als ein Mittelpunkt geselliger Ordnung und Regel.

Der Zufall wollte es, daß während eines Teiles der Zeit, welche die Gräfin am Hofe des Prinzen zubrachte, ihr ältester Sohn, der Leutnant in der Armee war, mit seinem Regiment in der nur etwa vier Meilen weit entfernten kleinen Stadt Zehdenick garnisonierte. Unter diesen Umständen wurde er oft nach Rheinsberg eingeladen und hat uns über diese Besuche in seinen »Erinnerungen« einige Berichte hinterlassen. In dem folgenden schildert er uns die Hochzeit seiner Schwester, welche natürlich in Rheinsberg stattfand, wo ihre Mutter lebte.

»Ehe ich weiter fortfahre, muß ich noch hier als eine Merkwürdigkeit meines Lebens einschalten, daß ich sonderbarerweise meine Schwester geheiratet habe. Sie hatte sich schon in Königsberg in einen Hauptmann von Pogwisch vom Dragoner-Regiment von Werthern verliebt und mit ihm verlobt.

Er war in Preußen und hatte bestimmt, daß er an einem gewissen Tage zur Hochzeit in Rheinsberg eintreffen würde. Der Prinz Heinrich, der jede Veranlassung zu Festen benutzte, wollte diese Hochzeit feiern und hatte drei Tage zu den sich hintereinander folgenden Festen bestimmt. Auf einmal kam ein Brief von Pogwisch an, worin dieser anzeigte, daß er erst einige Tage später kommen könne. Prinz Heinrich, ärgerlich, daß seine Feste, zu denen alle Einrichtungen getroffen waren, verschoben werden sollten, schickte mir einen Leibhusaren, befahl mir, die Paradeuniform mitzubringen und mich an einem gewissen Tage bei ihm in Rheinsberg zu melden. Ich traf zur bestimmten Zeit ein, und er verlangte von mir, daß ich am folgenden Abend par procuration mir meine Schwester sollte antrauen lassen. Als ich mir die Freiheit nahm, zu erwidern, daß dies nur bei großen Herren vorkomme, bei privaten Anlässen aber nicht erlaubt sei, sagte der Prinz: ›Das geht Ihn nichts an, das ist meine Sache.‹

Gegen fünf Uhr nachmittags versammelte sich denn also alles in Gala in einem der Säle. Ein Tisch mit einer Decke war aufgestellt und der Hofprediger dahinter. Nach einer salbungsreichen Rede über unsere gegenseitigen Pflichten wurde mein Ja abgefordert, und die Trauung ging vor sich. Der Prinz beglückwünschte uns. Nun ging es in ein großes Konzert, wo meine Frau rechts und ich links vom Prinzen sitzen mußte und eine italienische Arie von der ersten Sängerin uns zu Ehren gesungen wurde, dann zum Souper (ich immer neben dem Prinzen) und von da ins Brautgemach, wo das Strumpfband verteilt wurde. Im Herausgehen sagte mir der Prinz: ›Morgen ist bei Ihm Déjeuner!‹ Ich stürzte ihm also nach mit der Versicherung, ich sei dazu gar nicht eingerichtet. ›Versteht sich von selbst, daß ich es bezahle‹, erwiderte er, und so war ich wieder beruhigt.

Den zweiten Tag also Déjeuner bei mir, Grand-Diner beim Prinzen, große Oper und Souper. Ich mußte stets die Honneurs als Bräutigam machen. Den dritten Tag war Ball. Die Bälle waren immer sehr sonderbar, denn da das Personal in Rheinsberg sehr klein war, wurden dazu alle Kammerjungfern, die Familien der Schauspieler, Musiker und Bürger aus der Stadt befohlen.

Während des Balles wurde ich hinausgerufen. Mein Schwager war angekommen, wütend, daß alle diese Zeremonien ohne ihn vor sich gegangen waren. Der Prinz wollte aber keine Notiz von ihm nehmen. Er mußte im Wirtshaus übernachten und wurde am Morgen beim Déjeuner mit meiner Schwester getraut, wobei aber keiner in Gala erscheinen durfte und der Prinz selbst seine Perücke mit Lockenwickeln trug, um seine Geringschätzung zu zeigen.«

(Das älteste Kind aus dieser Ehe, Ottilie von Pogwisch, war die Gattin Augusts von Goethe, des Sohnes des Dichters. Sie starb am 26. Oktober 1872. Ihre einzige Schwester, Ulrike, starb unverheiratet als Priorin des adeligen Fräuleinstiftes zu St. Johann in Schleswig am 23. September 1875. Sie war, glaube ich, die letzte aus dieser sehr alten Familie von Pogwisch.)

Graf Henckel fährt dann fort: »Es ist vielleicht nicht unwillkommen, wenn ich hier noch einige Worte über den Prinzen Heinrich und seinen Hof, wie ich ihn damals gesehen habe, hinzufüge. Kein Mensch konnte ahnen, daß dies der Bruder des großen Friedrich, der Sieger von Freiberg, der

Heerführer war, von dem der König gesagt hat: er sei der einzige Feldherr, der im ganzen Kriege nie einen Fehler gemacht habe.

Der Prinz hielt die Oppositionspartei gegen den regierenden Monarchen. Es rührte dies wohl aus Verstimmung her, denn er hatte beim Regierungsantritt Friedrich Wilhelms II. versucht, Einfluß auf die Regierungsgeschäfte zu erlangen. Es war ihm aber mißglückt.

Seitdem er in den letzten achtziger Jahren in Paris gewesen, hatte er sich ganz französiert. So gab er vor, nicht recht deutsch zu können, und es wurde beinahe immer französisch gesprochen. Sein Anzug war französisch nach der Mode der achtziger Jahre, im Sommer in Seide oder Atlas, im Winter in gesticktem oder mit Borten besetztem Tuch, stets in seidenen Hosen und Strümpfen und in Schuhen mit großen Schnallen. Ein Paar ungeheure Uhrketten hingen vorn herunter, dazu eine geblümte seidene Weste, große Brillantringe an den Fingern, ein Stock mit goldenem Knopfe und einem langen seidenen Stockband daran, ein dreieckiger kleiner Hut mit einer Stahl- oder bei Galatagen mit einer Brillantagraffe, in der Hand eine goldene Tabatière und eine Art Opernglas in der Tasche, eine gepuderte Perücke mit Locken und einem kleinen Zopf.

Des Morgens sah man ihn selten, ausgenommen wenn er von elf bis zwölf Uhr den Damen im Negligé Visite machte. Das Negligé bestand in einem silbergrauen Überrock, die Perücke mit papierenen Lockenwickeln wurde von einem großen runden Hute bedeckt.

Seine Lebensart war diese: Des Morgens erledigte er seine Geschäfte und Korrespondenzen. Dann ließ er sich vorlesen, und dabei malte oder vielmehr kleckste er chinesische Tapeten, denn es schwamm immer alles. Dann ging er spazieren, auch in der Stadt umher, doch stets ganz allein, und sah es gern, wenn man ihn nicht bemerkte. (Der Herr hatte eine sonderbare Passion, Leichen zu besehen. Da er aber keine blassen Leichen leiden konnte, so mußten sie erst, wenn sie nicht rot waren, geschminkt werden. War nun jemand in der Stadt gestorben, so richtete er dahin allemal seine Schritte.)

Dann machte er Visiten bei den Aktricen, auch ging er in die Proben und dirigierte da auf eine gewisse Art selbst. Denn wenn der Schauspieler oder die Schauspielerin ihm nicht mit dem gehörigen Anstande auftraten oder seiner Meinung nach nicht richtig gestikulierten, so mußten sie es so oft wiederholen, bis es richtig war. Natürlich war es ein französisches Theater, was er hielt. Er setzte das Repertoire, welches das ganze Jahr über gespielt werden sollte, selbst auf und verfehlte dabei nicht, zu notieren: Mir zur Überraschung wegen meines Geburtstages oder: wegen der Bataille bei Freiberg.

Um dreiviertel zwei Uhr versammelte man sich. Sobald alles da war, trat er, so wie ich vorher beschrieben habe, ein. Nun wurde angesagt, daß angerichtet sei. Dann traten zuerst die Damen und darauf er mit den Herren in den Speisesaal. Ein Bedienter nahm ihm Hut und Stock ab. Der Prinz setzte sich immer an eine Ecke und sagte gewöhnlich, wer neben ihm und wer ihm gerade gegenüber sitzen sollte.

Die ganze Dienerschaft mußte hinausgehen. Wer etwas haben wollte, klopfte daher mit dem Messer an das Glas. Es wurde alles in zwei Gängen auf den Tisch gesetzt, dann folgte das Dessert. Der Prinz aß viel, trank aber wenig. Beim Dessert befahl er jedesmal, welchen Wein er haben wollte, den er dann auch selbst in kleine Gläser einschenkte.

Das Gespräch war fast immer interessant und betraf teils die Begebenheiten des Tages, teils geschichtliche Gegenstände. Er sah es nicht ungern, wenn man ihn über den Siebenjährigen Krieg befragte. Doch dann dauerte das Essen zum Verdruß der übrigen Gesellschaft sehr lange. Da fing er dann auch an deutsch zu sprechen: ›Das will ich Ihm sagen‹ usw.

Sein Hof war ein Asyl der Emigranten. Zu dieser Zeit waren dort: der berühmte Vicomte de Boufflers, der Marschall de Bassompière, Madame de Sabran und Herr von Royer (nachheriger Gesandter in Konstantinopel), Graf la Roche-Aymont (nachheriger Pair von Frankreich), damals des Prinzen Adjutant, Herr von Parceval mit seiner Frau, ein paar ganz vortreffliche Menschen, und Herr von Brancion, Bruder des von Royer.

War Komödie, so versammelte man sich um sechs Uhr, war keine, um halb sieben Uhr im Salon, wo Tee getrunken und etwas vorgelesen wurde, wobei der Prinz in einem Viereck mit kleinen bunten Quadraten Figuren auslegte. Sobald der Bediente kam und ansagte, daß angerichtet sei, empfahl sich der Prinz. Nachmittags ließ er sich vorlesen und malte dabei. In der Komödie saßen er und die Herrschaften im Parterre, wo von beiden Seiten zwei große Kaminfeuer brannten. Während der Zwischenakte wurde Tee angeboten, und der Prinz ging die Aktricen zu bekomplimentieren, wenn sie zu seiner Zufriedenheit gespielt hatten. Er tadelte aber auch laut in sehr energischen Ausdrücken den, der schlecht spielte.

Der Prinz feierte jedesmal den Geburtstag seines Bruders Ferdinand, der dann mit seiner Familie nach Rheinsberg kam, und gleich den anderen Tag nachher den Geburtstag von dessen Tochter, der nachherigen Prinzessin Radziwill. Er hatte nun stets erstaunliche Aufmerksamkeit für son cher frère Ferdinand. Auch die Prinzessin Ferdinand sorgte immer dafür, daß ihr Gemahl zur Komödie sehr eingepackt wurde. Und obgleich er immer wiederholte: ›Je ne veux pas!‹, so wurde ihm doch ein Überrock über den anderen angezogen, was denn zur Folge hatte, daß der Prinz gewöhnlich im Schauspiel einschlief.«

Über den Prinzen Ferdinand, der seinerzeit in den Besitz von Rheinsberg kam, ist weiter nicht viel zu sagen. Sein Leben, in welchem eine schwächliche Gesundheit, Knappheit in Geldsachen, Gutmütigkeit und Einfalt wesentliche Züge bilden, war wenig bedeutend. Er war und blieb stets in jeder Beziehung der »Jüngste der Familie«.

Prinz Heinrichs Ende

Für Prinz Heinrich brachte die Thronbesteigung seines Großneffen, Friedrich Wilhelm III., im November 1797 wenig Änderung. Es wird erzählt, er sei wiederum verletzt gewesen über einen vermeintlichen Mangel an Ehrerbietung seitens des letzteren. Das ist sicherlich unwahr. Er war gerade ein Siebziger geworden, und die Zeiten des Tatendranges waren für ihn vorüber. Überdies suchte der junge König, erfüllt von Verehrung für das Andenken Friedrichs des Großen und alles, was zu der ruhmreichen Zeit Preußens in Beziehung stand, dem Großonkel als dem einzigen, der noch übrig war aus der Reihe derer, die einst den Staat gegründet hatten, in jeder nur möglichen Weise seine Ehrerbietung zu bezeigen.

Darin freilich wurde Friedrich Wilhelm III. schecht unterstützt von seiner Umgebung. Prinz Heinrich war bei der jungen Generation nicht beliebt. Er hatte das Mißgeschick, alt geworden zu sein und zugleich, daß er einer Epoche angehörte, die größer gewesen war als die gegenwärtige. In ihr lebte er noch immer mit seinen Gedanken und beurteilte die Gegenwart nach ihr. Seine allerdings zahlreichen Exzentrizitäten wurden im schlimmsten Licht dargestellt von Leuten, die bei weitem böswilliger waren als der gutherzige alte Mann, der oft über Dinge brummte, nur weil sie ihm als jugendliche Torheiten erschienen.

Prinz Heinrich war sehr stolz auf den ältesten Sohn seines Bruders Ferdinand, den tapferen und schönen Prinzen Louis Ferdinand. Er hatte ihn so gern, daß er nicht allein ihn als seinen eventuellen Erben betrachtete, sondern ihm auch Rheinsberg als unmittelbares Erbe vermachte, da sein Vater Ferdinand, an dem Heinrich, wie wir wissen, mit großer Zärtlichkeit hing, an sich schon reich genug war.

Der gutaussehende hochbegabte Neffe, der zu rechter Zeit den Heldentod starb, vergeudete damals die besten Jugendjahre in Lebensgewohnheiten, die ihn zum Schrecken aller Besonnenen machten, und fand wie so viele andere ein besonderes Vergnügen darin, der öffentlichen Meinung ins Gesicht zu schlagen. Der nachsichtige Onkel indessen, bei dem diese Dinge nicht so leicht Anstoß erregten, nahm kein Ärgernis an ihm.

170

Wie es scheint, ist Louis Ferdinand gegen den Prinzen Heinrich sehr aufmerksam gewesen, ja vielleicht hat er eine aufrichtige Zuneigung für ihn empfunden. Er kam häufig zu ihm auf Besuch. Ohne Zweifel taten seine Schulden und die Hoffnung auf pekuniäre Hilfe das ihrige, ihn zu diesen langen Ritten und kurzen Besuchen zu veranlassen. Allein, er war allezeit willkommen. Er pflegte an einem Sommernachmittag von Berlin abzureiten und langte dann, ohne unterwegs einmal haltgemacht zu haben, zur Teestunde an, wenn der Onkel und der kleine noch übrige Rest von Gästen auf der Terrasse den Sonnenuntergang genossen. Dem alten Manne wurde jedesmal beim Anblick der glänzenden Erscheinung seines Erben das Herz warm. Er sprang auf und ging ihm mit einem freudigen »O! soyez le bien venu!« entgegen. Gewöhnlich ritt der Erbe dann am nächsten Morgen noch vor dem Frühstück wieder heim.

Ich weiß nicht, von welcher Zeit an sich beim Prinzen Heinrich eine merkbare Abnahme der Körperkräfte eingestellt hat, allein er kürzte nach und nach seine täglichen Spaziergänge, und zuletzt konnte er nicht einmal mehr bis zum Tempel der Freundschaft gehen. Im Jahre 1801 begann er mit dem Bau der Pyramide, welche seine irdischen Reste aufnehmen sollte. Sie lag nur wenige hundert Schritte vom Schloß entfernt, und dorthin pflegte er dann zu gehen und sich niederzulassen, um den Werkleuten bei ihrer Arbeit zuzuschauen. Vierzehn Tage vor seinem Tode soll er sich selbst an der Stelle, wo einst sein Körper liegen sollte, ausgestreckt haben.

In der letzten Hälfte des Juni 1802 hatte er das Haus voller Gäste; die Familie Ferdinand und »einige fremde Gesandte«. Prinz Ferdinand war krank gewesen, und zur Feier seiner Wiedergenesung wurde nun am 20. ein Fest gegeben – eine Theatervorstellung, eingeleitet durch einen Prolog, den er selbst verfaßt hatte, und danach ein Feuerwerk unter freiem Himmel.

Fünf Tage später war ein Jahrestag, von dem sicherlich keine Notiz genommen worden ist – die fünfzigjährige Wiederkehr von Prinz Heinrichs Hochzeit! Auch hierin waren Friedrich und Heinrich einander gleich; jeder von ihnen erlebte seine goldene Hochzeit, und beide, von ihren Gemahlinnen getrennt lebend, ließen dieselbe stillschweigend vorübergehen.

Am 27. Juni nahmen Prinz Ferdinand und seine Familie Abschied. Die übrigen Gäste waren, wie es scheint, schon früher abgereist. Prinz Heinrich blieb nun allein mit seinem Gefolge. Ende Juli zog er sich eine Erkältung zu, die sich infolge unvorsichtigen Badens noch verschlimmerte. Am 1. August hatte er einen Schlaganfall, und am 3. August 1802 starb er.

Die Inschrift, die Prinz Heinrich auf seinem Grabmal anbringen ließ, mag auch hier ihren Platz finden:

»Jetté par sa naissance dans ce tourbillon de vaine fumée / Que le vulgaire appelle / Gloire et grandeur. / Mais dont le sage connoit le néant; / En proie a tous les maux de l'humanité; / Tourmonté par les passions des autres. / Agité par les siennes; / Souvent exposé a la calomnie; / En butte a l'injustice; / Et accablé meme par la perte / De parens chéris / D'amis sûr et fidèles; / Mais aussi, souvent consolé par l'amitié; / Heureux dans le recueillement de ses pensées, / Plus heureux / Quand ses services purent être utiles à la patrie / Ou à l'humanité souffrante: / Tel est l'abrégé de la vie de / FREDERIC-HENRI-LOUIS, / Fils de Frédéric Guillaume, roi de Prusse, / Et de Sophie-Dorothé, / Fille de George I er. Roi de la Grande Bretagne. / Passant, / Souviens-toi que la perfection n'est point sur la terre. / Si je n'ai pu être le meilleur des hommes, / Je ne suis point au nombre des méchants; / L'éloge ou le blâme / Ne touchent plus celui / Qui repose dans l'éternité; / Mais la douce espérance / Embellit les derniers moments / De celui qui remplit ses devoirs; / Elle m'accompagne en mourant. / Né le 18 janvier 1726. / Decédé le 3 aout 1802.«

Märkische Landschaft

Die Mark Brandenburg

Der Sandboden der Mark Brandenburg ist seit langer Zeit sprichwörtlich. Ich weiß nicht, seit wann für das Kurfürstentum der Beiname »des Heiligen Römischen Reiches Streusandbüchse« zuerst aufgekommen ist. Nichteinheimische, die von der Provinz nur wissen, daß sie flach, unfruchtbar und unerfreulichen Anblickes sei, haben wohl, wenn nicht sehr zwingende Gründe sie zum Gegenteil veranlaßten, diese samt ihren Einwohnern meist sich selbst überlassen. Erst in unseren Tagen und seit wenigen Jahren hat eine kleine Anzahl von Männern es versucht, Lob und Bewunderung der Mark in Mode zu bringen. Sie begannen damit, daß sie die Entdeckung machten, diese sei »doch eigentlich gar nicht so übel«, es gebe Flecke in ihr, die weder sandig noch flach, sondern bewaldet und hügelig und herrlich bewässert seien. Von da war nur ein kleiner Schritt bis zur Empfehlung an die Touristen, namentlich die Einwohner Berlins, die »in ferne Länder eilen, um das Schöne zu suchen, während sie es doch vor ihren eigenen Toren haben«.

Das Haupt dieser Sekte ist sicherlich Fontane mit seinen prächtigen Bänden »Wanderungen durch die Mark Brandenburg«. Indessen geht er nicht ganz so weit wie einige seiner Anhänger (Gymnasiallehrer, die ihre Ferienausflüge herausgeben). Man möchte übrigens glauben, daß weder seine noch der letzteren Worte sehr tief gedrungen sind.

Die Mark ist in ihrer ganzen Länge und Breite kein geeignetes Feld für Leute, die nach Sehenswürdigkeiten jagen und wird es wahrscheinlich nie werden. Ihre landschaftlichen Typen – hier und da eine Oase, wo wie bei Freienwalde der Boden sich (mag sein bis etwa zu fünfhundert Fuß) erhebt und mit prächtigen Wäldern gekrönt ist oder sich in eine Reihe Hügelkuppen verliert wie bei Buckow und dann »Märkische Schweiz« genannt wird – entsprechen kaum dem Bedürfnisse eines Jahrhunderts, das starke Sensationen und diese in Fülle begehrt. Nicht jedermann empfindet etwas beim Anblick eines noch so einfachen Stückes Natur, vermag sich zu erfreuen an einem schlichten Kiefernwalde, wenn er nur groß und still genug ist, oder gar an dem noch schlichteren Bilde eines Stückes Sandfläche in heißer Julisonne. Die historischen Erinnerungen, die, bisweilen recht zahlreich, sich an manche Stadt und Ruine knüpfen, sind hier in der Mark von jener etwas nebelhaften Art, welche bei der großen Masse der Menschen keinen bestimmten Eindruck hinterlassen.

Was nun Rheinsberg betrifft, so wird es sicherlich, wenn jene Flut früher oder später einmal ihren Höhepunkt erreicht, überflutet und von Touristen überlaufen werden. Lediglich auf Grund seiner landschaftlichen Schönheit kann es heutzutage kaum Anspruch auf Bewunderung machen. Es ist ein angenehmer stiller Platz. Sein Schattenreichtum und seine weitgedehnten Wasserflächen sind voll hohen Reizes. Seine Besitzer freilich, von Justus Bredow an bis zu Friedrich dem Großen, scheinen mit liebendem Auge Schönheiten an ihm entdeckt zu haben, die den Augen anderer wahrscheinlich für immer verborgen bleiben werden.

Am allerwenigsten ist die Mark jemals den Fußgängertouristen in die Hände gefallen oder, richtiger gesagt, unter die Füße gekommen. Fontane selbst, der, so nehme ich an, kein starker Fußgänger ist, rät den Leuten geradezu von dem Versuch ab, sich dieselbe auf diese Weise anzusehen. Das abwechslungslose Ebene, vorwiegend Monotone ihrer Landschaft, die großen Entfernungen, die man zwischen den einzelnen bewohnbaren Wirtshäusern zurückzulegen hat, legen einem eine Reihe von schrecklichen Hindernissen in den Weg, die mit guter Laune zu überwinden man schon Fußgänger aus reiner Passion sein muß.

Ich selbst habe in der Mark mehr als einen Tagesmarsch gemacht. Bin auch während meines Aufenthaltes in Rheinsberg und anderen Orten wiederholt bis zu Punkten hinausgewandert, die nach der allgemeinen Auffassung den Radius einer Vergnügungstour um das Dreifache übersteigen. – Die Eingeborenen, wie meist die Bewohner flacher Gegenden, haben einen sehr kleinen Maßstab für fußgängerische Leistungen. Allein ihre Vorstellungen über diesen Punkt sind bisher so selten durch den Einfall eines Touristen über den

Haufen geworfen worden, daß sie noch nicht einmal gelernt haben, sich über eine einzelne Ausnahme zu wundern.

In diesem Eingeborenen – wie soll ich ihn nennen, Bauer, Landmann, homo rusticus, kurz dem Sohn der Heimaterde, dem märkischen Manne, dem Ur-Brandenburger – habe ich bei meinem allerdings nur beschränkten Verkehr keine Eigenschaften entdecken können, die sich im wesentlichen von denen anderer Bauern oder überhaupt von denjenigen unterschieden hätten, die man überall wenigstens bei dem hart arbeitenden Landmann minder fruchtbarer Gegenden zu finden erwartet.

Während meines Aufenthaltes in Rheinsberg ließ ich mir absichtlich keine Gelegenheit entgehen, mit den Landleuten oder Städtern zu plaudern. Neben jener Gesellschaft von der Gästetafel, die natürlich eine Art von Oberhaus bildeten, frequentierte eine große Zahl anderer Gäste zu irgendeiner oder eigentlich zu jeder Stunde des Tages den Ratskeller. Es waren dies die kleinen Kaufleute und Handwerker der Stadt, zu denen sich dann noch ein paar Ökonomen und Förster und das entsprechende Kontingent an Steuerbeamten, Schulmeistern sowie Leuten aller möglichen Art gesellte. Der einzige Polizeibeamte, der die ganze Stadt in Ruhe und Frieden hielt, kam und ging beständig, aber er trank sein Bier außerhalb des allgemeinen Gesichtskreises, ich glaube in der Küche.

Wenn sie so zu zweien oder dreien oder besser noch einzeln ankamen, habe ich oft, besonders im Anfang, unter den schattigen Kastanienbäumen mit einigen von ihnen Diskurse gehalten. Alle Hoffnungen, die ich hätte hegen können, auf diese Weise irgendeine Information zu gewinnen oder zufällig auf die Spur einer solchen geführt zu werden, blieben, wie ich leider sagen muß, unerfüllt.

Ebensowenig waren die einzelnen Persönlichkeiten das, was man interessant nennen würde. Die Originale und witzigen Köpfe der Stadt verkehrten gerade damals nicht im Ratskeller. Nur eine Figur war da, die, wenn auch bei weitem nicht stark genug, um die Last der natürlichen Komödie ganz allein auf ihre Schultern zu nehmen, sich nichtsdestoweniger von den übrigen scharf abhob, ihren eigenen Stil hatte und in anderer Umgebung ihren Platz ganz gut ausgefüllt haben würde. Das war der Schneider, eine eigentümlich unverwüstliche, dabei aber nicht lästige Schneidernatur. Alles an ihm war schwarz; das Haar, das Gesicht, die Schnupftabakreste, die große Höhle, die unter dem sich aufbäumenden Vorhemdchen gähnte, und die Hände. Den Rock ließ er stets zu Hause. – Immer kam er in großer Hast, nur um ein einziges Glas Bier im Stehen zu trinken, blieb aber, um in aller Eile ein wenig zu schwatzen. Dabei gestikulierte er heftig mit einer Hand voll Zwirn und Tuchecken, die er vergessen hatte, vorher wegzulegen. Mit der anderen schwang er sein Bierglas. Dazwischen schnupfte er und zog fortwährend die Hosen in die Höhe, was ihm aber in der Eile immer nur halb gelang. Er besaß nicht eigentlich Witz, war aber ein sprudelnd lebhafter, glücklicher, schwarzer Kerl, der die Worte in der Gewalt hatte; weniger allerdings seine Tabakprisen und deren Konsequenzen.

Noch ein anderer Mann erregte meine Aufmerksamkeit. Er stellte den Gegensatz zum Schneider dar; ein Riese, aber von regelmäßigem Körperbau, bei aller seiner Länge breitschulterig, mit hellem Haar und von rötlicher Gesichtsfarbe; wie es schien, ein Ökonom aus der Nachbarschaft. Jedesmal spät am Abend bestieg er vor der Türe des Ratskellers sein Roß, das, ohne Übertreibung gesprochen, noch höher war als er selbst. Es geschah dies immer mit einer gehörigen Dosis Wichtigtuerei, während der Wirt und seine Stallknechte dienstbereit dabeistanden, denn der Mann war ein regelmäßiger Stammgast. Auch müßiges Stadtvolk fand sich als Zuschauer ein und wurde dann auseinandergesprengt, da er stets im vollen Galopp abritt, so daß die Hufeisen Funken schlugen, die bis zu den Dachfirsten der Häuser aufflogen, und der Reiter in der dunklen Gasse sich ausnahm wie ein mit seinem Turme durchgegangener Elefant.

Die beiden Künstler und noch ein dritter, der in dem anderen Gasthause wohnte, waren, wie ich entdeckte, die Schüler eines vierten hervorragenderen Landschaftsmalers aus Berlin, der mit Weib und Kind hier lange Sommerferien hielt. Der Professor war vielleicht der Jüngste von den vieren. Ein paar wenigstens von den übrigen hatten sich der Kunst erst in einem Lebensalter zugewandt, wo Willenskraft, Entschluß, Festigkeit und Charakterstärke die Befähigung zur Erlangung der rudimentären Fertigkeiten ersetzen müssen. Ein Phänomen unserer Zeit, ganz besonders in Deutschland, ist die Zahl von Leuten, die, nachdem sie sich einem anderen Berufe gewidmet, ohne es darin jemals zu etwas Ordentlichem zu bringen, noch in vorgerückten Jahren zur Landschaftsmalerei übergehen, und zwar, soweit es den materiellen Gewinn betrifft, nicht ohne Erfolg.

Diese Künstlergesellschaft brachte gleich mir ihre ganze Zeit unter freiem Himmel zu, nur in mehr stationärer oder, richtiger, seßhafter Weise. Wenige Tage nach meiner Ankunft fand ich sie an den Ufern des Boberow, wo sie mit Palette, Leinwand, Malstuhl und Sonnenschirm ihr Lager aufgeschlagen hatten und sämtlich daran waren, die rostroten Kiefernstämme zu malen, die meine Phantasie so mächtig erregt hatten. Der Professor saß im Hintergrunde, von wo aus er die Kiefernstämme und zugleich die Schüler übersehen konnte. Die vier Bilder zeigten eine gewisse Gleichförmigkeit bei aller Verschiedenheit der Entfernung von ihrem Gegenstande. Namentlich in bezug auf das Anbringen zinnoberroter Töne erschien mir diese Gleichmäßigkeit besonders schlagend.

Mir freilich, der ich kein Maler bin, gefiel das Rostrote in der Natur viel besser als in Öl. Der Kunstjünger, dessen Sonnenschirm den Originalen zunächst aufgepflanzt war, hatte seine liebe Not mit den perspektivischen Verkürzungen, erzielte aber doch einen Effekt, der wie so viele verborgene Vorzüge in den Werken moderner Koloristen vielleicht auf das geübte Auge des Künstlers wohltuender wirkt als auf den unwissenden Laien. Es scheint nämlich, daß in der Landschaftsmalerei eine Gruppe Kiefern mit ihren rostroten Stämmen und schirmförmigen Kronen bei nicht ganz richtiger Verkürzung den Eindruck von einer Reihe aus Ziegeln erbauter Fabrikschornsteine machen muß, jeder bedeckt mit einer Haube von Rauch, den der Wind niederdrückt.

Köpernitz

Am fünften Tag nach meiner Ankunft in Rheinsberg wanderte ich nach Köpernitz, einem kaum mehr als drei Kilometer weit gegen Süden zu an der Straße nach Berlin gelegenen Rittersitz. Der Spaziergang die harte Chaussee entlang, die nur einen dünnen Belag von heißem Sand hatte, war nicht gerade interessant; um so weniger, als ich ganz denselben Weg bereits mit dem Omnibus zurückgelegt hatte. Ungefähr nach der ersten Viertelstunde tritt die Straße in einen Wald oder, wie es hier heißt, eine »Heide«; ein stark gelichteter Bestand hoher Kiefern, die gerade zum Fällen reif sind; eine so groß wie die andere, ohne irgendwelches Buschwerk oder sonstigen Unterwuchs. Nach allen Seiten hin dehnen sich endlose Durchblicke zwischen den hohen Kiefernstämmen. Überallhin breitet sich derselbe ebene, glatte Teppich aus braunen Kiefernnadeln. Am anderen Ende dieser »Heide«, die, wenn ich nicht irre, zur Domäne Rheinsberg gehört, fängt der Boden an, sich ein wenig zu heben und dann wieder zu senken. Hier, zur Linken der Straße und hart an ihrem Rande, nur etwas tiefer als sie, liegt auf einer von der Chaussee aus sanft abfallenden Fläche der Rittergutshof von Köpernitz.

Keine Einfahrt, keine Pforte, kurz kein sichtbares Zeichen irgendwelcher Art, das uns zum Eintreten aufforderte, läßt sich entdecken. Was vor uns liegt, ist ein langgestrecktes Viereck einstöckiger, moosbewachsener Wirtschaftsgebäude in unregelmäßiger Anlage und Bauart, und auf unebenem Grunde uneben hingestellt, mit einem Überfluß von krumm und schief gewordenen Dächern und Giebeln. Das Viereck ist an allen Ecken offen. Seine Rheinsberg zugekehrte Seite wird durch das Wohnhaus gebildet. Dieses ist gleich den übrigen Gebäuden ein langer niedriger Bau, mit einem Erdgeschoß und einer Mansarde unter dem Dach, einer Tür in der Mitte und vier oder fünf Fenstern zu beiden Seiten. Das Ganze macht einen müden, wackligen, verwitterten, altersgrauen Eindruck. Ich glaube, Landschaftsmaler würden hier »Töne«

finden, die mit dem staubigen, schläfrigen Hintergrund gut harmonieren. Ihm gerade gegenüber liegt eine ungeheure Scheune.

Ich nahm meinen Weg in den Kuhstall und richtete ein paar Fragen an zwei Mägde, die ich dort fand. Sie musterten mich mit mißtrauischen Blicken, und ich erhielt als Antwort nur mürrische Worte.

Ich verließ den Kuhstall und ging bis zur nächsten offenen Tür, die, wie es schien, in die Dorfschule führte. Kinder spielten dort herum, und einen Mann, der mir der Schulmeister zu sein schien, redete ich an, fand ihn aber geradeso unhöflich wie die Stallmägde. Dieser Teil des Gebäudes gehörte allem Anschein nach noch zu den Wirtschaftsräumen, enthielt aber an seinem oberen Ende Wohnungen für die Tagelöhner des Gutes.

Zwei junge Mädchen, vielleicht die Töchter des Besitzers, sah ich mit einer Dame, die wohl ihre Gouvernante sein konnte, über den Wirtschaftshof gehen. In der Tür des Schulmeisterhauses (aber vielleicht war der von mir Angeredete gar nicht der Schulmeister) stand ein schon erwachsenes, auffallend hübsches Mädchen.

Auf dem Hofe fanden sich alle Anzeichen eines lebhaften und blühenden Wirtschaftsbetriebes. So sah ich ein paar schöne Kutschpferde, welche Heu einfuhren. Das einzige neue Gebäude, das ich bemerkt habe, war die sehr stattliche Branntweinbrennerei, ein mächtiger, stolzer Bau, aus roten Ziegeln mit einem hohen Schornstein. Sie macht reinweg alles andere tot, das in ihrer Nähe steht. Da die Spiritusfabrikation die Hauptstütze für den heutigen Wirtschaftsbetrieb in sandigen Gegenden abgibt, so werden für deren bauliche Unterbringung keine Kosten gespart.

Hinter dem oder unterhalb des Wohnhauses befindet sich, wie man mir sagte, eine hübsche Parkanlage. Ich machte indessen keinen Versuch, sie mir anzusehen.

Was ich nun weiter über Köpernitz zu sagen habe, entnehme ich Fontanes »Wanderungen«, indem ich es etwas zusammendränge und einige Auskünfte aus anderen Quellen einfüge.

Der Adjutant, vertraute Freund und besondere Liebling des Prinzen Heinrich während der letzten Jahre seines Lebens war Antoine Charles Etienne Paul Graf de la Roche-Aymon, ein hochgewachsener, schöner junger Mann von zweiundzwanzig Jahren. Nachdem er seine ersten Jünglingsjahre in der französischen Garde zugebracht, hatte er im Alter von siebzehn Jahren Frankreich (während der Revolution) als Emigrant verlassen. Im Jahre 1794 erschien er in Rheinsberg mit einem Empfehlungsbrief, nicht etwa an den Prinzen Heinrich, sondern an Mademoiselle Aurore, eine vielbewunderte Schauspielerin am französischen Theater des Prinzen. Mademoiselle Aurore war eine echte Französin, lebhaft, gutmütig und warmen Herzens, dabei Royalistin vom Scheitel bis zur Sohle und durchaus nicht unempfindlich für die schöne Erscheinung des jungen Kavallerieoffiziers, der noch dazu in Not war. So zeigte sie sich denn ihrer Aufgabe völlig gewachsen und traf die unter den obwaltenden Umständen besten Maßregeln. Sie stellte ihn dem Prinzen vor, der, gerührt durch ihre Empfehlung und eingenommen von des jungen Mannes Erscheinung, ihn ohne weiteres in seine Dienste nahm. Noch ehe wenige Wochen vergangen, sah sich der neue Ankömmling als Rittmeister und Kommandeur der vierundzwanzig Husaren, welche die Leibgarde des Prinzen bildeten, bald darauf auch zum Adjutanten ernannt. Von dieser Zeit an bis zum Tode des Prinzen (von 1794 bis 1802) ist er dessen treuester Diener und Freund gewesen. Der Prinz, der sich alt und vereinsamt fühlte, sehnte sich danach, jemanden seine herzliche Neigung zuwenden zu können und diese vielleicht auch erwidert und belohnt zu sehen.

Der Graf hatte, als er sich im Gefolge des Prinzen während des Winters (in welchem Jahre, weiß ich nicht) in Berlin aufhielt, ein Fräulein Caroline Amalie von Zeuner, Hofdame bei der Prinzessin Wilhelmine von Preußen, kennengelernt. Die junge Dame war damals, so wird uns erzählt, eine blendende Schönheit. Sie hatte blondes Haar von solcher Länge und in solcher Fülle, daß es, wenn es aufgelöst, ihr bis zu den Knien herabfiel und sie wie ein goldener Mantel bedeckte. Man war der Meinung, sie sei sich wohl bewußt, daß dies Haar wert war, gesehen zu werden, und habe sogar noch in späteren Jahren sich gern des Morgens, noch bevor sie Toilette gemacht hatte, nur bekleidet mit einem reizenden Negligé und das Haar in freien Wellen herabfließend, von Besuchern überraschen lassen. Hingerissen von ihrer Schönheit, warb der Adjutant um ihre Liebe. Als ein Mann von nicht minder glänzenden äußeren und inneren Eigenschaften fand er Gnade vor ihren Augen, und nach kurzer Liebeswerbung heiratete das glückliche Paar. Im Frühling, so wird uns weiter berichtet, brachte der Graf seine junge Gemahlin nach Rheinsberg.

Die Anwesenheit einer so jungen und reizenden Persönlichkeit war ein großer Gewinn für die dortige Gesellschaft, die zu jener Zeit schon anfing, sich vorwiegend aus ältlichen Elementen zusammenzusetzen. Die Gräfin war schön und glänzend genug, um schon durch ihr bloßes Erscheinen zu beglücken.

Der schöne Prinz Louis Ferdinand, der verzogene Liebling und Erbe seines Onkels, war häufig Gast in Rheinsberg. Da er sich gewöhnlich in großer Bedrängnis wegen einer Spielschuld oder irgend sonstwie in der Klemme befand, so pflegte er meist des Nachmittags anzukommen und, nachdem er den Onkel um Hilfe angegangen, am nächsten Morgen mit Tagesanbruch wieder fort zu sein. Im Sommer 1800 kam er öfter als gewöhnlich und schien, seltsam genug, sich wenig Sorgen wegen seiner Schulden zu machen. Er begann seine Besuche länger auszudehnen und fand offenbar Gefallen am Landleben.

Eines Tages hatte nun die ganze Gesellschaft eine Ruderfahrt nach der Remusinsel unternommen, war dort gelandet, um das Diner einzunehmen, und hatte den Abend dort zugebracht. Es war ein köstlicher Sommernachmittag. Die Gräfin saß an der Seite des jungen Prinzen. Er hatte ihr halb im Scherz einen Kranz aus Wasserlilien gewunden, den sie im Haar trug, und sie sah aus wie eine Wassernixe. Der Wind rauschte durch das Rohr im seichten Wasser, und der Nachmittag verging unter Gesang und fröhlichem Lachen. Der

Abend kam, und man kehrte heim. Der Prinz und die Gräfin im selben Boot. Lautlos glitten sie dahin. Dann und wann unterbrach ein Lachen und Flüstern die Stille. Was gesprochen wurde, wissen wir nicht. Was aber weiter geschah, muß ich in Fontanes Worten geben:

»Vor dem Fenster der Gräfin lag ein Wiesenstreifen im Vollmondschein, und aus dem Schatten heraus trat der Graf, die Hand am Degen. Ihm gegenüber, auf dem erhellten Rasen, stand der Prinz; typische Gestalten aus Nord und Süd. Am offnen Fenster aber erschien die Gräfin, bittend und beschwörend, und die Degen der beiden Gegner fuhren zurück in die Scheide. Man trennte sich mit einem kurzen ›jusqu' à demain‹. – Der alte Prinz legte sich ins Mittel, und der Zweikampf unterblieb. Ebenso schwieg man über den Vorfall.«

Zwei Jahre später starb der Prinz. In demselben Jahr 1802 gelangten Graf und Gräfin de la Roche-Aymon in den Besitz von Köpernitz. Es ist ungewiß, ob der Prinz schon bei Lebzeiten diese Schenkung machte oder erst in seinem Testament. Unmittelbar nach des Prinzen Tod zogen sie nach Berlin, der Graf, um in den aktiven Militärdienst zu treten, und beide Gatten, um das Leben in der Residenz zu genießen.

Der Graf war froh, eine Anstellung in der preußischen Armee zu erhalten. Im Jahre 1805 wurde er dem Husarenregiment von Göcking als Major zugeteilt und machte die Schlacht bei Jena mit. Im Jahre 1807 wurde er zum Kommandeur der Schwarzen Husaren ernannt und führte das Regiment bei Eylau. – Es dauerte nicht lange, so galt er als eine Autorität in Fragen der Kavallerietaktik. In den Befreiungskriegen avancierte er zum Generalmajor. – Nach dem Fall Napoleons kehrte er nach Frankreich zurück.

Im Jahre 1815, als die Bourbonen wieder sicher auf dem Thron saßen und alles friedlich aussah, folgte die Gräfin ihrem Gemahl nach Paris und führte dort ein glänzendes und angenehmes Leben. Sie liebte Paris außerordentlich und würde aller Wahrscheinlichkeit nach nie daran gedacht haben, es zu verlassen, denn sie spürte, daß sie älter wurde.

Sie hatte alles stets auf die leichte Schulter genommen und den Dingen die angenehme Seite abzugewinnen gewußt. Was aber nun geschah, hatte keine angenehme Seite mehr. Sie hatte stets eine hohe Meinung von sich gehabt und liebte es, der allein maßgebende Wille zu sein. Eine solche Natur hätte alles eher ertragen, als die Herrschaft im Hause mit einer Rivalin zu teilen. – Es blieb ihr nichts weiter übrig, als das Feld zu räumen. Sie verließ Paris unter dem Vorwand, daß der Pächter das Gut vernachlässigt habe, und ging nach Köpernitz.

Dort hat sie noch dreiunddreißig Jahre gelebt. Hier, in ihrer eigenen Domäne, konnte sie ihren Willen ungehindert durchsetzen. Sie war eine resolute, umsichtige Frau, sehr eigenwillig, und die Pächter sowie die Bauern spürten nach ihrer Rückkehr bald, daß eine wesentliche Veränderung eingetreten war. Noch bis zum heutigen Tag reden die Leute von ihr (wenn sie überhaupt reden) und wissen hundert Geschichten von ihr zu erzählen. – Ihre Neigung für das gesellschaftliche Leben war noch ebenso groß wie ehedem, und sie hielt ein sehr gastliches Haus.

Friedrich Wilhelm IV. von Preußen, der witzigste Sterbliche, der wohl in neuerer Zeit auf einem Thron gesessen hat, kam niemals in jene Gegend ohne ihr einen Besuch abzustatten. Bei einer Gelegenheit traf es sich, daß sie dem König zum Frühstück eine Wurst von so seltener Vortrefflichkeit vorsetzen konnte, daß er, nachdem er sie gegessen, erklärte, es sei die delikateste Wurst, die es in der ganzen Welt gäbe, und sie bat, ihm einige davon zu schicken. Natürlich wurden die Würste so bald wie möglich nach Potsdam gesandt, und am nächsten Weihnachtsfest kam ein Gegengeschenk, ein Halsband aus goldenen Würstchen, mit Perlen besetzt, nebst einem Brief von des Königs Hand mit dem Motto »Wurst wider Wurst«. Im nächsten Jahr zur gleichen Saison schickte die Marquise eine frische Sendung, und der Weihnachtstag brachte wiederum einen Schmuck. So ging es eine Reihe von Jahren fort. Zuletzt kam auch eine Schnupftabaksdose, welche eine kurze, dicke, mit Zunge gefüllte Wurst darstellte, an der die Stückchen Zunge aus großen Rubinen von bedeutendem Wert bestanden. Bald nach Empfang derselben las die Marquise in der Zeitung, daß der Hofmetzger in Potsdam, als Gegengeschenk für eine Riesenwurst, die er bei einer Festlichkeit im königlichen Schloß überreicht hatte, genau solche Dose ebenfalls mit Rubinen besetzt und mit dem gleichen Motto von Seiner Majestät erhalten habe. Von da ab kamen keine Würstchen mehr aus Köpernitz.

Nur wenige Jahre vor ihrem Tode wurde die Marquise durch den Besuch eines französischen Herrn überrascht. Es war der Neffe ihres verstorbenen Gemahls, der die Güter seines Onkels in Frankreich geerbt hatte. Nicht zufrieden damit, hatte er auch auf den Besitz in Deutschland ein Auge geworfen und die Sache vor die französischen Gerichte gebracht, um seine Ansprüche geltend zu machen.

Er mietete sich in Rheinsberg einen Einspänner und fuhr in Köpernitz vor der Haupttür vor, wo er seine Karte abgab mit seinem Namen »Le Général de Goyon«. – Natürlich wurde er gebeten, einzutreten, und seine Tante empfing ihn mit Freundlichkeit. Sobald er aber auf den eigentlichen Zweck seines Kommens kam, lachte sie ihn so herzlich aus, daß er sich nicht ohne Verlegenheit verabschiedete. Die Marquise ist nie wieder von ihren französischen Verwandten belästigt worden.

Die Gräfin erreichte ein hohes Alter. Ihre Lieblingskatze biß sie eines Tages in die Lippe, und daran oder wenigstens bald darauf starb sie, neunundachtzig Jahre alt, am 18. Mai 1859.

In einigen der Zimmer des Schlosses werden verschiedene interessante Andenken aufbewahrt. König Friedrich Wilhelms juwelenbesetzte Würstchen sind da und noch einige andere Souvenirs aus früherer Zeit. So befindet sich dort auch ein alter Nußbaumschrank, in dessen eines Schubfach Prinz Heinrich selbst das Manuskript seiner Geschichte des Siebenjährigen Krieges gelegt hat. Dasselbe Manuskript, welches im königlichen Auftrag unmittelbar nach dem Tod des Prinzen verbrannt wurde. – Auch ein schönes Porträt des Prinzen Louis Ferdinand ist noch vorhanden, an dessen

Andenken die Marquise, nachdem die alles mildernde Zeit der Erinnerung an seine Neigung zu ihr längst alles Herbe genommen hatte, mit großer Treue hing. Zu ihren Lebzeiten befand sich in ihrem Zimmer noch ein weiteres Porträt von ihm, das nach ihrem Tod an einen seiner Nachkommen übergegangen ist.

Die Remusinsel

Bald nachdem Friedrich sich einigermaßen in seinem neuen Hause in Rheinsberg eingerichtet hatte, begann er seine Briefe von »Remusberg« zu datieren und hat an dieser Schreibweise des Namens der Stadt sein ganzes Leben hindurch festgehalten. Viele denken vielleicht, es handele sich hier um nichts als eine bloße Laune oder Einbildung Friedrichs, etwas, das er sich, wie man in Deutschland sagt, aus den Fingern gesogen habe. Allerdings war es eine Einbildung, aber eine, für die sich eine ziemlich gute Entschuldigung beibringen ließe.

Als Voltaire einmal das Wort »chimärisch« in bezug auf die älteste römische Geschichte fallen läßt, stellt ihm Friedrich sehr erstaunt die Frage: »Dürfen wir die römische Geschichte als chimärisch bezeichnen? Eine Geschichte, für die wir das Zeugnis so vieler Schriftsteller, ehrwürdiger Denkmäler sowie einer Masse von Münzen besitzen...?«

»Das ist alles ganz gut, Sire«, schreibt Voltaire (März 1737) zurück, »wie aber denken Eure Königliche Hoheit über Romulus und Remus, als Söhne des Mars? Die Wölfin? Das Menschenhaupt, welches das Kapitol baute? Die Götter Laviniums, die zu Fuß von Alba zurückkamen? Die Vestalin, die mit ihrem Gürtel ein Schiff zieht?«

»Monsieur«, erwidert Friedrich im April 1737, »was die ersten Zeiten der römischen Geschichte betrifft, so habe ich mich veranlaßt gesehen, für ihre Wahrhaftigkeit einzutreten, und zwar aus einem Grunde, der Sie in Verwunderung setzen wird... Vor einigen Jahren fand man in einer vatikanischen Handschrift Romulus' und Remus' Geschichte auf eine ganz andere als die uns bekannte Art erzählt. Die Handschrift gibt an, daß Remus vor den Verfolgungen seines Bruders floh und, um sich dessen eifersüchtiger Wut zu entziehen, in das nördliche Deutschland flüchtete, daß er hier in der Nähe eines großen Sees eine Stadt gründete, der er seinen Namen gab, und daß er nach seinem Tode auf einer Insel begraben wurde, welche mitten im See eine Art Berg bildete.

Vor vier Jahren kamen, vom Papst gesandt, zwei Mönche hierher, um nach dem Ort zu forschen, welchen Remus nach diesem Bericht gegründet haben soll. Sie kamen zu der Überzeugung, daß es Remusberg sein müsse oder, wie es heißen sollte, ›Remus' Berg‹...

Ein anderer Umstand ist, ... daß man vor ungefähr hundert Jahren, beim Bau des hiesigen Schlosses, zwei Steine fand, auf welchen die Geschichte mit dem Geierdiebstahl eingegraben war. Obgleich die Schriftzeichen sehr verwischt waren, hat man doch einiges davon erkennen können ... Vor drei Monaten endlich hat man beim Umgraben der Erde im Garten eine Vase mit römischen Münzen gefunden, die indessen so alt waren, daß die Prägung völlig verlöscht war. Ich habe sie an Herrn de la Croze gesandt, der ihr Alter auf etwa 17 oder 18 Jahrhunderte schätzte.

Ich hoffe, daß Ihnen diese Mitteilungen willkommen sein werden und daß Sie in Betracht derselben das Interesse entschuldigen, das ich für alles hege, was die Geschichte des einen der Gründer Roms angeht, dessen Grab ich hier zu besitzen glaube. Man wirft mir ja sonst nicht allzuviel Leichtgläubigkeit vor.«

Weiteres über das Manuskript des Vatikans oder die beiden Mönche ist mir nicht bekannt. Da der Prinz keine Quelle dafür anführt, aus welchem Grunde der Papst an Remus Interesse nimmt, und da er weder damals noch später bei seinen Erzählungen mit den Details es sehr genau zu nehmen pflegte, sobald es sich nicht um Angelegenheiten handelte, bei denen er selbst die Hand im Spiel hatte, so fühlt man sich nicht veranlaßt, seine Angaben über diese Dinge buchstäblich zu nehmen.

Das einzige Dokument für das, was wir die Remus-Legende nennen wollen, habe ich in einem unansehnlichen, wurmstichigen Bande aus dem Jahre 1717 gefunden, einer periodischen Schrift, von Gelehrten für Gelehrte geschrieben und vorwiegend in Gelehrtenlatein. Der Traktat, wie er hier abgedruckt ist, füllt zweiundzwanzig sehr eng gedruckte Seiten und ist besonders bemerkenswert durch das völlige Fehlen jeglicher Begründung.

»Die Stadt am Remusberge«, heißt es darin, »liegt inmitten von Wäldern, Weiden, Bergen, Tälern, Seen in einer so herrlichen Gegend, daß es nicht wunder nehmen darf, wie Remus nach so vielem Wandern diesen Platz vor allen anderen gewählt habe, um sich hier für immer niederzulassen und so das Los seiner Verbannung zu mildern.

Die Stadt selbst kann in vielen Beziehungen sich mit Rom messen, denn sie hat sechs Consules ... Die Weiber des Ortes waffnen nach Art der alten Germanen ihre Männer zur Schlacht ... Es ist bekannt, daß sie vor noch nicht langer Zeit durch ihr lautes, zudringliches Auftreten im Palaste des Kurfürsten eine Audienz erlangten, die man ihnen vorher verweigert hatte.«

Nach den Weibern kommt die Insel an die Reihe. Auf dieser Insel wurden »Gerippe und Knochen gefunden, die von ungewöhnlicher Größe waren«. Auch zwei Steinplatten fand man. Die kleinere von beiden war quadratisch und etwa neun Zoll dick, die größere, mit stark beschädigten Flächen, maß ungefähr dreiviertel Ellen in der Länge und eine halbe in der Breite. Auf einer Seite waren sechs Vögel in Relief abgebildet. »Ohne Zweifel die sechs Geier, welche dem Remus erschienen« und nun den Beweis liefern, daß »er aus freien Stücken Rom seinem Bruder überlassen hat und, gefolgt von einer großen Zahl Hirten, bis hierher gekommen ist, wo er an diesem entzückenden Platz sich für den Rest seines Lebens niederließ und gestorben ist.«

Der anonyme Verfasser soll (wofür sich allerdings kein anderer Beweis erbringen läßt als die Initialen am Titelschluß) Eilhardus Lubinus gewesen sein.

Zu welcher Zeit man angefangen hat, die Insel, die jetzt allgemein unter dem Namen Remusinsel bekannt ist, in Wort und Schrift so zu nennen, kann ich nicht sagen. – In sehr früher Zeit ist die Insel befestigt gewesen. In welchem Jahrhundert und durch wen dies geschehen ist, weiß ich nicht. Um 1635 oder 1636 flohen die Einwohner von Rheinsberg vor den Greueln des Dreißigjährigen Krieges in die Befestigung auf der Insel, wurden aber dorthin verfolgt und niedergemacht. – Als im Jahre 1675 die Stadt von den Schweden unter Wrangel geplündert und bis auf den Grund niedergebrannt wurde, suchte der größere Teil ihrer Einwohner wiederum Zuflucht in dem Burgwall.

Danach ist dann ungefähr ein Jahrhundert hindurch, soweit mir bekannt, nichts passiert, das jemals die Ruhe der Vergessenheit gestört hätte, der sie verfallen war. Später verfielen auch die Befestigungen, und an die Insel dachte niemand mehr. Bäume und Gestrüpp hatten von ihr Besitz ergriffen und waren so dicht ineinander und so hoch gewachsen, daß sie aus ihr zuletzt, bis zum Gipfel des Hügels hinaus, eine dornige, fast unpassierbare Wildnis gemacht hatten. Außer dem Manne, der sie gepachtet und wohl im Sommer ein paar Kähne voll Heu von einem nahe dem Ufer gelegenen kleinen ebenen Wiesenstück zu holen hatte, ist es kaum einem Menschen eingefallen, dort eine Landung zu versuchen.

Bis 1771 überließ man die Insel sich selbst. Wir können uns wundern, weshalb Prinz Heinrich nicht eher daran gedacht hat, diese in den Zauberkreis seiner Anlagen einzubeziehen und sie nach seiner Art aufzuputzen. Allein, wir erfahren, daß dem Schwierigkeiten praktischer Natur im Wege standen. Sie war in Händen eines Pächters, der, wie es scheint, keine Lust hatte, sie aufzugeben, da seine Familie, ich weiß nicht seit wie langen Jahren, dieselbe in Pacht besessen hatte. Aber im oben genannten Jahr soll Major Kaphengst, der Adjutant des Prinzen, sie von ihm in Afterpacht genommen und so die Schwierigkeiten beseitigt haben.

Fortan wurde nun die Insel bis zum Gipfel hinauf mit allerhand Firlefanz ausgestattet. »Alle die Anlagen, welche diese Insel in ihren jetzigen schönen Stand gesetzt haben«, hat man, sagt Hennert, »dem Herrn Major zu danken.« (Wohl die harmloseste Tat eines unwürdigen Lebens.) Was Hennert

190

Steinklippen auf der Remusinsel

bescheidenerweise im Text verschweigt, aber in einer Note hinzufügt, ist die Tatsache, daß er selbst die Zeichnungen für sämtliche Gartendekorationen angefertigt hat.

Auf dem höchstgelegenen Punkt stand »ein Haus in chinesischem Geschmack, ... von zwei Stockwerk erbauet, und das oberste Stockwerk wurde mit einer bedeckten Galerie von chinesischem Gitterwerk umgeben, im unteren aber verschiedene Kammern und ein großer Saal angelegt«. Irgendwo gab es auch einen chinesischen Tempel. Dann waren an der Nord- und Ostseite Anlegestellen, von chinesischem Gitterwerk umrandet. Mehrere Jahre lang hat man viel Mühe auf die Herstellung der Anlagen verwendet. Anpflanzungen in englischem Stil wurden auf der Insel geschaffen und Wege angelegt, von denen der eine an der Südseite auf die in der Großen Allee errichtete Pagode zu lief.

Bald wurde die Insel der Lieblingsaufenthalt des Prinzen Heinrich. Gerade so etwas hatte dem See noch gefehlt, um ihm den wahren Reiz zu verleihen. Nun war es gewiß recht vergnüglich, an einem Sommerabend eine Nachenfahrt dorthin zu unternehmen, in großer, glänzender Gesellschaft. Der Prinz mit den hervorragendsten seiner Gäste in seiner eigenen, prachtvollen Gondel (einem Geschenk der Königin von Schweden) und in einiger Entfernung dahinter, in einer anderen Gondel vielleicht, die Kapelle. – So beim Klang der Musik dahinzugleiten, im Glanz der untergehenden Sonne, an der Insel zu landen, um einen kleinen Spaziergang oder vielleicht irgendein Spiel zu machen und schließlich ein gutes Souper einzunehmen (das Innere des chinesischen Hauses bot hierfür eine behagliche Unterkunft) und dann beim Schein des Mondes wieder heimzufahren. Alles dies fand während einer langen Reihe von Jahren häufig statt, wenn die Tage schön und warm waren.

Da ich um die gewohnte Stunde mein Mittagsmahl einnahm, machte ich mich am Nachmittag auf, ging quer über den Marktplatz in Richtung Norden, bog dann in die erste, nach links führende Straße ein, die auf den See zuläuft, bis ich das letzte Haus derselben erreicht hatte, wo der Fischer wohnte. Vor der sonnenbeschienenen Tür saß die Frau des Fischers und spann ein starkes Garn. Sie war eine sehr hübsche, stämmige Frau in den besten Jahren von lebhaftem Wesen und trug ein großes Brust- und Kopftuch von schnee-weißem Musselin.

Auf meine Frage wegen eines Kahnes lud sie mich ein, auf der Bank Platz zu nehmen, während sie jemand fortschickte, um Leute zum Rudern herbeizuholen. Ihre Art zu reden hatte etwas Freundlich-Verbindliches, und so saß es sich denn recht behaglich in der Sonne, mit dem glitzernden See wenige Meter weiter im Hintergrunde.

Die Frau erzählte mir, daß sie ebensowenig wie ihr Mann geborene Rheinsberger seien. Sie hätten nur die Fischerei gepachtet und wohnten erst seit ein paar Jahren hier. Ich erhielt von ihr reichlich Informationen über die hiesige Fischerei. Obwohl sie sicher nicht zu den Leuten gehörte, die sich einen Verdruß anmerken lassen, beklagte sie sich doch bitter über die Fischdiebe. Sie verursachten viel Schaden, und ihrer habhaft zu werden sei fast unmöglich.

Es war schwierig, Leute zum Rudern zu bekommen, aber schließlich stieß ich doch vom Lande ab, mit einem alten Mann, der mit einem einzigen Ruder arbeitete, während der junge Sohn des Fischers hinten im Heck mit einem zweiten nachhalf. Die Ruder waren beide kurz und breit, dennoch glitten wir rasch über die spiegelglatte Fläche des Sees dahin und erreichten die Insel in etwa einer halben Stunde.

Ich stieg auf der Ostseite an dem, wie es schien, einzigen noch vorhandenen Landungsplatze ans Land und wanderte umher, bis der Nachmittag sich anschickte, zum Abend zu werden.

Das etwa zehn bis zwölf Morgen umfassende Eiland ist teilweise mit Wald bedeckt, teilweise mit Gras bewachsen. Von dem Gipfel des Hügels, der sich etwa achtzehn Meter über die Fläche des Sees erhebt, hatte ich einen hübschen Blick auf das Land ringsumher. Fast auf allen Seiten legt sich ein Gürtel von Wald um den See, nur an wenigen Stellen ist offenes Wiesengelände, in der äußersten Ferne durch ein paar weiße Gebäude unterbrochen. Das Ganze in sonnigem Glanz und wunderbar tiefer Stille, wie in jahrhundertelange Ruhe versunken.

Der See war glatt wie ein Spiegel. Es ist lange her, daß die Gondeln des Prinzen Heinrich seine Fläche durchfurcht oder die glänzenden Augen und das Lachen einer Schar fröhlicher, in seidene Gewänder gehüllter Schönen sich in ihr gespiegelt hatten. – Das chinesische Haus, in dem so oft ein elegantes Souper die Gäste erwartet hatte, ist längst dahin, mitsamt mit allen anderen Wahrzeichen frohen Lebensgenusses weggefegt und alle Erinnerungen daran vertilgt. Nicht eine lebende Seele war auf der Insel zu finden. Nur einige Fetzen Zeitungspapier, in welches wurstbelegte Butterbrote eingewickelt gewesen waren, und ein paar Eierschalen an einem geschützten, von Buschwerk umrahmten Fleckchen zeigten, daß Leute aus der Stadt vor nicht langer Zeit hier ihren Sonntag gefeiert hatten.

Meine beiden Ruderer waren im Kahn eingeschlafen. Ich weckte sie auf und ließ mich von ihnen zu der nächstgelegenen, nur ein paar Steinwürfe entfernten Landzunge fahren. Dort entließ ich sie und ging zu Fuß nach Hause, meinen Weg durch die Boberower Forst, den Park und die Gartenanlagen einschlagend.

Die Stadt

Wie ich bereits gesagt habe, ist die ganze Stadt Rheinsberg so, wie wir sie jetzt sehen, erst nach der Feuersbrunst im Jahre 1740 entstanden. Daher nicht allein die Regelmäßigkeit in der Anlage der Straßen, sondern auch die Einförmigkeit in der Bauweise der Häuser.

Nicht leicht kann es etwas weniger Eindrucksvolles geben als solch einen, etwa um die Mitte des vorigen Jahrhunderts aus lauter zweistöckigen Häusern auf einmal aufgebauten kleinen Marktflecken. Doch hat man dabei, alles in allem genommen, seine Sache nicht schlecht gemacht. Jedenfalls gewann die Stadt ungeheuer dabei, daß sie von nun an sich auf eine viel größere Grundfläche verteilte und ihre Straßen erheblich verbreitert wurden.

Die einzigen Teile der Stadt, welche das Feuer im Jahre 1740 verschont hatte, waren die Schloßgasse, das heißt die Straße, welche von dem Triangel gegenüber dem Ratskeller hinter den Ställen entlang auf das Ruppiner Tor zu führt, und die Kirche, nebst einigen wenigen in ihrer Nähe gelegenen Häusern.

Das Haus der Frau Lemm besteht wie alle übrigen in der Reihe auf dieser Seite des Marktplatzes aus zwei Stockwerken ohne Dachgeschoß. Es enthält, glaube ich, vierzehn oder fünfzehn Wohnräume mit Einschluß zweier Küchen. Alle diese Häuser, die etwa um die Mitte des vergangenen Jahrhunderts erbaut wurden und in sehr bequemer Nähe zum Palais liegen, sind wahrscheinlich zu Prinz Heinrichs Zeiten von Leuten bewohnt gewesen, die mehr oder weniger in irgendeiner Beziehung zum Hofe standen. Ihre Lage war und ist noch, vom technischen Standpunkte aus betrachtet, die beste in der Stadt. Allein gleichsam erdrückt und verdunkelt, wie sie es jetzt sind, durch die mächtigen, alles überschattenden Lindenbäume, haben sie mit der Zeit ein Aussehen von Abgeschiedenheit und unnahbarer Heimlichkeit erlangt, daß man auf den Gedanken kommen kann, es lebe in jedem der einsiedlerische Sproß irgendeines Patriziergeschlechtes.

Wie schon früher erwähnt, ist das letzte Haus in der Reihe, das nicht nur auf dem Marktplatz, sondern auch auf die hier einmündende Querstraße hinausgeht, in die Hände eines jüdischen Materialwarenhändlers gekommen, der das schönste Zimmer in einen Eckladen umgewandelt und dazu die Fenster erweitert hat, in denen nun zugleich nach zwei Straßen hinaus Säulen von Kandiszucker prangen.

Frau Lemm selbst, obwohl sie den kommerziellen Wendepunkt in ihrem Leben durch kein Zeichen an der Außenseite kundtut, hat ihre größte Stube mit Putzmacher- und Baumwollwaren gefüllt und arbeitet angestrengt vom Morgen bis Abend, den Draht zu Hutformen zurechtbiegend, Musselin fältelnd oder Stücke Kattun mit der Elle ausmessend. Ohne diese Einnahmequelle, sagte sie mir, könne sie nicht existieren, da der Ertrag an Mietzins nicht ausreiche, um ihre Bedürfnisse zu decken.

Hinter dem Hause liegt ein langer Hof, der bis an die Rückseite eines anderen, zweistöckigen Hauses reicht, das mit seiner Front in der nächst angrenzenden Straße liegt. In dieser, und zwar unmittelbar in unserem Rücken, steht auch die Stadtkirche. Das obenerwähnte Haus ist eines der vom Feuer verschont gebliebenen und beansprucht somit in bezug auf seine aus einer früheren Zeitepoche stammende Bauart unsere Aufmerksamkeit. Es gehört ebenfalls der Frau Lemm und ist, wie ich vernehme, zu einem größeren Teile von einem Schuster und seiner zahlreichen Familie bewohnt.

Der Häuserblock an der gegenüberliegenden Seite des Marktplatzes war ehedem das Domestikenhaus, und gegenwärtig sind öffentliche Behörden darin untergebracht. In seiner äußeren Erscheinung entspricht er ganz der Häuserreihe auf unserer Seite, nur liegt er, meine ich, in tieferem Schatten. Aus meinem Fenster im ersten Stock, obgleich es ihm genau gegenüber liegt, sehe ich natürlich gar nichts davon. Ich glaube, das Gefängnis mit seinem einzigen Insassen befindet sich irgendwo nach der Rückseite zu, im Erdgeschoß desselben. Mit seinem dem Schloß zunächst gelegenen Ende berührt das Domestikenhaus das Kavalierhaus, welches unter rechtem Winkel zu ihm steht. Beide Häuserfronten liegen, von außen gesehen, in zwei Seiten eines Quadrates, und die Giebelseite des Kavalierhauses bildet auf diese Weise gewissermaßen das letzte Haus in der Häuserreihe und sieht auf den Marktplatz hinaus, gerade gegenüber der entsprechenden Giebelseite des Ratskellers. Mit seinem anderen Ende, welches das Theater des Prinzen Heinrich enthält, berührt es beinahe den See. Die Frontseite liegt dem rechten Flügel des Schlosses gegenüber. Und zwischen beiden befinden sich ein Blumengarten mit einem Wassergraben davor und verschiedene breite Kies- und Graswege.

Im Kavalierhaus hatten zu den Zeiten des Prinzen Heinrich die Herren vom Gefolge ihre Quartiere, auch wurden dort gewöhnlich Gäste von nicht fürstlichem Rang untergebracht. Es war damals ohne Frage derjenige Teil des Palais oder der Stadt, wo es am lebhaftesten und lustigsten zuging. Nun sieht seine lange weiße Fassade mit ihren monotonen Fensterreihen still und langweilig genug aus, wenn auch hier nicht sämtliche Fensterläden und Jalousien geschlossen sind wie in der des Schlosses vis-à-vis. Indessen ist es nicht ganz unbewohnt. Einen Teil desselben hat, wenn ich nicht irre, irgendein Beamter inne. Auch werden einige Zimmer sowohl hier wie in den Stallgebäuden (dem Marstall, einem noch viel anspruchloserem Bau, welcher der Front des Schlosses gegenüber liegt) von ein paar unbemittelten Damen bewohnt, denen die Benutzung durch die Gnade des Königs gestattet ist. Bisweilen, wenn ich am Hause entlang ging, habe ich bemerkt, wie ein einsames Gesicht, von einer Musselinhaube umrahmt, verdrossen, aber nicht ganz ohne Neugierde aus einem Fenster mir nachschaute. Ob diejenigen, die in diesem stillen Asyl den Rest ihres Lebens zubringen, einer besonderen Klasse von Beamtenfamilien angehören oder ob bei ihrer Wahl lediglich der Wunsch wohlzutun entschieden hat, vermag ich nicht zu sagen.

Wie es scheint, gehören sie nicht alle derselben Gesellschaftsschicht an. Man erzählte mir, daß, als vor kurzem eine alte hölzerne Treppe, welche von einem Teil des Gebäudes direkt in den Garten hinunterführt, zum Abbruch verurteilt worden sei, eine Dame, deren Zimmer dicht an ihrem oberen Ausgang liegen, sich erboten habe, diese »zu kaufen« unter der Bedingung, daß ihr die Benutzung zu ihrem ausschließlichen Gebrauch überlassen werde. Die Dame war »adelig, sehr adelig«, sagte mein Gewährsmann, und obwohl arm wie eine Kirchenmaus, machte es ihr großen Kummer, bis ans Ende ihrer Tage zusammen mit ihren niedriggeborenen Hausgenossinnen dieselbe Treppe zu benutzen und so vielleicht sogar Gefahr zu laufen, daß man sie mit jenen in einen Topf werfe. Ihr Gesuch fand Gewährung, und nun hat sie die Treppe mit einer Tür an deren oberem Ausgang ganz allein für sich, hält sie wohlverschlossen und bewahrt den Schlüssel dazu. Da die Treppe so nahe bei ihrer Wohnung liegt, so wollte es mir scheinen, als sei der Wunsch nach größerer Behaglichkeit ein mindestens ebenso natürliches Motiv dafür, daß sie sich dieselbe sicherte, wie der Dünkel. Aber ich sprach meinen Gedanken nicht aus, denn ich würde damit der Geschichte, so wie sie mir ein Bürgerlicher auf Kosten des Adels erzählte, die Pointe genommen haben.

Die Kirche

Da mir sehr viel daran lag, das Innere der Stadtkirche zu sehen, wandte ich mich an die Tochter des verstorbenen Kirchendieners, deren Mutter als Witwe noch jetzt die Schlüssel unter ihrer Obhut hat, um mir die Türen zu öffnen.

Die Kirche ist nicht besonders bemerkenswert, befindet sich aber in sehr gutem baulichem Zustamd. Ihr ältester Teil ist, ich weiß nicht wann, erbaut worden. Im Jahre 1568 wurde sie durch Achim von Bredow, den damaligen Grundherren, um das Dreifache ihrer ursprünglichen Größe erweitert. Im Jahre 1635, als fast die ganze Stadt bis auf den Grund niedergebrannt wurde, ging der Kirchturm, der aus Holz gebaut war, ebenfalls in Flammen auf. Aber die Kirche selbst blieb verschont, und zwar nicht nur damals, sondern auch im Jahre 1675, als die Stadt bis auf sieben Häuser zum zweiten Mal in Asche gelegt wurde, ja sogar ein drittes Mal bei dem Brande im Jahre 1740.

Ich fand in der Kirche nicht so viel Denkmäler, als ich nach allem, was ich gehört, erwartet hatte. Eines darunter ist sehr groß, ganze zwanzig Fuß hoch und dem Andenken Achim von Bredows gewidmet. Es ist im Stile des Ausganges des 16. Jahrhunderts entworfen und natürlich zum größeren Teil allegorisch gehalten. Der Ritter und seine Gemahlin sind unterhalb zweier Basreliefs angebracht, welche beide die Auferstehung des Gerechten sinnbildlich darstellen – der Prophet Jonas, wie er vom Walfisch ausgespien wird, und Christus, aus dem Grabe auferstehend. Ganz oben befindet sich das Wappen der Bredow, und am Fuß sind einige Knittelverse angebracht, die aus dem Munde des Ritters herauskommen sollen. Heutzutage wird das Denkmal für sehr schön gehalten von allen denen, welche für die Kunstprodukte vierten Ranges aus der Spätrenaissance- und Rokokozeit schwärmen oder gutmütig genug sind, in solchen Dingen die Absicht für die Tat zu nehmen.

Alle Grabsteine, welche ich mir angesehen habe, trugen den Namen Bredow bis auf einen großen aus dem vorigen Jahrhundert, mit einigen sentimentalen französischen Versen darauf zum Andenken an einen der Musiker des Prinzen Heinrich, einen französischen Geiger namens Pitschner. Es kann wohl keinen besseren Kontrast geben als der Ausdruck demütigen Hoffens nach einem zwischen wilder Rauflust und lutherischer Frömmigkeit geteilten Leben in den Grabschriften dieser brandenburgischen Junker und ihrer stämmigen Damen, deren roh gemeißelte Figuren in sandsteinernen Wämsern und Halskrausen steif auf den Sargdeckeln ausgestreckt liegen.

Das Altarbild ist schön, desgleichen die Kanzel, der Taufstein und ein Leuchter. Letzterer stammt aus dem 18. Jahrhundert. Aber der Taufstein, ein Geschenk der Familie Sparr, ist eine Arbeit des 16., ebenso die Kanzel, welche von der Witwe Achim von Bredows, einer Anna von Hahn, gestiftet worden und mit ihrem und ihres Gemahls Wappen verziert ist.

Vor ungefähr dreißig Jahren wurde die Kirche einer gründlichen Reparatur unterworfen. Bis dahin war das Grabgewölbe, in welchem die Körper der Bredow, Sparr und anderer Geschlechter bestattet liegen, offen, und man konnte, glaube ich, durch ein Gitter in dasselbe hinabsehen. Nach Beendigung der Restaurationsarbeiten im Jahre 1844 wurde es zugemauert. Bevor dies jedoch geschah, brachte man, um das Gewölbe besser untersuchen zu können, sämtliche Särge nach oben, stellte sie im Schiff der Kirche reihenweise auf und ließ sie vier Wochen lang stehen. Soviel ich weiß, wurden sie sämtlich geöffnet und die mumifizierten Körper dem Publikum zur Schau gestellt.

Fontane fügt hinzu, man habe, als man sich anschickte, sie wieder beizusetzen, einen in einer Flasche verschlossenen

Rheinsberg. Schulhaus und Kirche

Papierstreifen in den Sarg Achim von Bredows gelegt mit einer Notiz, die besagt, wessen Überreste der Sarg beherberge, und dann hinzugefügt, daß diese, nachdem sie in dem Grabgewölbe dreihundert Jahre neben denen der Eichstaedts und Sparrs etc. geruht, gerade einen Monat lang oben in der Kirche zugebracht hätten, während man ihre eigene Ruhestätte lüftete, die sie nun wieder beziehen sollten. Diese Urkunde wurde vom Bürgermeister und den Stadträten unterzeichnet. Dann verschloß man die Särge sämtlich wieder und trug sie hinab, den Achims als der Hauptperson voran. Daraufhin wurde das Gewölbe zugemauert.

Ich machte keinerlei Versuch, die Kirchenglocken zu sehen. Es sind deren zwei, die beide die Jahreszahl 1780 tragen.

Nachdem ich die Kirche verlassen, machte ich einen kurzen Spaziergang am Seeufer entlang und kehrte dann nach dem Ratskeller zurück, wo ich mir einen Hecht zum Abendbrot bestellt hatte.

Da der Abend schön war, so hatten sich eine Menge Gäste eingefunden, saßen aber glücklicherweise alle draußen vor der Tür. Ich fand die Zimmer sämtlich leer, und so nahm ich von dem größten Besitz und verzehrte meinen Hecht in Einsamkeit.

Als ich später allein in der Fensterecke saß, kam der Schneider herein. Er war in großer Eile und begann sofort lebhaft und mit vielem Gestikulieren auf mich einzureden, wobei er sich mir dicht gegenüberstellte und mit beiden Händen schnupfte, während ich nach und nach meinen Stuhl in den äußersten Winkel rückte, bis er zuletzt gegen die Wand stieß.

Mit Erstaunen vernahm ich aus dem, was er sagte, daß meine weiten Spaziergänge, namentlich mein tagelanges Ausbleiben und der Umstand, daß ich mich, niemand wußte wo, aufhielt, zu seltsamen Mutmaßungen geführt hatten. Reisen, sagte er, sei eine herrliche Sache. Darin wäre er ganz meiner Meinung. Die anderen Leute verständen es aber nicht. Er habe einen Bruder, einen Förster in Wittstock, den besuche er, sooft er könne, und bleibe dann gleich zwei oder

203

drei Tage bei ihm. Sowie er einmal von Hause fort sei, sei er ganz »Tourist«.

»Ich mache es dann gerade wie Sie«, sagte er. »Hier, wo ich bekannt bin, kann ich das natürlich nicht«, und dabei zwinkerte er mit den Augen und dämpfte seine Stimme. »Aber wenn ich von Hause fort bin, gehe ich auch des Morgens weg und komme nicht eher wieder als am späten Abend. Ich sage ihnen dann, sie sollen nie mit dem Mittagessen auf mich warten.« Dann fuhr er, sich zu mir niederbeugend und beinahe flüsternd fort: »Ich gehe auf die Dörfer, hm!«, und nun folgte ein zweites gewaltiges Augenzwinkern, wobei er sich nach der Wirtin umsah, die gerade in dem Augenblick zur Türe hereintrat.

»So, wirklich, das tun Sie?« sagte ich und schob von neuem meinen Stuhl rückwärts, so daß seine Hinterbeine gegen die Wand stießen und ich beinah vornüber kippte. Ich war eingeklemmt zwischen dem Fenster und einer großen Kommode oder einem Sekretär, in dessen oberem Teile der Wirt seine Rechnungen aufbewahrte. Den Ausgang nach vorn versperrte mir der Schneider, der sich über mich beugte, dabei immer gestikulierte, zu gleicher Zeit mit der einen Hand die offene Schnupftabakdose haltend.

»Ja«, erwiderte er und fuhr mir zuletzt mit der Schnupftabakdose beinahe ins Gesicht, »dann bin ich ganz Tourist, gerade wie Sie«, und dabei klopfte er mir in empfindlicher Weise auf das Knie.

Da stand ich denn auf, drängte mich bei ihm vorbei und machte mich, ihm gute Nacht wünschend, davon.

Die Menzer Forst

Es war an einem heißen Morgen (alle Welt sagte, es würde ein viel zu heißer Tag werden zum Spazierengehen – in der Tat wurde es denn auch der heißeste Tag im ganzen Sommer), als ich mich aufmachte, des alten Försters Anweisungen zu folgen und nach der Grünglashütte zu Globsow, einem mitten in der Menzer Forst gelegenen Dorf, zu gehen. Wie ich bereits früher gesagt, ist der Sand ostwärts von Rheinsberg besonders rein und tief und bildet eine wellenförmige Wüste von ungefähr dreiviertel Stunden Breite, welche die Stadt von dem Forst trennt. Man weiß zwar von Wegen, welche diese Sandflächen durchkreuzen, und diese werden auch durch Wegweiser markiert, aber ihre Spur vermag nach meinem Dafürhalten selbst das Auge des Einheimischen nicht zu sehen.

Da ich die Forst als Führer vor mir hatte, so brauchte ich weder nach dem Wege zu suchen noch ihn zu finden, sondern stürzte mich geradewegs in die Sandwüste. Die Hitze war wahrhaft großartig. Oben brannte die Sonne nach besten Kräften, von unten gab der flimmernde Boden die Strahlen zurück, und die Luft zwischen beiden umwirbelte den Ankömmling mit heißem Atem. Ich, der Hitze nicht im mindesten achtend, wühlte mich weiter. Schloß ich die Augen bis auf eine kleine Spalte, so wurde es mir gar nicht schwer, die Heide für eine Luftspiegelung zu halten. Ab und zu, wenn ich mich gerade in einer Vertiefung befand, wo ich den Horizont ganz aus dem Gesicht verlor und beim Erklimmen des nächsten Sandrückens in die Knie sank, hatte ich die deutliche Empfindung, als würde ich gebraten.

In einiger Zeit erreichte ich die entgegengesetzte Seite der Wüste und war gar nicht böse darüber, in den Föhrenwald zu kommen, in dem es zwar schattig, aber schwül war und kein Lüftchen sich regte. Etwa eine Viertelstunde später fand ich die Wohnung meines Freundes, des Försters, ein Haus, das neben noch einem anderen tief in den Wald eingebettet lag, mit einem schönen See im Rücken.

Ich holte mir den Förster heraus, und er war freundlich genug, seine Rechnungen, Brille und Pfeife im Stich zu lassen, um vor die Tür zu kommen und mir den Weg zu zeigen. Obwohl er auf seinen Wald so stolz war, besaß er doch kein rechtes Geschick, Anweisungen zu geben, nach denen man sich zurechtfinden konnte. Da gab es so viel verzwickte Rechts und Links, die man nicht einschlagen durfte, daß ich, nachdem er mir dieselben dreimal schnell und eifrig wiederholt hatte, die Sache aufgab und mir, etwas enttäuscht, das

Kartoffelfeld zeigen ließ, an welchem die Einhegung das Bemerkenswerteste war; in Wirklichkeit keine Einhegung, sondern eine Befestigung, bestehend aus Graben, Wall und Zaun, dahinter dann die Kartoffeln, die trotz der Wildschweine, wie es mir schien, gar nicht übel standen.

Der grauhaarige Alte war eigentlich ein Fremdling in dieser Gegend, da man ihn erst vor wenigen Jahren hierher versetzt hatte. Wie ich später hörte, war diese Versetzung eine Folge von einer jener unglücklichen Zufälligkeiten, die sich von Zeit zu Zeit ereignen, gleichsam als seien sie dazu bestimmt, auf den Waidmannsberuf einen dunklen Fleck zu werfen und über das heitere Grün des Waldes selbst die Schatten des Todes zu breiten. Infolge, ich weiß nicht welches unglücklichen Zusammentreffens hatte er einen Wilddieb getötet. Wenn einem Förster ein »Unglück« dieser Art passiert, so pflegt man ihn aus mehr als einem guten Grunde in eine andere, gewöhnlich entfernte Gegend des Landes zu versetzen.

Für die nächste halbe Stunde war der Weg nicht zu verfehlen, dann aber gab es deren so viele, daß die Wahl schwer wurde. Fast plötzlich verwandelte sich der Wald aus einem Bestand dunkler Föhren, die, dicht aneinandergereiht, aus dem ebenen, glatten Nadelteppich aufragten, in ein prächtiges Gewirr von Zweigen in allerlei Gestalt und von glänzendem Laubwerk in verschiedenartigstem Grün, dazu ein herrlicher Unterwuchs, der sich überall um die dicken Stämme rankte. Auch der Waldesboden war mit einem Male wellig und hügelig geworden und mit einem üppigen Gras- und Blumenteppich überzogen. Kurz, es war wenn nicht das großartigste, so doch wenigstens das prächtigste und lieblichste und, was noch mehr ist, das scheinbar von Menschenhand unberührteste Stück Wald, das ich in dieser Gegend gesehen habe.

Die grüne, in Julisonnenlicht getauchte Waldesherrlichkeit wollte kein Ende nehmen, und so wanderte ich weiter und weiter in der Hoffnung, daß ich auf dem richtigen Wege sei, mich nur nach dem Stand der Sonne richtend. Keinem menschlichen Wesen begegnete ich, erblickte kein lebendes

Geschöpf. Nur bisweilen blitzte es hoch über mir plötzlich auf, von irgendeiner beschwingten Kreatur, die durch die Zweige strich. Wege gab es in großer Fülle oder, richtiger, Spuren und Pfade, die einen aber nur verwirrten und in Versuchung führten, wenn sie wie hier alle bis auf einen nur da sind, um nicht eingeschlagen zu werden.

An einem See kam ich vorüber, an dessen entgegengesetztem Ende sich ein schmaler Ausblick in freies Land hinaus, wohin weiß ich nicht, öffnete. Hier und da stieß ich auf abscheuliche, mit Dornen dicht verwachsene Sumpflachen, die tief sein mochten, aber mit allerlei Unkraut und Massen gefallenen Laubes angefüllt waren.

Dann wieder passierte ich einen Bach mit braunem Wasser auf einer malerischen Brücke. Ich nehme an, daß dies der sogenannte »Kleine Rhin« war, ein Zufluß des Rhin, welcher, nachdem er seinen Ursprung im Großen Stechlinsee genommen und durch mehrere andere Seen geflossen ist, diesen Forst und das dahinter liegende offene Land durchzieht und dann bei Zechow, ein wenig unterhalb Rheinsbergs, in den Rhin fällt.

Das war nun die große Menzer Forst, so genannt nach einem an ihrem Rand gelegenen Dorf. Sie bildet, glaube ich, das größte zusammenhängende Stück Wald in der Grafschaft Ruppin und bedeckt 24 000 Morgen Land, indem sie gerade die äußerste nordwestliche Ecke der Grafschaft ausfüllt und sich längs der mecklenburg-strelitzschen Grenze hinzieht. Da sie weitab in einem der verlassensten Landstriche der Mark, fern von jeder großen Straße, jeder Stadt, jedem Herrensitze oder sonst einem Platze von irgendwelcher Bedeutung gelegen ist und in ihrem Umkreise kaum eine menschliche Wohnstätte aufzuweisen hat, so kann es schwerlich einen einsameren, weniger begangenen Fleck Erde geben. Bei der Schwierigkeit, zu ihr zu gelangen, bekommt sie selten jemand aus der Welt draußen zu sehen, und es ergeht ihr wie anderen Dingen auch, die man immer nur von fern, nie aber aus der Nähe sieht. Das heißt, sie erhält das Gepräge des Fabelhaften, Geheimnisvollen und ist dazu auch noch in den Ruf gekommen, weder ein sehr wirtlicher, noch ein sehr sicherer Aufenthalt zu sein.

Ein Schleier von Gerüchten und Sagen hat sich um sie gewoben, für die freilich ihre vergangene wie gegenwärtige Geschichte Belege genug aufzuweisen hat. Bei ihrer gewaltigen Größe und infolge ihrer geographischen Lage war die Menzer Forst von jeher ein Lieblingsschlupfwinkel der Schmuggler in jenen Zeiten, da jeder deutsche Staat noch seine eigene Zollgrenze hatte. Aus denselben Gründen ist sie noch heute der Zufluchtsort von Dieben, Wilderern und Vagabunden.

Da der Wald an der Grenze nicht aufhört, sondern sich, ich weiß nicht wie weit, ins Mecklenburgische hinein fortsetzt und die Grenze durch einen Graben markiert wird, so konnte es kaum eine bequemere Gelegenheit zum Schmuggeln und Wildern geben. In den zahllosen Dickichten und schilfverwachsenen Sumpflachen gibt es Verstecke in Fülle. Auch ohne direkte Gewalttat wird ein gesetzwidriges Treiben in so wilder Natur unter den gegebenen Bedingungen seine Opfer fordern.

Ein solches Wetter wie an diesem köstlichen Julitage herrscht eben nicht das ganze Jahr hindurch. Unter so klarem Himmel ist es nicht so leicht, sich eine Vorstellung davon zu machen, was ein Wintersturm hier zu bedeuten hat, wenn alle Elemente freies Spiel haben, Nebel und Finsternis, Regen und Schnee den Wanderer blenden und irreführen, rasende Winde sich ihm entgegenstemmen, herabstürzende Äste und geschwollene Wasser ihm den Weg verlegen.

Jeder Wald von so bedeutender Ausdehnung wird stets eine Reihe Unglücksfälle spezieller Natur aufzuweisen haben. Leute, welche ihr Beruf in den Wald führt, büßen manchmal ihr Leben dabei ein. Einen Holzfäller trifft der Tod häufiger auf seinem Berufswege als den Ackersmann. Er verletzt sich mit seiner Axt, oder ein Baum, den er fällt, erschlägt ihn.

Natürlich ereignen sich neben diesen Unglücksfällen, welche unschuldige, fleißige Menschen treffen, ab und zu auch solche von komplizierterer und mehr anekdotischer Natur. Die gewöhnlichen bösen Leidenschaften der Menschen, der

Zorn, der Haß und die Rachsucht, tragen auch ihren kleinen Teil bei.

So erzählt Fontane, als er bei der Beschreibung einer Fahrt durch die Menzer Forst von den dunklen Taten spricht, die sich dort vollziehen: »Eben haben wir eine solche Stelle passiert, die solche ›Geschichte‹ hat und von neuestem Datum dazu. Hier, wo das Unterholz sich durch die Waldrinne zieht, gleich links neben der Weißbuche, da lag er, da fanden sie ihn, den Kopf nach der Tiefe zu, den einen Fuß im Gestrüpp verwickelt. Und neben ihm die Büchse. Der grüne Aufschlag des einen Ärmels war rot, und man sah deutlich, er war mit der Rechten nach der Brust gefahren. Wessen Kugel hatte ihn getroffen? Einen Augenblick war man dem Geheimnis auf der Spur: in Herz und Lunge des Toten hatte man das Kugelpflaster gefunden und an diesem acht scharfmarkierte schwarze Strichelchen, die es dem Kundigen verrieten, daß die Kugel aus einer Büchse mit acht Rillen geschossen war. Und solcher Büchsen gab es am Rande der Menzer Forst hin nicht allzu viele. So wies man denn mit Fingern auf den und den. Aber die Sache kam dadurch zu früh in Kurs, und als an den verdächtigsten Stellen gesucht wurde, waren die achtrilligen Büchsen verschwunden. Sein Begräbnis war groß, groß wie die Teilnahme, aber das Geheimnis seines Todes hat der Tote mit ins Grab genommen.«

Nach alledem mag mancher denken, daß es in diesem Walde doch etwas »unsicher« sein müsse. In Wirklichkeit ist das nicht der Fall. Das Menschenleben ist in jedem Winkel der Mark Brandenburg genauso sicher wie in irgendeinem anderen zivilisierten Lande.

Es stellte sich heraus, daß ich ganz richtig gegangen war. Ich meine, ich muß geradezu in die Fußstapfen getreten sein, welche der freundliche alte Förster mir von Anfang an beschrieben hatte, als er sich abmühte, mir seine Wegbeschreibung klarzumachen. Nicht ganz zwei Stunden, nachdem ich sein Haus verlassen, sah ich vor mir eine breite Lichtung. Bald darauf kam ich in eine Pflanzung ganz junger Bäume, und wenige Minuten später erblickte ich den Großen

Stechlin, der vor mir lag – ein weites, einsames Meer von Glas, rings umgeben von endlosem Walde. In der Tat, nichts konnte einsamer, die Stille nicht größer sein.

Der Große Stechlin ist bei weitem der ausgedehnteste und auch der an Form regelmäßigste See in dieser Gegend. Nimmt man es nicht zu genau und läßt Landzungen und Einbuchtungen aus dem Spiel, so könnte man ihn kreisrund nennen. Er liegt von allen Seiten in den Föhrenwald eingebettet, und die einzigen menschlichen Wohnstätten, die man, soweit mir bekannt ist, von seinen Ufern aus erblickt, sind ein paar halbverfallene Fischerhütten, die an einer seiner Buchten liegen. Zu gewissen Zeiten des Jahres mögen wohl einige wenige Fischerboote hier auf Fang gehen, aber während der ganzen übrigen Zeit des Jahres berührt kein Ruder seine Fläche, wird kein Segel auf ihr gesehen.

Kein Zeichen des Lebens ringsumher an seinen Ufern, am allerwenigsten irgendeine Spur menschlichen Daseins, sei es nun dem Vergnügen oder der Tätigkeit gewidmet. Fast überall treten die Föhren bis dicht an den Rand des Wassers heran. Am fernen, jenseitigen Ufer der Einbuchtung, an der ich stand und die nur eine Ecke des Sees bildet, standen die Bäume, die hier erst halbwüchsig und deshalb noch nicht gelichtet worden waren, so dicht und hatten eine so tiefgrüne Färbung, daß sie einem schweren, dunklen Vorhange glichen, der sich um den Rand eines Spiegels legt.

In regungslosem Glanz lag der See unter dem sonnenstrahlenden Himmel gebreitet. Kein flüchtiger Schatten, kein Spiegelbild einer Wolke streifte die stille, schimmernde Fläche. Kein Wind kräuselte sie, nichts regte sich ringsumher, kein Laut ließ sich hören. Eine blendende, sonnendurchglänzte, schweigende Schönheit, lieblich und doch voll herben Ernstes, voll unvergänglicher, keinen Wechsel kennender Trauer. Überall derselbe dunkle Waldessaum, dasselbe tiefe Himmelsgewölbe, derselbe Sonnenschein.

Der Große Stechlin soll reich an Sagen, namentlich solchen übernatürlichen Inhaltes sein, so sagen alle

Schriftsteller, welche den Gegenstand behandeln, und geben ihm, wo sie von ihm reden, die vielversprechenden Bezeichnungen »der sagenreiche, sagenumwobene«. So fühlte ich mich denn ein wenig enttäuscht, als ich fand, daß sie sämtlich nur ein einziges Beispiel solcher Sagen, und zwar immer nur ein und dasselbe, anzuführen wissen. Es ist folgendes:

Wenn ein Sturm wütet und der Stechlin sehr aufgeregt ist, dann steigt bisweilen ein roter Hahn aus den Tiefen des Sees empor und flattert krähend über die Kämme der Wellen hin, die hoch aufschäumen. Dann heißt es weiter, daß die Fischer sich in der Tat vor dem Hahne sehr fürchten und sich beeilen, ans Ufer zu kommen, wenn sie meinen, er könne erscheinen. Denn in solchen Fällen »schlägt er den See mit seinen Flügeln, bis er schäumt und wogt, und greift das Boot an und kreischt und kräht, daß es die ganze Menzer Forst durchhallt von Dagow bis Roofen und bis Altglobsow hin«.

Fontane ergeht sich ziemlich weitläufig über die Launen, welche der See nach den Berichten der Fischer an den Tag lege. So tun sie an einer Stelle einen schönen Fischzug, und nur wenige Schritte weiter dürfen sie nicht einmal wagen, das Netz auszuwerfen. Und wenn sie es tun, so zürnt der See, der Wind steht auf, und wenn sie sich dann nicht eiligst davonmachen, so kommt der Sturm über sie und zuletzt, als das Schlimmste, der rote Hahn.

Eine der sich am häufigsten wiederholenden Überlieferungen, die sich beinah an jeden See knüpft, er mag groß oder klein sein, ist die von einer versunkenen Stadt. Sie kehrt mit nur geringen Variationen, sonst aber in ihren wesentlichen Zügen ganz gleich, immer wieder, von einem Ende der Mark bis zum anderen, ebenso in Mecklenburg und Pommern. In einzelnen Fällen ist es wohl auch ein versunkenes Dorf. Nach langanhaltender Trockenheit kann man sicher sein, daß irgend jemand unter ganz besonderen Umständen die Spitze des Kirchturmes tief unten im Wasser erblickt und das Läuten der Glocken hört. Bisweilen, aber nicht immer erfahren wir auch, wie und weshalb die Stadt vom See verschlungen worden ist. Bald war es ein Gottesgericht, dann wieder die Macht eines Zaubers, wie dies zum Beispiel beim Werbellin der Fall ist.

Nachdem ich dem See den Rücken gewendet, ging ich noch etwa dreiviertel Stunden weiter und fand ohne Schwierigkeit Globsow, ein stilles Dörfchen von zwei- oder dreihundert Einwohnern, das in einer Lichtung gelegen ist. Bei meiner Ankunft hockte buchstäblich die gesamte Einwohnerschaft, Männer, Weiber und Kinder (es war zwei Uhr nachmittags), auf den Türschwellen oder auf dem Erdboden vor ihren Häusern und schaute mürrischen Blickes auf den Störenfried. Die Dorfgasse machte auf diese Weise einen sehr belebten Eindruck. Bald fand ich zu meiner Rechten das Wirtshaus. Es liegt mit seiner Rückseite nach der Gasse hinaus und wendet seinen Giebel einem Gebäude zu, welches augenscheinlich die Glashütte ist. Leider erwies sich das Wirtshaus als eine elende Hütte. Indessen fand sich vor der Tür eine ganz behagliche Bank unter einer Art von Schattendach aus verdorrten Kiefernzweigen. Ich bekam Brot und etwas guten Käse. Das Bier zu trinken war mir unmöglich, doch mit Milch, Branntwein und frischem Quellwasser mundete mir nach einem vierstündigen Marsch mein Frühstück ganz vortrefflich.

Die Wirtin und ebenso ihre sehr hübsche Tochter waren recht höflich und freundlich. Die Glashütten hatten ihre Feuer für heute gelöscht, daher die Untätigkeit, bei der ich die Dorfbewohner gefunden hatte.

Ich saß, mich ausruhend und plaudernd, etwa ein Stündchen und ging dann den Weg zurück, den ich gekommen war. Die Dörfler, die nach und nach von ihrer Siesta aufzuwachen begannen, schienen nicht übel Lust zu haben, mit Steinen nach mir zu werfen. Während sie sich die Sache noch überlegten, ging ich davon.

Ich verweilte noch eine Stunde am einsamen Stechlin, und ehe ich von ihm Abschied nahm, versuchte ich ein Bad zu nehmen. Die Bucht, an der ich stand, war sehr seicht. Ich hielt es jedoch für sicher, daß ich beim Weitergehen in immer tieferes Wasser kommen würde. Ich watete eine weite Strecke hinein. Ich wüßte kaum zu sagen, wie weit. Der sandige Grund war glatt und fest, das Wasser klar wie Kristall und dabei köstlich weich und warm. So ging ich immer weiter und weiter, von Zeit zu Zeit rückwärtsschauend, und gelangte endlich in eine Tiefe von vierzehn Zoll.

Vor mir sah ich immer denselben weißen Sandgrund in endloser Weite sich strecken, überall mit derselben dünnen, durchsichtigen, glitzernden Kristalldecke überzogen. Als ich rückwärts schaute, war ich ein wenig überrascht, zu sehen, wie weit ich mich vom Ufer entfernt hatte. Es begann mir klarzuwerden, daß die Leute recht haben, wenn sie sagen, der Stechlin sei ein gar seltsamer See und es sei schwer, mit ihm fertig zu werden. Der Spaziergang im Wasser war sehr hübsch gewesen, aber schließlich war ich doch nicht deswegen hierher gekommen. So machte ich denn kehrt und wandelte wieder dem Ufer zu. Auf meinem Wege dahin holte ich einen einsamen Krebs ein, der sich auf einem Ausflug befand, und setzte ihn in großes Erstaunen, als ich ihn kitzelte.

Am Ufer fand ich natürlich meine Sachen so, wie ich sie gelassen, und als ich sie endlich alle wieder an ihren richtigen Platz gebracht hatte, war die Sonne bereits ihrem Untergang nahe. Da machte ich mich denn ernstlich auf den Heimweg nach Rheinsberg und brauchte etwa drei Stunden strammen Marsches, ehe ich es erreichte. Nicht einer Menschenseele begegnete ich auf dem ganzen Wege. Frau Lemm hatte mir auf meine Bitte einen höchst behaglichen und einladenden Teetisch arrangiert.

Die Heide

Nächst den schattigen Pfaden des Schloßparkes, die am Seeufer entlang in den dahinter gelegenen Wald führen, bietet das der Stadt zunächst liegende Ufer des Sees wohl den hübschesten Spaziergang. Die Aussicht von dort ist eine viel umfassendere als von irgendeinem anderen Punkte aus, denn der Weg führt über hochgelegenes Terrain, und der Wanderer überschaut weite Strecken Land und Wasser, die sich alle in einem dunklen Waldeshorizont verlaufen.

Als ich mich zum dritten oder vierten Male nach dieser Richtung hin auf den Weg machte, hatte ich das Unglück, von einem Gewitter überrascht und bis auf die Haut durchnäßt zu werden, ehe ich noch eine halbe Stunde weit gekommen war. Indessen wanderte ich weiter. Etwa fünf Kilometer von Rheinsberg, auf dieser Seite des Sees, liegt die Weißglashütte, die bei weitem die bekannteste unter den Glasbläsereien der Gegend ist. Dort wurden zu den Zeiten des Kronprinzen Friedrich die Weingläser fabriziert, von denen wir so oft hören. Er fühlte sich stets geschmeichelt, wenn seine Freunde Aufträge für mehrere Garnituren erteilten, und pflegte auch ab und zu ein paar Dutzend davon zu verschenken. Die Gläser waren von eleganter Form und vergoldet.

Die Manufaktur liegt fast in der Nordostecke des Sees, zusammen mit mehreren anderen Häusern, von denen eines, glaube ich, von einem pensionierten Offizier bewohnt wird, eingenistet in dichte Gruppen schöner alter Bäume, und erscheint ganz als das, was sie wirklich ist, eine sauber gehaltene, behagliche Niederlassung von altväterlichem Gepräge.

Ich hielt mich in der Glashütte nicht auf. Da ich bereits Glasmanufakturen in Böhmen und Bayern gesehen hatte und aus Erfahrung wußte, daß der schaulustige Besucher häufig gerade an dem Tage kommt, wo der Ofen ausgeblasen worden ist, und unverrichteter Sache wieder fortgehen muß, empfand ich keine Neugierde mehr für das Glasblasen. Dazu kam noch, daß die Sonne wieder mit aller Macht zu scheinen angefangen hatte und auf dem besten Wege war, mich zu trocknen, woran sie zu hindern ich nicht die geringste Lust verspürte.

Ich hatte für meinen Ausflug keinen eigentlichen Plan gemacht. Mein Wunsch war, den Wald zu erreichen, mich in ihm so weit zu verlaufen, bis ich genug hätte, und dann einen Weg zu finden, der mich rechts ab nach irgendeinem Punkte hin führte, wo ich wieder ein neues Ziel ins Auge fassen konnte.

Märkische Kiefern

Der Wald vor mir rückte allmählich immer näher, wuchs in die Höhe und wurde dunkler. Endlich erreichte ich ihn. Es war eine »Heide« von der allergewöhnlichsten Art, steif und gradlinig in ihren Umrissen. Da indessen die Bäume hoch und dick waren und der Himmel sich wieder bezogen hatte, empfing mich, noch ehe ich weit eingedrungen, eine Dunkelheit, ähnlich der des abendlichen Zwielichtes. Der Wind hatte sich erhoben und schüttelte die Äste droben in den Baumwipfeln gewaltig. Nachdem ich ein paar Kilometer weiter waldeinwärts gewandert war, traf ich auf einen Weg, der sich mit dem meinigen kreuzte, und schlug mich nach rechts hin. Man konnte sich nicht leicht etwas Düstereres denken; geradezu endlos erschien die Heide. Von keiner Himmelsgegend her drang direktes Licht herein. Weder der Weg, dem ich folgte, noch der, den ich soeben verlassen, führten augenscheinlich irgendwohin, sondern waren nur die Spuren, welche Holzhacker und Förster in Ausübung ihres Berufes hinterlassen hatten. An irgendwelche Hoffnung, hier jemandem zu begegnen, war nicht zu denken.

Ich ging noch eine Weile geradeaus, dann schlug ich einen Pfad nach links hin ein und geriet immer tiefer in die Heide und immer weiter von Hause fort. Der Waldgrund nahm jetzt bald eine andere Gestalt an. Er wurde uneben, und zuletzt fand ich einen schönen See von etwa dreiviertel Kilometer Länge, der im dichtesten Walde begann und an der entgegengesetzten Seite in einer Lichtung endete. Vielleicht deutete er auf die Nähe irgendeiner menschlichen Wohnstätte.

In der Tat, als ich meine Augen am Ufer des Sees entlang schweifen ließ, entdeckte ich eine Gruppe Rinder, die teils bis an die Knöchel im Wasser, teils in den Gebüschen am Ufer standen, alle aber vollkommen regungslos. Ich verweilte noch ein wenig in der Nähe des Sees und nahm sogar ein einsames Bad. Der Himmel klärte sich auf, und der Rest des Tages blieb schön. So trieb ich mich denn noch etliche Stunden herum, bis ich endlich an einen Querweg kam, der so viel breiter als die übrigen war (ich habe später angenommen, es sei die schon früher erwähnte nach Mirow führende Landstraße gewesen), daß ich mit einer abermaligen Rechtswendung mich heimwärts schlug. Nach einer halben Stunde machten die alten hochstämmigen Bäume jungem Anwuchs Platz, und bald darauf watete ich wieder mühselig durch die offene Wüstenei – ein fortwährendes Bergauf und Bergab von Sandhügeln, untermischt mit sogenannten Feldern.

Endlich kam ich an ein großes Ökonomiegebäude modernen Ursprungs aus massivem grauem Sandstein mit einigen noch viel größeren, ebenso massiv gebauten und graufarbenen Nebengebäuden, sämtlich in einem Baustil, der an Küstenwachthäuser und Leuchttürme erinnerte, wo alles äußere Ansehen dem Bedürfnis der Widerstandsfähigkeit gegen die Stürme untergeordnet ist. Da der Weg zwischen dem Wohnhaus und den Wirtschaftsgebäuden hindurch führte, fand ich Gelegenheit, von einem der Knechte zu hören, wie die Besitzung hieß.

Da es sich herausstellte, daß Rheinsberg nur zehn Kilometer von hier entfernt war und die Straße in gerader Linie dorthin führt, schlug ich noch einmal die Richtung nach links hin ein, gelangte wiederum in den Wald, der die Sandwüste in einem Halbkreis umgibt, und wanderte noch ein paar Stunden darin fort. Dieser Teil der Heide ist weniger düster, er ist sogar heiter. Man konnte den Himmel über sich schimmern sehen, und die Sonne sandte ihre Strahlen zwischen den Baumwipfeln hindurch. Lange Streifen moosigen Grases, mit bunten Waldblumen übersät und mit blühenden Sträuchern, ziehen sich längs des Weges, und stolz begleiten ihn königliche alte Eichen und Buchen.

Es dauerte nicht lange, da kam ich an einen schönen See, der völlig eingebettet liegt in einen herrlichen Buchenwald. Bäume von solcher Schönheit hatte ich hierzulande noch niemals gesehen. Ihre langen, biegsamen, in glänzenden Laubschmuck gekleideten Äste wogten ächzend hin und her, als hinge ein lebendiger Vorhang von schimmerndem, grünem Laube hernieder und ließe Welle auf Welle herabrollen. Die alleruntersten Zweige neigten sich tief bis auf den See herunter. Der See selbst macht eine Biegung, und so konnte ich sein jenseitiges Ende nicht sehen. Seinen Namen habe ich nie erfahren. In einem Lande, wo der Reisende an jedem Tage zwanzig neue Seen zu Gesicht bekommt, unterläßt er es sehr bald, sich mit jedem in aller Form bekannt zu machen.

Ich wandte mich nun, einen Fußpfad einschlagend, nach rechts und fand so den Weg zum Rand der Heide, hatte aber hier, gerade als ich das offene Land erreichte, noch meine liebe Not mit zwei schilfdurchwachsenen Wasserlachen, die sich zu einer verzweifelten Länge ausdehnten und mich nötigten, einen weiten Umweg zu machen. Nachdem ich hierbei noch tief in einen Morast geraten und glücklich wieder herausgelangt war, erklomm ich den jenseitigen Abhang. Auf der Höhe schien ein ziemlich ansehnliches Haus zu liegen. Ehe ich dieses erreichte, kam ein großer dicker Mann in weißem Jackett auf einem großen dicken Pferd auf mich zu geritten. Da er sich an einer höher gelegenen Stelle befand als ich und die untergehende Sonne hinter sich hatte, erschienen er und sein Roß in wahrhaft kolossalen Dimensionen.

Ich erkannte in ihm den stämmigen Mann mit dem großprahlerischen Wesen wieder, den ich vor dem Ratskeller gesehen und der, als er noch spät am Abend nach Hause ritt, in vollem Galopp die Straße hinunter sprengte, vielleicht um dem Fremden zu imponieren.

Er rief mir ein lautes Willkommen zu und sagte, er freue sich, mich zu sehen. Dann sprang er vom Pferde und lud mich ein, während er den Gaul am Zügel führte, mir seine Pflanzungen anzusehen. Sein Vater habe jeden einzelnen Baum selbst gepflanzt und aus dem Besitztum das gemacht, was es jetzt war. Er für seine Person habe gar nichts dabei getan als dafür gesorgt, daß es sich nicht verschlechtere. Nun hätte er seine Freude daran, weil sein Vater es geschaffen und weil es beweise, was der Mensch leisten könne, wenn er nur wolle. Wir gingen durch den eingefriedeten Raum und kamen dem Haus gegenüber auf der Landstraße heraus. Er lud mich ein, in das Haus zu treten und es mir anzusehen.

Ich lehnte es ab, indem ich die späte Tagesstunde vorschützte. Allein, als eine Dienstmagd erschien, ihm das Pferd abzunehmen, wurde er dringender, und so gab ich nach. Ich wurde jetzt in ein sauberes Empfangszimmer geführt und gebeten, doch etwas anzunehmen. Ich dankte, er wiederholte sein Anerbieten – ein Glas Wein oder Milch oder was mir sonst gefällig sei. Schließlich bat ich um ein Glas Milch. Während man es holte, wurde ich in das Staatszimmer, das an der anderen Seite des Korridors lag, geführt und mußte mir die Familienphotographien ansehen. Dann gingen wir in das Empfangszimmer zurück und tranken Milch.

Danach geleitete er mich, vorausgehend, zum Familienwohnzimmer, wo er mich seiner Frau vorstellte und mir das Baby des Hauses gezeigt wurde. Darauf führte er mich durch den übrigen Teil des Gebäudes, wobei er mir mitteilte, er beabsichtige, dasselbe zu verkaufen und sich in Rheinsberg niederzulassen, nur wolle seine Frau nichts davon wissen. Wenn er (hier nannte er irgendeine Summe) dafür bekommen könne, würde er es morgen verkaufen. Er möchte lieber in Rheinsberg wohnen als immerfort auf dem Wege dorthin sein. Er reite schon viel zu oft hinüber. Als wir wieder im Empfangszimmer angelangt waren, bemerkte ich eine Flasche Rotwein und Weingläser auf dem Tische. Er schenkte sofort zwei Gläser ein, während ich meinen Hut und Stock nahm und ihm Lebewohl sagte.

Allein, er hielt mir ein Glas Wein geradezu entgegen und sagte, niemand habe noch sein Haus verlassen, ohne »irgend etwas« angenommen zu haben. Es mache ihm Freude, Gastfreundschaft zu üben, das sei einmal deutsche Art, und speziell seine Art. Er wünsche, daß jedermann froh und vergnügt sein Haus verlasse. »Selbst die Handwerksburschen« lasse er fröhlich von seinem Hause fortgehen. Natürlich wollte er damit keineswegs einen Vergleich ziehen, das sollte nur zur Illustration dienen. Wenigstens ein Glas müsse ich trinken, darauf bestehe er, dann könnte ich fortgehen, wenn ich wollte. Daß ich ein wenig zögerte, erst Milch, dann Rotwein zu trinken, noch dazu völlig nüchtern und nach einem langen Tagesmarsche, war wohl zu entschuldigen. Allein, ich mußte mich wohl oder übel noch auf eine Minute setzen, trank meinen Rotwein und stand dann auf, um zu gehen.

220

Nun sagte er, wenn ich mich gedulden wolle, würde er Butter, Brot und Arrak bringen lassen. Ich dankte ihm aber und ging wirklich. Er folgte mir bis an die Haustür und sagte, das müsse ich ihm wenigstens versprechen, daß ich ein anderes Mal zum Frühstück wiederkommen und den Arrak probieren wolle.

Ich zog mich mit einem allgemein gehaltenen »Sie sind außerordentlich gütig« aus der Affäre und reichte ihm die Hand. Er schüttelte sie herzlich und versicherte mir aufs neue, daß es ihn immer freue, sich gegen jeden, der sein Haus besuche, gastfreundlich zu erweisen, und wie er mir bereits gesagt habe, selbst die Handwerksburschen – natürlich wolle er nicht etwa einen Vergleich machen – gingen immer mit frohen Gesichtern davon. Als ich etwa zehn Schritte vom Hause fort war, rief er mir mit so lauter Stimme nach, daß ich stehenblieb und mich nach ihm umdrehte. Er wollte mich noch einmal daran erinnern, daß ich auch ganz gewiß eines Tages zum Frühstück käme.

Zechlin

Da ich beschlossen hatte, einen Ausflug in die benachbarte Prignitz zu machen, so nahm ich mir einen Platz in dem, wie ich glaube, einzigen öffentlichen Gefährt, das man jetzt in Rheinsberg kennt, dem Zechliner Postwagen (der zwischen hier und Herzberg kursierende Omnibus ist ein Privatunternehmen). Es ist ein enger, überdachter Wagen von hohem Alter, der nur drei Passagiere aufnehmen kann, von denen die Mehrzahl im Innern des Wagens untergebracht wird, der Rest aber auf der Hälfte eines schmalen und unbequemen Sitzbrettes neben dem Kutscher.

Ich sicherte mir diesen Bocksitz, klammerte mich gut daran fest, und um halb elf Uhr des Vormittags holperten wir die Schloßgasse hinunter auf das Ruppiner Tor zu. Nachdem wir das Tor passiert, bogen wir scharf nach rechts ab, fuhren an dem Palaisgarten in seiner ganzen Länge hin und dann quer durch den Park. (Die Landstraße durchschneidet diesen.)

Der Weg war stark vom Regen durchtränkt und glich einem Brei. In diesem schleppten wir uns nun dahin. Die Pferde hielten die Köpfe ganz tief, die Räder drehten sich geräuschlos, an Stößen fehlte es nicht, aber Dank dem weichen Boden empfand man sie nur in abgeschwächtem Maße, wozu man sich, wenn man wie hier auf einem scharfkantigen Brett saß, nur gratulieren konnte. Der Kutscher hatte denselben Weg nun seit achtzehn Jahren alle Tage gemacht und in früherer Zeit den nach Lindow und zurück, ich weiß nicht, wie lange schon. Er und seine Pferde gingen mit einem Gleichmut an ihre Arbeit, welcher bewies, wie sehr sie ihnen zur Gewohnheit geworden war.

Es war ein schöner Tag. Der Regen hatte die Luft abgekühlt, der Himmel sich geklärt, und so war die lange Fahrt durch den Boberower Forst und andere Wälder, dazwischen wieder über Striche offenen Landes hin ganz prächtig. Das ging etwa anderthalb Stunden so fort, während deren uns nur zwei Personen begegneten. Dann kamen wir aus dem Walde heraus und überschritten den Rhin, der hier, ehe er in den Rheinsberger See eintritt, einen anderen Namen trägt; ein bescheidener, aus dem höher gelegenen Prignitz-Land kommender Bach von nur etwa halb der Breite, die er nach seinem Austritt aus dem Grienerick-See hat.

Nach jenem Hügelland nun, das eine wellenförmige, etwa fünfundvierzig Meter über dem Umlande liegende Ebene bildet, schleppten wir uns mühsam bergan und fuhren dann weitere dreiviertel Stunden lang zwischen Kornfeldern hin, passierten die beiden Dörfer Kagar und Zechlin, bis wir zuletzt in Sicht des kleinen Dorfes Flecken Zechlin gelangten, das mit seinen beiden Seen und seinen Ruinen in einer tiefen Senke zu unserer Rechten zwischen dichten Gruppen prächtiger alter Bäume eingebettet liegt. Wir hatten es bald erreicht, und ich wurde mitten in der Straße abgesetzt.

Es war eben Mittag vorüber. Ich durchwanderte geradewegs diesen stillsten und unregelmäßigsten aller kleinen Orte, drang bis zu der tiefliegenden Stelle im Herzen desselben hinunter und stieg dann die steil vor mir aufsteigende Gasse, in welcher Fronten und Giebel mit Gartenmauern und Apfelbäumen dazwischen einander hinreichenden Raum gönnten, hinan, bis ich endlich an der entgegengesetzten Seite des Talkessels, in dem das Ganze liegt, wieder herauskam. An einem Punkt, von dem aus man hinabsehen kann auf die auf- und abwärts steigenden Häuserreihen, steht der übliche Denkstein, wie man ihn jetzt in fast jedem Dorf in Deutschland zum Andenken an die Mitbürger errichtet findet, die auf irgendeinem Schlachtfeld in Frankreich ihr Leben gelassen und deren Asche nun – Gott allein weiß wo – ruht. Ihre in den Stein eingegrabenen Namen sind noch frisch, und um das Denkmal herum ist Immergrün gepflanzt.

Jenseits von Flecken Zechlin kam ich in höher gelegenes Land und frischeren Luftzug. Der Weg führte mich in einen wahrhaft prächtigen Buchenwald, der sich bis ins Mecklenburgische hinein zu erstrecken schien (wie er es wohl in Wirklichkeit auch tut). Ich folgte der Fußspur eines Holzfällers und drang so weit in den Wald hinein, als ich nur immer konnte. Es war so lieblich darin, wie es an einem sonnigen Julitage im schönen Buchenwalde nur sein kann. Überall glänzendes Grün, die Luft vor Hitze zitternd und das Licht klar und ruhig, denn das Baumlaub hatte seinen scharfen Glanz gedämpft. Allein das Vergnügen war von kurzer Dauer, da ich nicht Zeit genug hatte, so weit zu gehen, wie ich wünschte, und meine Tour über die Grenze hinaus bis zur nächsten Stadt im Großherzogtum auszudehnen.

Nachdem ich mich ungefähr ein paar Stunden umhergetrieben, machte ich kehrt und sah mich, als ich den Ort wieder erreicht, auf der Stätte ein wenig um, an welcher einst das alte Schloß gestanden hatte. Ich fand dort einige Trümmerfragmente, die wohl zu diesem gehört haben mochten. Die Umfriedung, in welcher das heutige Herrenhaus am Rande eines Sees und inmitten einer Menge schöner alter Bäume liegt, betrat ich nicht. Ich bemerkte mehrere Equipagen und vor dem Hause ein paar Personen, die wohl als Gäste zu einem frühzeitigen Diner gekommen sein mochten.

223

Des Aufsehens eingedenk, welches die hier so seltene Erscheinung eines Touristen erregen mußte, zog ich mich zurück.

Zechlin wurde im 13. Jahrhundert von Zisterziensermönchen aus Doberan im Mecklenburgischen gegründet. Ein Wendenfürst (man muß sich erinnern, daß das ganze Land hierherum zu jenen Zeiten von wendischen Stämmen bewohnt wurde) hatte im Jahre des Herrn 1237 dem Kloster eine Schenkung von fünfzig Hufen Land gemacht, und die frommen Väter waren mit ihrem ackerbäuerischen Sinn alsbald daran gegangen, in einem Lande, das, wie man annimmt, zu jener Zeit nichts als völlig unbewohnte Wildnis oder mit Wald bedeckt gewesen ist, Landwirtschaft zu treiben.

Um die Mitte des Jahrhunderts ist dann das Kloster erbaut worden. Der zu demselben gehörige Besitz an Land wurde bedeutend vergrößert, und binnen kurzer Zeit hatten sich so viele Ansiedler rings um die Abtei niedergelassen, daß der Ort zu einem Marktflecken anwuchs. Etwa fünfzig Jahre später verkauften ihn die Mönche an den Fürsten Heinrich von Mecklenburg-Stargard, der das Kloster vergrößerte und eine starke Burg daraus machte, die er aber seinerseits um das Jahr 1329 mit allem Besitzzubehör wieder an den Bischof von Havelberg verkaufte. Die eigentliche Residenz der Bischöfe von Havelberg war Wittstock, ein heute noch blühendes Städtchen von 7000 Einwohnern in der Nordwestecke der Prignitz, und Zechlin gab somit einen angenehmen Sommeraufenthalt in bequem erreichbarer Entfernung ab. Nach der Reformation ließ man den letzten Bischof im ungestörten Besitz des Gutes, solange er lebte. Nach seinem im Jahre 1548 erfolgten Tode wurde Zechlin die Lieblingssommerresidenz der Kur- und Erbprinzen von Brandenburg und ist dies auch ununterbrochen bis zum Dreißigjährigen Krieg geblieben.

Der erste von ihnen, der es bewohnt hat, war Johann Georg nebst seiner frommen Gemahlin Sabina, die Zechlin so lieb hatte, daß sie auch als Kurfürstin noch häufig dort hofhielt. Aber unter Johann Georgs Enkel, Johann Sigismund (demselben, der später als Kurfürst den kalvinischen Glauben in das Haus der Hohenzollern brachte), hat Zechlin seine besten Tage erlebt. Als Kur- und Erbprinz liebte Johann Sigismund den Glanz, und sein Hof war berühmt wegen seiner Gastfreundschaft und heiteren Geselligkeit. Meist war das Schloß mit Gästen vollgepropft, und wenn bei großen festlichen Gelegenheiten fremde Fürsten mit ihrem Gefolge kamen, so mußte ein Teil des letzteren bei den Bürgern einquartiert werden, bis auch der Ort überfüllt war. Den höchsten Gipfelpunkt des Glanzes scheinen diese gastlichen Empfänge im August 1607 bei Gelegenheit der Taufe des dritten Sohnes erreicht zu haben, wo bei den viele Tage hindurch dauernden Festlichkeiten eine Pracht entfaltet wurde, wie man sie an diesem Ort nie wieder gesehen hat.

Der letzte Hohenzoller, der hier gewohnt hat, war ein gewisser Markgraf Sigismund, eines von den zweiundzwanzig Kindern Johann Georgs, ein Großonkel Georg Wilhelms. Er starb im Jahre 1640. Doch schon lange vor dieser Zeit müssen ihn, so sollte man denken, die Drangsale des Dreißigjährigen Krieges von hier fortgetrieben haben.

Das Schloß war so stark, daß in den ersten Jahren des Dreißigjährigen Krieges bei irgendeiner Gelegenheit hier hundertfünfzig Streifzügler von ein paar zurückgebliebenen Bediensteten in Schach gehalten wurden. Trotz wiederholter Anstrengungen vermochten die Soldaten nicht, sich des Schlosses zu bemächtigen. Bald nachher aber, noch vor Beendigung des Krieges, brannte es allem Anschein nach infolge eines Zufalls bis auf den Grund nieder. Das gegenwärtige Herrenhaus wurde auf seinen Trümmern erbaut.

Im Sommer 1817 nahmen König Friedrich Wilhelm III. und seine älteste Tochter, Prinzessin Charlotte, die spätere Kaiserin von Rußland, einen mehrwöchigen Aufenthalt in Zechlin und wohnten im Herrenhaus. Eines Tages fuhren sie auch nach Rheinsberg hinüber, wo meines Wissens zu damaliger Zeit niemand von der königlichen Familie lebte.

Nach einem dreistündigen Spaziergang suchte ich das Wirtshaus auf, das einzige im ganzen Ort, soviel ich bemerken konnte. Das Äußere desselben war vielversprechend, viel weniger dagegen das Gastzimmer. In der Tat, ich stand wie versteinert angesichts des Schmutzes, auf den ich hier stieß. Bei solchen Gelegenheiten sinkt dem Reisenden ein wenig der Mut, mögen auch der Tag und die Wanderungen noch so schön und entzückend gewesen sein. Da standen die üblichen hölzernen Bänke und Tische, und da war leider auch der übliche hölzerne Fußboden, aber die Bänke waren fettig, die Tische voller Bierpfützen oder Flecken von solchen, die inzwischen getrocknet waren, und der Fußboden schmierig.

Die Wirtin, eine ältliche, wohlbeleibte Frau, war lahm. Sie hatte eine hübsche Tochter und einen Sohn, der sich später als der eigentliche Wirt entpuppte. Da es gegen drei Uhr nachmittags war und die übliche Stunde für die Mittagsmahlzeit längst vorüber, so waren die Gäste bis auf einen einzigen, einen Angestellten vom Amte in einer hübschen, neuen Uniform, sämtlich schon fort. Die Wirtin brachte mir eine süße Suppe mit Pflaumen darin und gekochtes Rindfleisch, das, wie es sich zeigte, sehr gut war, dazu ein Gericht, bestehend aus einem Gemisch von gequetschten Kartoffeln und Kohl.

Ich hatte noch nicht lange gegessen, da kam ein zweiter Reisender herein, wie ich leider sagen muß, von nicht sehr reinlichem Aussehen. Er setzte sich zu mir, wünschte mir gesegnete Mahlzeit und erhielt dann genau dasselbe vorgesetzt wie ich auch. Er war aus Mecklenburg-Strelitz und hatte draußen vor der Tür einen Einspänner halten. Als der Gast in Uniform sich erhob und hinausging, begann der Neuangekommene ein Gespräch über das Zollamt und den Schmuggel. Bis zu dem Zeitpunkt, wo der Norddeutsche Bund entstanden, habe sich aus sehr natürlichen Gründen das Schmuggelgeschäft besser rentiert als irgendein anderes. Die, welche es betrieben, standen sich gut dabei und nicht minder die Regierungsbeamten, deren Aufgabe es war, dasselbe zu unterbinden.

Bei dieser Bemerkung machte die Wirtin in einem Tone und mit einer Miene von jemandem, der die Moral gepachtet hat, den Einwurf, das Schmuggeln habe doch stets seine Schwierigkeiten gehabt. Bei den enorm hohen Preisen, welche die Mecklenburger gefordert, sei es kaum der Mühe wert gewesen, sich darauf einzulassen. Für sie selbst natürlich, die sie das Zollamt sozusagen als allernächsten Nachbar und die dazu gehörenden Leute den ganzen Tag über als Gäste im Hause gehabt habe, hätte sich die Sache von selbst verboten. Jetzt sei es mit alledem ja sowieso vorbei.

Der Strelitzer sagte, er habe die geschicktesten Zollaufseher hinters Licht geführt. Seinerzeit sei er viel gereist, habe mit Tuch und anderen Waren sowie mit Branntwein etc. gehandelt und sei doch niemals ertappt worden. Wo er die Waren versteckt habe, das sei sein Geheimnis, und er werde es niemandem verraten. Übrigens mache er sich nicht viel aus dem Reisen und sei froh, nun daheimbleiben zu können in seinen eigenen vier Wänden. Nach seiner Meinung sei ein Mann am besten bei sich zu Hause, im Kreise der Seinigen aufgehoben. Das sei wenigstens seine Ansicht. Es stehe indes jedem frei, anders darüber zu denken. Freilich könne er sich mit dieser Ansicht ja auch im Irrtum befinden, jedenfalls glaube er aber, daß ein jeder, der sich anständig zu benehmen wisse, auch überall höfliche Aufnahme finden werde.

Er fügte dann hinzu, die Mecklenburger seien um kein Haar dümmer als andere Leute, obwohl die Preußen immer von »den dummen Mecklenburgern« redeten. Er habe selbst in seinem Leben viel durchgemacht und sei froh, nun in Ruhe und Frieden leben zu können. In seiner Jugend sei er Soldat gewesen, jetzt aber sei er Geschäftsmann. Ich stellte nun einige Fragen über seine Soldatenzeit. Er sagte, damals hätte man nur ein Bataillon in Strelitz gehabt; nunmehr aber, seit der deutschen Einheit, hätten sie ein ganzes Regiment. Ja, gedrillt hätte man damals gehörig. Von Zeit zu Zeit sei der Großherzog gekommen, habe sich die Soldaten angesehen und sie dann »seine Kinder« genannt.

Ich fragte, ob die Disziplin nicht eine strenge gewesen wäre. »Ach«, rief er und sprang auf, »das war vor meiner Zeit!« Nun müsse er aber fort – er habe sich schon zu lange aufgehalten! Dann bezahlte er eiligst seine Zeche und ging.

Ich selbst hielt mich auch nicht mehr lange auf, da ich noch denselben Abend die Grafschaft Ruppin und meine dortige Wohnung erreichen mußte, und den gleichen Weg wieder einschlagend, den wir genommen hatten, legte ich diesen in ungefähr vier Stunden zurück.

Wieder im Park

Als Frau Lemm an diesem Tage die letzte Hand an den Frühstückstisch legte, sagte sie, ich solle nicht erschrecken, wenn ich die Sterbeglocke höre. Wahrscheinlich um neun Uhr würde man sie läuten; und zwar dreimal, mit kurzen Zwischenpausen. Eine Frau Oberförsterin sei während der Nacht gestorben. Sie habe den Sommer über im Marstall gewohnt, zusammen mit ihrer Schwester, die auch Witwe sei. Im Winter pflegten sie beide in der Wohnung der Schwester über dem Konditorladen zu wohnen. Ich erkundigte mich, ob die Glocke jedesmal läute, wenn jemand in der Stadt sterbe. Sie sagte: »0 nein! Nicht für all und jeden! Bewahre!« Aber für die Oberförsterin, das sei etwas ganz anderes. Bisweilen werde es auch nicht gewünscht. Es sei sehr sonderbar, gestern abend habe noch ganz spät auf einem Baume eine Eule geschrien. Ihre Schwester und sie hätten es, als sie vor dem Hause gesessen, gehört und ihre Bemerkungen darüber gemacht, ohne eine Ahnung davon zu haben, daß jemand so krank sei.

Wie es scheint, nisten Eulen oben im Kirchturm.

Als Frau Lemm zwei Minuten später noch einmal heraufkam, um mir einen Löffel für das Eingemachte zu bringen, sah sie ganz vergnügt aus und sagte, es würde nicht geläutet werden. Denn, wie es sich nun herausgestellt habe, sei die Frau Oberförsterin gar nicht tot, sondern nur sehr krank. Es sei aber wirklich merkwürdig, was für Lügen die Leute verbreiteten.

Da ich Lust nach einem Tagesausflug verspürte, so sprach ich gegen elf Uhr im Ratskeller vor, um mich anstelle eines Mittagessens mit einem Butterbrot zu stärken. Als ich eben im Begriff war, in das Gastzimmer einzutreten, schallte mir von innen heraus ein so donnerndes Gelächter entgegen, daß ich, die Hand auf der Türklinke, unwillkürlich einen Augenblick innehielt. Meinen Mut zusammennehmend, stieß ich die Tür auf und fand drinnen eine lustige Gesellschaft, bestehend aus den gewöhnlichen Gästen, acht bis zehn Bürgern und dem dicken Wirt, alle um den Tisch herum beisammensitzend. Jeder mit einer beinahe leeren Flasche Bordeaux vor sich, während noch mehrere solche geleerte Flaschen beiseite geschoben auf dem Tische standen. Man begrüßte mich mit ungeheurem Spektakel. Ich ließ mich etwas abseits an einem anderen Tische nieder, und während ich auf mein Frühstück wartete, wurde auf meine Gesundheit, ich weiß nicht wie viele Male, getrunken.

Ob für diese Kundgebungen des Vergnügtseins irgendwelche besondere Veranlassung vorlag, habe ich nicht ausfindig gemacht. Da man mir immer, beinahe in mitleiderregender Weise, davon erzählt hatte, wie beschränkt die Mittel und wie einfach die Lebensgewohnheiten der hiesigen Bevölkerung seien, empfand ich beim Anblick all dieser leeren Flaschen zu so früher Tagesstunde ein ungeheucheltes Erstaunen. Glücklicherweise hatte das Symposium bereits nahezu sein Ende erreicht, und wenige Minuten darauf sah ich mich mit meinem Frühstück mir selbst überlassen. Ich weiß nicht, wie es kam, aber die Lust zu einer längeren Fußtour war mir vergangen, und so änderten sich meine Pläne für den Tag. Ich brachte einen langen Nachmittag im Schloßpark zu.

Selten lasse ich einen Tag ganz vorübergehen, ohne den Park zu besuchen, sei es auch nur, um auf dem Rasen vor dem Schloß, an das Postament eines der vier Elemente gelehnt, für ein paar Minuten auf den See hinauszuschauen. Noch häufiger schlendere ich in den einsamen Lichtungen und Alleen des Parkes umher oder folge den Windungen des Seeufers. So bin ich denn mit Garten, Park und Wald ganz vertraut geworden. Es gibt hier eine so reiche Abwechslung, der Umfang des Ganzen ist ein so beträchtlicher und an wirklich Schönem ein solcher Reichtum vorhanden, daß man sich schließlich in dem verlassenen Park, wo man sicher sein kann, niemanden zu stören und nirgends verbotenen Grund zu betreten, ganz behaglich zu Hause fühlt und wie ein alter vertrauter Freund vorkommt.

Zur Linken des breiten Hauptweges, der von der Rhinbrücke aus zu einer weiten Treppenflucht und dann weiterhin zu einem mit Kindergruppen gekrönten Portale führt, liegt jetzt die am wenigsten begangene Partie des ganzen Parkes. Bäume und Gebüsch sind so sehr in die Höhe und so dicht ineinandergewachsen, daß es dort selbst um die Mittagszeit dunkel ist und einem das Frösteln ankommt. In einer der Dickungen liegt Prinz Heinrichs Grabmal. Zu seinen Lebzeiten war dieser Fleck, weil so nahe dem Schlosse gelegen, eine der freundlichsten und am meisten dekorierten Partien der Gartenanlagen. In einem Winkel, glaube ich, lag das berühmte Vogelhaus aus vergoldetem Draht und angefüllt mit Vögeln von glänzendem Gefieder. An einer anderen Stelle ist noch heutigen Tages, und zwar in merkwürdig gut erhaltenem Zustand, das Freilichttheater vorhanden, dessen aus lebendigen grünen Hecken gebildete und noch jetzt sorgfältig verschnittene Kulissen sich, freilich in sehr dünnem Wuchse, um das grasbewachsene Podium reihen, welches seinerseits um einige Fuß höher gelegen ist als das Rasenparterre. Da dieser Teil der Gartenanlagen etwas abseits liegt, nirgendwohin führt und sehr verlassen ist, mache ich bisweilen einen Umweg hierher, wenn ich spät, vor oder nach Sonnenuntergang heimkehre und der Abendwind sich erhebt. Um zu erfahren, ob auf diesen düsteren Pfaden, wo ewiges Zwielicht herrscht, wo das Immergrün sich raschelnd um die schwarzdunkle Pyramide rankt, die in ihrem Innern des Prinzen irdische Reste birgt, Geister umgehen oder nicht.

Wie es in den Zeiten des Prinzen Heinrich gewesen sein mag, da Garten und Park doch immerhin als sein privatester Besitz anzusehen waren, zu welchem nicht jeder Zutritt hatte, läßt sich nicht sagen. Vielleicht weist gerade der völlige Mangel einer Umfriedung und die dadurch bedingte, leichtere Zugänglichkeit auf die besonders zärtliche Pflege hin,

Ruinenkolonnade im Park von Rheinsberg

die er diesen Denkmälern täglich widmete. Wie aber in der verlassenen Domäne jetzt die Dinge liegen, macht dieser Winkel in seinem vernachlässigten Zustande einen recht peinlichen Eindruck.

Ein wenig weiter hin liegen, ziemlich ganz auf der einen Seite, die Häuser des Gärtners und Untergärtners, eine Reihe cottageartiger Bauten, die jetzt zum Teil unbewohnt sind. In der Nähe finden sich auch noch einige große Treibhäuser, von denen wenigstens eines noch in leidlich gutem baulichem Zustande ist. Ein großer Teil der Glasscheiben ist nicht mehr vorhanden, und anstatt der Tropenflora, die sie einst enthielten und die nun völlig verschwunden ist, sind sie jetzt bis an die Decke hinan mit den Bruchstücken von Tempeln und Lusthäusern gefüllt, zum großen Teil Marmorbruchstücken, die man für zu gut hielt, um damit die Wege zu bessern, und die nun, als man die Ruinen abtrug, hierher gebracht wurden, ein Verfahren, das schon viele Jahre hintereinander stattgefunden hat.

Man erzählte mir, daß einige dieser Stücke seit den Zeiten des Prinzen Ferdinand (1802 – 1813) hier liegen, welcher einen Tempel abtragen und die Überreste davon in das Treibhaus bringen ließ. Da liegen zahlreiche große Säulen der Länge nach hingestreckt und natürlich auch Bruchstücke und Kapitelle von solchen sowie Blöcke von roherer Form, deren einstige Bestimmung sich nicht mehr erkennen läßt. Dazwischen finden sich dann wieder Überreste von Skulpturen, sämtlich in stark zerbrochenem Zustand. Eine Anzahl pausbäckiger kleiner Götter, die in schrecklichem Durcheinander auf dem Rücken liegen, aber nichtsdestoweniger ganz kindlich vergnügt dreinschauen, haben alle insgesamt keine einzige Nase mehr aufzuweisen. In solcher Lage erscheint das halb süß verbindliche, halb hilflose Lächeln der unsterblichen Kindergesellschaft sehr schlecht angebracht. Auch einige mehr oder weniger zerbrochene Kopien nach antiken Urnen sind vorhanden, mit Basreliefs, welche feierliche Opferszenen darstellen, verstümmelte Altäre, erloschene Lampen und einige abgemagerte Priesterinnen im flachsten Relief des Hintergrundes. Auf ihnen allen ruht in dicken Lagen der Staub vieler Jahre. Es ist nicht wahrscheinlich, daß aus dieser Sammlung jemals etwas wieder irgendwie in Gebrauch genommen werden könnte. Man wird dabei an die Haufen zersprungener Untertassen und nasenloser Teekannen erinnert, wie sie sich auf den Regalen der Speisekammern anzusammeln pflegen und auf den Kehrichthaufen geworfen werden, ehe ein neuer Besitzer seinen Einzug hält.

Zernikow

Die dritte Woche meines Aufenthaltes näherte sich ihrem Ende, als ich mich eines Morgens zu einer letzten größeren Fußtour auf den Weg machte, um nach Zernikow zu gehen. Alle Welt, selbst der Ortsgeistliche mit einbegriffen, hatte mir dringend geraten, dies nicht zu tun. Es seien, sagte man mir, drei Stunden strammen Marsches auf einem der härtesten und langweiligsten Wege der ganzen Gegend, einem Wege, der nicht einmal ein Stückchen Heide, geschweige denn irgendwelchen anderen Anziehungspunkt besäße – kurz, man könne bei der gegenwärtigen Hitze nur mit Schaudern an ihn denken. Wenn ich an mein Ziel gelangt wäre, gäbe es dort nichts zu sehen; Zernikow sei »absolut nichts«. Wolle ich aber durchaus hin – was gegen alle Vernunft sei –, dann müsse ich einen Wagen nehmen und fahren.

Ich folgte dem Rat nicht. Nach meiner Ansicht gibt es keine sicherere Regel als die, niemals auf Leute zu hören, wenn sie einem bezüglich dessen, was es in ihrer eigenen Nachbarschaft Sehenswürdiges gibt, negativen Rat erteilen oder von einem Besuch abraten. (Ratschläge positiver Art, die uns auf Dinge aufmerksam machen, von deren Existenz wir sonst vielleicht nichts erfahren würden, sind natürlich oft von großem Wert.) Diesmal hatten die Leute allerdings recht, trotzdem bedaure ich nicht, bei meiner Regel geblieben zu sein.

Die Leute hatten sehr recht. Der Weg war so völlig eben, so heiß und langweilig, wie es ein Weg im Sande, in der Sonne und zwischen endlos sich hinstreckenden halb bestellten Feldern, deren Einförmigkeit weder durch Reihen von Hecken noch durch sonst etwas unterbrochen wird, nur immer sein kann. Wie immer fand ich trotz mancherlei Kreuzungen und Abzweigungen sowie zeitweisen gänzlichen Fehlens der Spur meinen Weg ohne Schwierigkeit, und wie gewöhnlich war auch niemand da, den man hätte nach dem Wege fragen können. Denn die wenigen bei ihrer Arbeit sich plackenden Feldarbeiter, die ich zu sehen bekam, befanden sich außer Rufweite. Einen einzigen Menschen holte ich unterwegs ein, und der war nach seinem eigenen Geständnisse ein Bettler. Der Umstand, daß er mich nicht anbettelte, sowie sein eifriges Bestreben, mit mir gleichen Schritt zu halten (bis ich mich als der entschieden bessere Fußgänger erwies), läßt mich fast annehmen, daß er mich, der sich hier zur heißen Mittagsstunde auf einem solchen Wege plagte, für einen Kollegen hielt.

Durch ein einziges Dorf führte der Weg, in welchem ich ein viel besseres Wirtshaus zum Ausruhen fand, als ich erwartete.

In Zernikow gab es, wie man mir gesagt hatte, »absolut nichts zu sehen«. Nur ein altes, verlassenes Herrenhaus in einem schrecklichen Zustande von Vernachlässigung und eine keineswegs interessante Kirche waren da. Dann fanden sich noch Überreste eines Parkes, der einst recht schön gewesen sein mußte, und – eine wahre Wohltat für die Augen – einige Alleen alter Bäume, mit denen sich noch jetzt Schönes würde machen lassen, sollte sich je wieder ein Besitzer finden, der den Willen und die Mittel hätte, hier zu leben.

Das Haus im Stil eines kleinen französischen Chateaus aus dem letzten Jahrhundert sah ein gut Teil älter aus als hundert Jahre. Die Mauern waren ohne Zweifel in gutem baulichem Zustand. Die Haupteingangstüre stand weit offen, und der hübsche Vorsaal, der noch einige schöne Stücke altmodischer Möbel enthielt, schien der Familie des mit der Aufsicht betrauten Hausobmannes zum täglichen Aufenthaltsort zu dienen und befand sich in großer Unordnung. Die gelbseidenen Bezüge einiger alter Fauteuils waren beschmutzt und zerrissen, ein schöner alter Nähtisch mit vergoldetem Schnitzwerk stand in traulichem Beieinander neben einem dreibeinigen Holzschemel und einem modernen hölzernen Tisch – und über alles dies hin sowie auf dem Fußboden ringsumher verstreut lagen Schuhe und roh gearbeitetes Spielzeug der Kinder, allerlei Unrat, den sie von draußen hereingeschleppt hatten, zusammen mit ihrer Mutter Hausgeräte und den Überbleibseln der Mittagsmahlzeit.

Gerade der Front des Hauses gegenüber und nur wenige Schritte davon entfernt steht ein mächtiges, dunkelfarbiges Gebäude und etwas weiter nach links hin noch ein zweites von genau derselben Art. In dem einen von beiden haust der Verwalter, in dem anderen ein Mieter.

Eine Frau vom Gutshof ging mit, mir die Kirche aufzuschließen. Es ist eine ganz einfache Dorfkirche, in der sich durchaus nichts Bemerkenswertes findet, man müßte denn vier große Ölbilder, die vorn am Orgelchor hängen, für bemerkenswert halten. Es sind dies die Bildnisse zweier Damen und zweier Herren, in sehr geputzter Weise nach der Mode des 18. Jahrhunderts gekleidet – sicherlich keine Heiligen, sondern wahrscheinlich eher Kirchenpatrone –, zwei sehr würdige, weltlich aussehende Paare, deren Bildnisse augenscheinlich dort in der Absicht aufgehängt sind, um auf die Gemüter der andächtigen Dorfgemeinde in irgendeiner Weise zu wirken und ihre Blicke, denke ich mir, so weit nach oben zu lenken, als man es für Bauersleute in damaligen Zeiten für sicher und klug gehalten haben mag. In der Nähe der Kirche liegt ein Gruftgewölbe mit schweren Gittertoren, welche, so sollte man meinen, seit Menschengedenken nicht mehr geöffnet worden sind.

Zernikow ist dadurch interessant, daß es uns an die Zuneigung erinnert, welche Friedrich der Große für seinen Kammerdiener Fredersdorff empfunden hat. Diese Zuneigung ist ein Beispiel für einen eigentümlichen Zug, der sich so oft im Leben großer Männer wiederfindet, nämlich den, daß sie imstande sind, für jemand eine Neigung zu fassen, der unendlich tief unter ihnen steht und mit ihnen selbst auch nicht die geringste Ähnlichkeit besitzt.

236

Frederdorff ist bei seinen Zeitgenossen weder beliebt gewesen noch von ihnen bewundert worden. Man hielt ihn für einen Menschen von selbstsüchtiger, habgieriger Gesinnung. Bei seinen Untergebenen nahm er es mit dem Dienst sehr genau, ja streng, und wie man sagt, wurde er von ihnen mehr gefürchtet als geachtet. Aber im Grunde scheint er doch wirklich gutherzig gewesen zu sein, und in seiner Stellung, die einen hohen Grad von Vertrauen bedingte, hat er sich im großen wie im kleinen als stets treu erwiesen. Ein solcher Charakter ist doch sicherlich ein sehr ungekünstelter und eher gut als schlecht zu nennen: ein Fond von Redlichkeit und gutem Willen mit einem Überzug von rauher Strenge, dazu etwas Eigennutz und Gewinnsucht, die sich als Elemente bei allen einfachen Naturen vorfinden und durch keinerlei Geistesbildung eingeschränkt oder gemildert werden.

Fredersdorff war der Sohn des Stadtmusikus oder »Stadtpfeifers«, wie es damals hieß, in dem kleinen Orte Garz in Pommern, wo er im Jahre 1708 geboren wurde. Sein Vater tat sein möglichstes, ihn in seinem eigenen Beruf auszubilden. Aber der junge Mann wurde aus Gründen, die unbekannt geblieben sind, Soldat im Regiment des Grafen Schwerin, welches damals zu Frankfurt an der Oder in Garnison lag. Dort des ewigen Gedrilltwerdens überdrüssig und sich nach seiner Querflöte zurücksehnend, gelang es ihm, sich für einige Zeit Urlaub zu verschaffen, um sich bei dem Frankfurter Stadtpfeifer zu verdingen, in der Hoffnung, daß irgendein glücklicher Zufall ihn vom Militärdienst ganz befreien und ihm erlauben würde, für immer zu seinem Querflöten zurückzukehren.

Während er sich in diesem Zwitterstadium befand, wollte es der Zufall, daß der Kronprinz Friedrich für eine Nacht in Frankfurt seinen Aufenthalt nahm. Die Studenten, in ihrem Eifer, ihm eine Serenade zu bringen, suchten die ganze Stadt ab nach musikalischen Talenten und engagierten den Stadtpfeifergesellen für die Flötenpartie. Bei der Aufführung der Serenade wurde der Kronprinz auf die Flöte aufmerksam. Nachdem er sich erkundigt, wer der Flötist gewesen sei, ließ seine Königliche Hoheit ihn am nächsten Morgen zu sich kommen. Da er an dem Mann überhaupt Gefallen fand, ersuchte er den Grafen Schwerin, dem Füsilier die Entlassung aus dem Dienst zu bewilligen. Als diese erlangt war, wurde Fredersdorff unter die prinzlichen »Lakaien für musikalische Unterhaltungen« aufgenommen. Vom Lakaien stieg er bald bis zum Posten eines Kammerdieners Friedrichs auf und wurde kurz nach der Thronbesteigung zum Geheimen Kämmerer Seiner Majestät ernannt.

Im Juni 1740 machte ihm der König das Rittergut Zernikow zum Geschenk. Es war in der Tat ein königliches Geschenk und ganz nach des Empfängers Geschmack, dem ebenso nach Reichtum wie nach Ansehen gelüstete. Übrigens gab der Stadtpfeifergeselle einen ganz trefflichen Gutsherren ab, denn er besaß nicht nur selbst einen regen Tätigkeitstrieb, sondern verstand es auch, andere Leute zur Arbeit anzustellen. Seine Bauern hatten unter ihm gute Zeiten, und das Land wurde verbessert. Infolge seiner dienstlichen Stellung war es ihm nicht möglich, auf seinem Gut zu leben oder auch nur es häufig zu sehen. Aber auch aus der Ferne tat er alles, was er nur ersinnen konnte, um dieses in die Höhe zu bringen. Er ermutigte das Weberhandwerk, errichtete eine Ziegelbrennerei, legte Maulbeerplantagen an (wofür man damals allgemein schwärmte) und baute eine Brauerei. Im Jahre 1746 hat er das Wohnhaus erbauen lassen.

Da sich die Brauerei als sehr ertragsfähig erwies, legte er deren mehrere an, einige davon in der Nähe von Berlin, und vertrieb deren Produkte in der Hauptstadt. Diese Brauereien sind noch lange, nachdem ihr Begründer das Zeitliche gesegnet, in voller Tätigkeit geblieben, und bis zum Ende des 18. Jahrhunderts, wenn nicht noch länger, war das »Fredersdorffer« ein wohlbekanntes und beliebtes Bier.

Im Jahre 1750 heiratete Fredersdorff die einzige Tochter und Erbin eines Potsdamer Bankiers, Mademoiselle Caroline Marie Elisabeth Daum. Man erzählt sich, daß er mehrere Male um des Königs Erlaubnis zu seiner Verheiratung gebeten, daß aber Seine Majestät, wie er dies gewöhnlich in solchen Fällen zu tun pflegte, Schwierigkeiten gemacht habe. Darauf sei Fredersdorff sehr krank geworden und habe das Bett gehütet.

Der König ließ sich alle Tage nach seinem Befinden erkundigen, und nach Verlauf von ein paar Wochen fand sein Bote den Kranken der Sprache nicht mehr mächtig und einen Geistlichen (ich glaube, es war der Feldprobst von Potsdam) an seinem Bett. Der ehrwürdige Herr redete den Kammerhusaren an und sagte, er habe soeben die letzte Beichte des Kämmerers gehört und danach halte er es für seine Pflicht, auszusprechen, daß es sicherlich für den Sterbenden ein großer Trost sein und ihm seine letzten Augenblicke erleichtern würde, wenn er selbst jetzt noch mit Mademoiselle Daum zu ehelichem Bunde vereint werden könne. Als die Nachricht dem Könige überbracht wurde, meinte Seine Majestät, da der Kranke doch schon den Probst bei sich hätte, solle er sich nur auch trauen lassen, wenn er wolle. So fand denn die Trauung statt, und der junge Ehemann wurde wieder gesund.

Nach der Heirat wurden mit Hilfe des Geldes seiner Frau nicht weniger als drei weitere Güter zur Vergrößerung von Zernikow hinzugekauft. So wuchs der Besitz zu einer beträchtlichen Größe an. Von dieser Zeit an versuchte nun auch das Ehepaar, im Sommer so viel Zeit, wie immer möglich war, auf ihrem Gut zuzubringen. Trotz des großen Unterschiedes der Jahre sollen sie sehr glücklich miteinander gelebt haben. Kinder haben sie nie gehabt.

Fredersdorff hatte zwei Leidenschaften oder wenigstens Neigungen – die Alchemie und das Quacksalbern. Mit der ersteren hat er ein gehöriges Stück Geld vergeudet und durch die zweite seine, wie es scheint, von Natur aus robuste Gesundheit zerstört, mit beiden aber des Königs Geduld auf harte Proben gestellt. Nach einiger Zeit wurde die Goldmacherei aufgegeben, aber selbst dem König ist es nicht möglich gewesen, ihn davon abzuhalten, daß er sich ganz der Medizin hingab. Vergebens zankte sich Seine Majestät mit ihm herum und befahl ihm, »sich an Cothenius zu halten«, wobei er sich der allerstärksten Ausdrücke bediente, wenn er von den Quacksalbern sprach. Frederdorffs Gesundheit war ruiniert, und im Jahre 1758 starb er, nachdem er eben die fünfzig Jahre erreicht hatte. Als man Friedrich, der gerade in Dresden war, die Nachricht von seinem Tode brachte, bemerkten diejenigen, welche sich in seiner Umgebung befanden, zu ihrem Erstaunen, daß ihm die Tränen in die Augen traten.

Nach dem Tode Frederdorffs gingen sämtliche Güter mit Einschluß von Zernikow in den Besitz der Witwe über, die nach Verlauf von zwei Jahren ihre Hand in zweiter Ehe einem gewissen Geheimen Stiftsrate von Labes reichte. Aus dieser Ehe entsprossen zwei Kinder, ein Sohn und eine Tochter. Herr und Frau von Labes brachten einen großen Teil ihrer Zeit auf ihrem Gut zu, und dort starb auch der zweite Gatte im Jahre 1776.

Von nun an widmete Frau von Labes, die jetzt zum zweiten Mal Witwe geworden, ihre ganze Willenskraft ihrem Besitztum und ihren Dienstleuten. Sie war eine betriebsame, würdige Frau, die für ihre Dienstboten und Bauern aufs beste sorgte.

Im Jahre 1777 ließ sie das Erbbegräbnis erbauen, über dessen Eingangstor noch heute der Name ihres ersten Mannes sowie ihr eigener geschrieben stehen, und ließ die Körper ihrer beiden Gatten dorthin überführen.

In demselben Jahr 1777 verheiratete sich ihre Tochter mit dem Freiherrn Joachim Erdmann von Arnim. Aber in weniger denn vier Jahren, im Anfange des Jahres 1781, starb die junge Frau, nachdem sie ihrem zweiten Knaben das Leben geschenkt hatte.

Im Jahre 1786, bald nach dem Tode Friedrichs des Großen, wurden Frau von Labes und ihr Sohn durch Friedrich Wilhelm II. in den Rang einer Freifrau resp. eines Freiherrn erhoben. Im Jahre 1810 starb die Freifrau von Labes und wurde in der Erbgruft neben ihren beiden Gatten und ihrer Tochter beigesetzt. 1813 starb auch ihr Sohn, jedoch nicht in Zernikow. Zernikow fiel nunmehr an ihren Vetter, den ältesten Sohn der Tochter der Frau von Labes.

Dieser Herr von Arnim war seinerzeit eine wohlbekannte Persönlichkeit in Berlin. Wegen einer wirklichen oder eingebildeten Ähnlichkeit mit unserem Staatsmann wurde er stets »Pitt Arnim« genannt. Er war in seinen jungen Jahren der preußischen Gesandtschaft in England als Attaché beigegeben, besaß Geschmack und Talent für Literatur und Musik und hat einige der Gedichte Byrons übersetzt, auch Stücke für die Bühne geschrieben. Seine Reisebeschreibungen, die er noch spät im Leben herausgegeben hat, sind eine amüsante Lektüre. Er starb 1861 und hinterließ eine letztwillige Verfügung, wonach seine irdischen Reste in Zernikow beigesetzt werden sollten. So taten sich denn die Tore der Gruft noch einmal auf, zum ersten Male wieder seit dem Jahre 1810, und für Pitt Arnim wurde ein Plätzchen freigemacht.

Da Pitt Arnim kinderlos starb, so erbten seine Neffen und Nichten, die Kinder seines jüngeren und berühmteren Bruders und seiner nicht minder berühmten Schwägerin, Achim und Bettina von Arnim, das Gut Zernikow, aber niemand von ihnen hat dort je gewohnt.

Fontane, der in der Erbgruft gewesen ist, beschreibt die Särge. Der der Frau von Labes ist der prächtigste. In diesen sowie auch in den ihrer Tochter ist eine Glasscheibe so eingefügt, daß man die Gesichtszüge der darin Ruhenden sehen kann. Am Sarge der Frau von Arnim befinden sich noch jetzt Kränze und Verse angebracht. Auf dem Sarge Fredersdorffs liegt die Patronentasche, die er als gemeiner Soldat im Regiment Schwerin getragen hat.

Der letzte Tag

Mein letzter Tag in Rheinsberg war ein Sonntag. Am Vormittag ging ich in den Schloßpark und den Boberowwald. Der Morgen war kühler als irgendeiner, den wir bis dahin gehabt hatten, und der Himmel hatte sich bezogen. Mehrere Stunden lang wanderte und schlenderte ich in der schattigen Einsamkeit umher, die heute – machte es das Wetter oder

meine eigene Abschiedsstimmung – düsterer aussah als sonst
jemals. Ich setzte mich zu wiederholten Malen am Ufer des
Sees nieder und wurde inne, daß mir die Trennung von ihm
wirklich naheging.

An einer dieser Stellen hatte ich das Unglück, einen Wild-
fischer zu stören, der von seinem Kahne aus und in geringer
Entfernung vom Ufer in verbotenen Wassern fischte. Er hatte
nicht damit gerechnet, daß er in diesem von der übrigen Welt
abgeschiedenen Bereich des Waldes von irgend jemand gesehen werden könnte, zumal er an dieser Seite des Sees durch
das hohe Schilfrohr ziemlich gut gedeckt wurde. Er begann
unruhig zu werden, als er mich kommen sah, und ließ seinen
Kahn tiefer in das Schilfrohr hineingleiten, jedoch nicht
ganz außer Sicht, um nicht als ein gar zu frecher Fischdieb
zu erscheinen.

Die Frau des Fischers hatte ja, als ich mit ihr in der
sonnigen Hauspforte plauderte, über die Verluste geklagt,
die ihr Mann von den Fischdieben zu erleiden habe.

Am Nachmittag ging ich, mir den Friedhof anzusehen. Er
liegt außerhalb der Stadtmauern vor dem Berliner Tor. Es
ist ein weitläufiges Terrain ohne besondere Einfriedung
und trägt, obwohl er seinem gegenwärtigen Zweck nun schon
länger als hundert Jahre dient, keinerlei Merkmal von Über-
füllung. Obgleich wie alle modernen Friedhöfe in sicherer
Entfernung von den menschlichen Wohnungen angelegt, hat
er doch nichts von Sauberkeit und Gepflegtheit, vielmehr
verleihen ihm die von keiner Schere je gestutzten Büsche
sowie das wuchernde Immergrün und an manchen Stellen
hochaufgeschossenes Gras das Aussehen eines altertüm-
lichen Gottesackers.

Da ich mehr als einmal das Gittertor zu öffnen versucht
und es stets verschlossen gefunden hatte, so schickte ich
mich eben an, über die niedrige Mauer zu springen, als das
laute Schreien einer hochgewachsenen alten Frau, die drinnen auf dem Kiesweg stand und einen großen Schlüssel über
ihrem Haupte schwang, meine Gedanken wieder auf das Tor
lenkte, welches, wie es sich zeigte, diesmal unverschlossen
war. Die Klinke war stark eingerostet, und während ich mich

abmühte, kam die Alte rasch den Weg herab, immer noch mit ihrem Schlüssel gestikulierend und mir zurufend: »Hier ist kein Einlaß!« Einige drohende Worte fügte sie noch hinzu. Wie ich indessen die Klinke einmal heruntergedrückt und meinen Eintritt vollzogen hatte, beruhigte sie sich und fügte sich sofort der vollendeten Tatsache, ja sie schien sogar geneigt, aus den Drohnungen in Scherz und Lachen überzugehen. Es sei noch nicht lange her, sagte sie, da habe sie es mit jemand anderem ganz ebenso gemacht, der sei in Schwarz gekleidet gewesen und hätte auch versucht, über die Mauer zu springen, als sie ihn »erwischte«. Trotz allem sei er aber doch herübergesprungen, und nachher habe man ihr dann erzählt, es sei der »Alleröberste« – und dabei zeigte sie mit ihrem Schlüssel nach oben – von der Regierung gewesen.

Es kam nun heraus, daß die Alte früher eine öffentliche Anstellung als Aufseherin des Friedhofes innegehabt hatte, indessen seit einiger Zeit mit Rücksicht auf ihr hohes Alter in den Ruhestand versetzt worden war und nun mit dem Begießen einiger Gräber bei trockenem Wetter sich noch ein kleines Verdienst verschaffte. Einige ihr freundlich gesinnte Familien, die ihr damit den Übergang ins Privatleben erleichtern wollten, hatten lieber die Exhüterin mit dieser Pflicht betraut als den Totengräber. Ich fand hier wieder einen Beweis dafür, wie schwer es im allgemeinen den Leuten wird, die Versetzung in den Ruhestand hinzunehmen. Ihre Eifersucht auf den Totengräber als ihren Nachfolger machte sich in dem Ärger Luft, daß er sie warten ließe. Sie zeigte dabei auf die Wasserpumpe sowie auf ihren Eimer und ihre Gießkanne. Sie könne ja nicht an ihre Arbeit gehen, ehe er nicht käme und ihr die Pumpe aufschlösse. Er wisse doch die Stunde recht gut. Aber das junge Volk heutzutage sei zu nichts mehr nutze – es sei nicht einer darunter, dem man trauen könne. Zu ihrer Zeit sei das ganz anders gewesen. Sie sei nun siebenundachtzig Jahre alt. Es wäre ja schrecklich, was man jetzt alles hörte von der Schlechtigkeit der Welt.

Ich machte die Bemerkung, daß ich fürchtete, dieselbe sei zu allen Zeiten schlimm und verderbt genug gewesen, wenigstens zu einem großen Teil.

»Nein«, sagte sie in sehr bestimmtem und feierlichem Tone
– und hielt dabei den Schlüssel in die Höhe –, »ganz gewiß
nicht! – Nicht so schlimm wie jetzt.« Der Pastor habe ihnen
gesagt, daß irgend jemand ein Buch geschrieben hätte, da
stände alles drin. – »Ach diese Jungen! Einen so lange
warten zu lassen!« – und dabei ballte sie die Faust und schüttelte sie in Richtung ihrer Gießkanne.

Ihre Gedankensprünge waren so plötzlich, und dabei
sprach sie mit solcher Zungenfertigkeit und, da sie keinen
Zahn mehr im Munde hatte, so undeutlich, daß es einigermaßen schwierig war, ihr zu folgen, um so mehr, als sie die
Gewohnheit hatte, in einem Atem abwechselnd hochdeutsch
zu reden und erst, wenn sie damit nicht mehr weiter kam,
zum Plattdeutschen als der gewohnteren Mundart überzugehen. Ihre gewöhnliche Sprache war das Plattdeutsche,
wenn sie aber irgend etwas sagen wollte, auf das sie besonderes Gewicht legte, wenn sie mit ihrem Gegenstande wuchs,
dann suchte sie Hilfe bei dem fremden und weniger gewohnten Idiome, weil es ihr würdevoller und dem höheren Rede-
schwung angemessener erschien. Die Argumente, welche sie
einflocht und die, wollte man ihnen folgen, gespannte Aufmerksamkeit verlangten, wurden in Platt vorgebracht. Aber
ihre Redeschlüsse machte sie in Hochdeutsch. Dazu ballte
sie dann die Fäuste und murmelte Verwünschungen gegen
die »Jungen«, wodurch die Erzählung immer wieder unterbrochen wurde.

Jetzt könne sie freilich nur noch wenig tun und auch nur
wenig verdienen. Sie »begösse die selige Predigerin« und
ihr Kind, und dabei wies sie auf zwei Gräber hin.

»War es denn noch ein kleines Kind?« fragte ich, da ich
bemerkte, daß beide Gräber dieselbe Größe hatten. –
»Nee, nee, he was all en groten Bengel – so grot as sine
Modder!« – und dabei streckte sie wie zur Illustration ihre
langen Arme so weit auseinander wie nur möglich. Dann war
da noch das Kind eines früheren Kreisrichters. »Is nu all
lang, dat se wech sind«, sagte sie, »he kräg joa wat Betters,
man blot en beten wiet aff, un wiel et so wiet aff wiehr, doa
wull sine Fru nich un weimerte: Sie hätten nun das Haus

gekauft – (es war ihrem Schwager seins) und sie wäre so gern hier – awers he seggte joa, er könnte doch nicht sein ganzes Leben lang hierbleiben. ... Na, ick begeete dat Kind. Un ümmer wenn't Joahr ümm is, is ook mien Doahler doa. Joa, den hebb ick, un Bäcker W. sine Fru hebb ick ook un sien – drei Kinnings. Un de behall – ick ook.«

»Das wollen wir hoffen.«

»Joa, de Bäcker nimmt mi sine Fru nich wech. Man blot de Jungen, dat Düwelstüg, de sinn für nix.«

Sie deutete mir an, daß ein großer Teil der »Kundschaft«, der, wie man es natürlicherweise erwarten durfte, ihr hätte zufallen sollen, ihr durch Intrigen und infolge von Vorurteil abspenstig gemacht worden respektive entgangen sei. Einige ihrer alten »Kunden«, die Hinterbliebenen verstorbener Personen, wären ihr untreu geworden. Und naturlich »begössen« eine Menge Leute ihre Toten selber, und die in neuer Zeit begraben würden, bekäme alle der Totengräber.

Auf eine indirekte Frage von mir gab sie zu, daß sie sehr arm sei. Sie zählte dann ihre Einnahmen auf, die, soviel ich verstehen konnte (ihre Hinweise auf einige Posten waren höchst unklar), selbst die auf dem Kirchhofe verdienten Taler mit eingerechnet, in der Tat sehr kärglich sein mußten.

Das Geld, sagte sie, reiche nur knapp für das Notwendigste, da das Brot jetzt so teuer sei. Das wäre aber noch nicht das Schlimmste, wäre es das allein, wollte sie sich schon forthelfen. »Aber«, und dabei machte die alte Evastochter ein sehr ernstes Gesicht, dämpfte ihre Stimme und zupfte, sich ein wenig zu mir herüberbeugend und so ihren Worten mehr Ausdruck gebend, an den beiden Zipfeln des dünnen Halstuches, das um ihre Schultern hing, während sie in flüsterndem Tone wiederholte: »Dat is nich dat Schlimmste, aber man möt doch wat antrecken!«

Endlich kam der Totengräber und brachte den Pumpenschlüssel und seine eigene Gießkanne. Wie es sich herausstellte, war dieser »Junge« vor kurzem in den letzten Rest der Sechziger getreten. Auch er hatte seine Sorgen. In der Meinung, es würde Regen geben, sei er in seinen Sonntagskleidern geblieben und habe sich dann mit dem Wiederausziehen und Weglegen derselben versäumt. So hätte sich alles verspätet. Einige Personen folgten ihm mit ihren Familiengießkannen, und wenige Minuten später war die ganze Gesellschaft in ihre Arbeit vertieft, wobei der Totengräber so viel leistete wie alle übrigen zusammengenommen.

Ich wanderte auf dem Friedhof hin und her, fand aber nicht viel, das meine Aufmerksamkeit hätte fesseln können. Die Namen an den Grabsteinen waren im allgemeinen dieselben, die ich schon über den Ladenfenstern in der Stadt gelesen hatte. Ein paar ältere Denksteine größeren Umfanges waren fast ganz überwachsen und die Inschriften entweder unsichtbar oder unlesbar. Den Grabstein Blainvilles, des Lieblingsschauspielers des Prinzen Heinrich, fand ich an die niedere Mauer der Westseite gelehnt und über dieselbe hinwegragend. Der Stein war schon stark verwittert, die Inschrift ließ sich aber noch entziffern.

Nach Sonnenuntergang eilte ich nach dem Schlosse und stand ein Weilchen auf den Treppenstufen, die von der Kolonnade zur Terrasse hinunterführen. Der See, wie er so still im goldenen Lichte dalag, war wunderschön. Am fernen jenseitigen Ufer hob sich der Obelisk kalt und feierlich vom Waldhintergrund ab. Die vier Elemente mit Apollo im Vordergrund erschienen in gedämpfterem Ton als sonst. Ich ging über die Rhinbrücke, um noch einen Blick auf die wohlbekannte Umgebung des Hauptweges zu erhaschen. Sie lag schon im tiefsten Schatten. Die Sphinxe auf der steinernen Treppe verloren sich fast ganz in der Dunkelheit. Noch finsterer war es auf den schmalen Seitenpfaden mit ihrer Einfassung von hohen Hecken. Vom See konnte ich zwischen den Zweigen hindurch eben noch einen Schimmer erhaschen.

Ich kehrte um und ging zum Grabe des Prinzen Heinrich. Es bildete mit seinem Immergrün eine einzige schwarzdunkle Masse. Nichts vermochte das Auge mehr daran zu unterscheiden.

Als ich an die Stufen zurückkam, war kaum noch irgendein Lichtreflex auf dem See. Der letzte Schimmer des Sonnenunterganges war beinahe verschwunden, und die Nacht zog herauf.

Am nächsten Morgen war ich früh auf, und um halb neun Uhr sagte ich Frau Lemm Lebewohl. Ich hatte mir ein Gefährt gemietet – eine dickleibige alte, offene Kalesche –, um nach Neuruppin zu fahren. Sie brachte mich in ungefähr drei Stunden dorthin auf dem schlimmsten Wege, den ich in der ganzen Gegend bisher gesehen hatte.

Es ist dies die berühmte Straße, auf der Prinz Friedrich so oft sein Roß gespornt hatte und für deren Ausbesserung er in späteren Jahren kein Geld hergeben wollte. Die Kriegskammer hatte bei irgendeiner Veranlassung eine Rechnung von ungefähr zweihundert Talern eingereicht. Da gab der König folgenden unwilligen Bescheid:

»Die Ausbesserung war nicht nötig. Ich kenne den Weg, und die Kammer muß Mich für eine große Bestie halten, daß sie meint, sie könne Mich mit solch ungereimtem Zeug an der Nase herumführen.«

Nachwort

»Rheinsberg von Berlin aus zu erreichen ist nicht leicht«, schrieb Theodor Fontane in seinen »Wanderungen durch die Mark Brandenburg«. Solche Erfahrung machte auch der britische Staatsbürger Andrew Hamilton, als er im Sommer 1872 über Berlin nach Rheinsberg reiste. Dieser Ort war zu jener Zeit in England kaum bekannt.

Wenige Jahre vor Hamiltons Reise hatte einer der damals bedeutendsten britischen Schriftsteller, der schottisch-englische Philosoph und Historiker Thomas Carlyle, seine umfangreiche »Geschichte Friedrichs II. von Preußen, genannt Friedrich der Große« veröffentlicht und damit die Aufmerksamkeit eines nicht unbeträchtlichen Teils des britischen Lesepublikums auf Brandenburg-Preußen gelenkt. Jedoch »die Leser der Geschichte Friedrichs des Großen«, schreibt Hamilton im Vorwort zu seinem Rheinsberg-Buch, »haben es meist sehr eilig, zu dem glänzendsten Abschnitt derselben zu gelangen, welcher seine Regierung schildert, und gehen flüchtiger über die stillen Jahre hinweg, welche auf die Katastrophe seines Fluchtversuches folgten; ja, es kommt wohl vor, daß sie die Gestalt Friedrichs ganz aus dem Gesicht verlieren während der vier Jahre, die er selbst seine ›tranquillité‹ genannt hat und die unmittelbar seiner Thronbesteigung vorangingen. Der Ort, wo er sie verlebte, liegt in einem Teile Europas, welcher der großen Welt fast unbekannt und für die mit dem Schnellzug reisenden Touristen unzugänglich ist. So ist Rheinsberg dem modernen Gesichtskreis entschwunden...«

Andrew Hamilton, der die deutsche Sprache beherrschte, hatte auch den 1862 erschienenen ersten Band der »Wanderungen« von Theodor Fontane gelesen, der ihm wohl für sein

Unternehmen als Anregung und Reiseführer diente. – Als Frucht von Hamiltons Reise entstand ein umfangreiches Buch mit dem Titel »Rheinsberg, Friedrich der Große und Prinz Heinrich von Preußen«, das 1882 / 83 auch in deutscher Sprache in einer zweibändigen Ausgabe erschienen ist. (Originalausgabe unter dem Titel »Rheinsberg: Memorials of Frederick the Great and Prince Henry of Prussia«, 2 Bände, bei John Murray, London 1880.)

Während seines dreiwöchigen Aufenthaltes in Rheinsberg hat Hamilton ein Tagebuch geführt, das dann zur Grundlage für die seine Reise beschreibenden Teile des Buches wurde. Für die historischen Kapitel dienten zweifellos die bereits erwähnten Werke von Carlyle und Fontane, die Korrespondenzen Friedrichs und des Prinzen Heinrich, Jakob Friedrich von Bielfelds Schilderung des Lebens am Rheinsberger Hof und eine Reihe anderer historischer Werke als Grundlage.

So entstand ein interessantes, häufig amüsant zu lesendes Reisebuch über Rheinsberg und seine Umgebung, das auch in unseren Tagen nichts von seinem Reiz verloren hat und dem heutigen Besucher Rheinsbergs vielfältige Anregungen und Vergleichsmöglichkeiten bieten kann. In seiner Art steht Hamiltons Werk damit ganz in der Tradition der großen Reiseliteratur englischsprachiger Autoren des 18. und 19. Jahrhunderts.

Über den Autor selbst kann nur wenig gesagt werden, denn trotz intensiver Nachforschungen ist dem Herausgeber nichts bekannt geworden, was über den Rahmen dessen, was im Buch gesagt wird, hinausgeht. Kein Nachschlagewerk, weder die große Encyclopaedia Britannica noch die zahlreichen Literaturlexika, gibt Auskunft über Hamilton. Auch Nachforschungen in der Britischen Bibliothek in London führten zu keinem Ergebnis. Wohl ist dort die Erstausgabe von Hamiltons Buch über Rheinsberg vorhanden, doch das ist auch alles. – Der »British Library General Catalogue of printed Books« enthält in Band 138 eine große Anzahl von Autoren (es mögen Hunderte sein) mit dem Namen Hamilton, darunter allein acht Andrew Hamiltons. Während bei fast allen Autoren nähere Angaben zur Person gemacht werden, befindet sich hinter dem Namen unseres Andrew Hamilton nur der Vermerk »Author of ›Rheinsberg‹«. Auch im »Dictionary of National Biography« ist der Name des Verfassers nicht zu finden. Das gleiche gilt für die Verzeichnisse des englischen, schottischen und walisischen Adels, die zahlreiche Hamiltons aufweisen. (An dieser Stelle möchte ich Dietrich Hohmann danken, der, als er in der Britischen Bibliothek an seinem Buch über Robert Burns arbeitete, diese Recherchen für mich gemacht hat.)

Man muß annehmen, daß Hamiltons Rheinsberg-Buch sein einziges Werk geblieben ist und daß er nichts weiter war, als was er von sich selbst im ersten Kapitel sagt, nämlich »ein simpler Tourist«. – Oder sollte der Name Andrew Hamilton ein Pseudonym sein, für eine Persönlichkeit, die unerkannt bleiben wollte? – Möglicherweise kann die Neuausgabe dieses Buches, wie es der Zufall will, Licht in das Dunkel um die Person seines Verfassers bringen.

Das Interesse Hamiltons für Rheinsberg war durch die Lektüre Carlyles geweckt worden. So lag es nahe, daß die Gestalt des Kronprinzen Friedrich und die seines Bruders Heinrich, dem Rheinsberg mehr als ein halbes Jahrhundert gehörte, in den Mittelpunkt des Hamiltonschen Reisebuches rückten.

1733 hatte Friedrich Wilhelm I. das Schloß Rheinsberg als kronprinzliche Residenz für seinen Sohn Friedrich gekauft. Dem Erwerb des Schlosses war eine dramatische Entwicklung des Verhältnisses von Vater und Sohn vorausgegangen. Der Kronprinz hatte schon früh unter dem Einfluß seines Lehrers Duhan, der von seiner Mutter und seiner älteren Schwester Wilhelmine unterstützt wurde, ausgesprochen künstlerische Neigungen gezeigt, eine besondere Vorliebe für Musik und Dichtkunst, für französische Literatur und Philosophie. Den Auffassungen und Bestrebungen seines Vaters, der nur den Aufbau seines Staates im Auge hatte und alles vom Standpunkt praktischer Nützlichkeit aus betrachtete, hatte Friedrich eine nahezu unverhohlene Abneigung entgegengesetzt. So war die Spannung zwischen Vater und Sohn, die manchmal in heftigen Zornesausbrüchen des Königs und sogar in Mißhandlungen des Sohnes gipfelte, von Jahr zu Jahr gewachsen. – Die Mutter Sophie Dorothea, die dem Hause Hannover entstammte und deren Vater aufgrund einer Erbfolge 1714 zum König Georg I. von Großbritannien ausgerufen worden war, beabsichtigte, Friedrich mit einer englischen Prinzessin zu verheiraten. Als dieses Projekt an Friedrich Wilhelm I. scheiterte, sah der Kronprinz seine letzte Hoffnung geschwunden, der väterlichen Tyrannei zu entweichen. Er unterhielt zu dieser Zeit fragwürdige Kontakte zum englischen und französischen Gesandten, den Gegnern der Politik des preußischen Königs.

Aufgrund neuer Zerwürfnisse mit dem Vater entschloß Friedrich sich schließlich zur Flucht, die während einer Reise nach Süddeutschland und an den Rhein im August 1730 erfolgen sollte. Die Fluchtvorbereitungen waren aber nicht unentdeckt geblieben. So konnte das Vorhaben durch den Oberst von Rochow vereitelt werden. Friedrich und sein Freund Hans Hermann von Katte wurden als Deserteure verhaftet. Ein dritter Mitwisser, der Page und Vertraute des Kronprinzen, Peter Carl Christoph von Keith, konnte nach Großbritannien entweichen. – Katte wurde zum Tode verurteilt und in der Festung Küstrin enthauptet. Der ebenfalls in dieser Festung inhaftierte Kronprinz wurde gezwungen, der Hinrichtung seines Freundes zuzusehen, die vor seinem Fenster stattfand. – Fontane hat uns diese Geschehnisse in dem Kapitel »Die Katte-Tragödie« im Band »Oderland« der »Wanderungen durch die Mark Brandenburg« historisch genau geschildert.

Der König trug sich zunächst mit der Absicht, Friedrich von der Thronfolge auszuschließen, doch wurde er von seinen Ratgebern von diesem Vorhaben abgebracht. Nachdem der Kronprinz am 19. November Besserung versprochen hatte, wurde die zunächst sehr strenge Haft in der Festung gemildert, um ihm Gelegenheit zur Bewährung zu geben. Der Sohn unterwarf sich nun ganz dem Willen seines Vaters. Er durfte keine Armeeuniform mehr tragen und wurde als

Angestellter in der Küstriner Domänenkammer beschäftigt, um die Grundlagen staatlicher Verwaltung zu erlernen.

Im November 1731 erschien er, anläßlich der Hochzeit seiner Lieblingsschwester Wilhelmine, zum erstenmal wieder am Hofe in Berlin. Er beugte sich dem Wunsch seines Vaters, entgegen seinen Neigungen die Prinzessin Elisabeth Christine von Braunschweig-Bevern zu heiraten. »Sie mag sein, wie sie will. Ich werde jederzeit meines allergnädigsten Vaters Befehlen nachleben«, schreibt er an den Vater. Im März 1732 findet die Verlobung statt. Friedrich wird daraufhin vom König zum Obersten und Chef des Infanterieregimentes in Neuruppin ernannt, wo er nun auch Wohnung nimmt. Zwei Bürgerhäuser stehen ihm hier zur Verfügung. Im Juni 1733 erfolgt dann die Hochzeit. Zu dieser Zeit ist das Schloß in Rheinsberg für den kronprinzlichen Hof noch nicht eingerichtet.

Ursprünglich hatte an Stelle des ländlichen Schlosses eine alte Wasserburg gestanden, die 1566 zum größten Teil ausbrannte. Von ihr blieb nur ein kleiner Teil und ein Turm, Klingenberg genannt, erhalten, den wir heute noch auf der Seeseite als südlichen Eckturm vorfinden.

Anfang des 18. Jahrhunderts hatte der damalige Eigentümer, ein hugenottischer Emigrant, Benjamin de Béville, die Reste der Burg zu einem wohnlichen Herrensitz umgestalten lassen. Friedrich Wilhelm I. ließ das Schloß nun durch seinen Oberlandbaumeister Kemmeter weiter ausbauen, um es den Bedürfnissen der kronprinzlichen Haushaltung anzupassen. – Im August 1736 zog Friedrich mit Elisabeth Christine und seinem Hof in Rheinsberg ein. Für den weiteren Ausbau übernahm er selbst die Regie. Er berief seinen eigenen Baumeister Georg Wenzeslaus von Knobelsdorff aus Italien zurück, den er dorthin entsandt hatte, damit er sich im Studium der Architektur und der bildenden Künste vervollkomme, und beauftragte ihn mit der weiteren Gestaltung des Schlosses und des Parkes.

Das höfische Leben in dieser kleinen Residenz hat Andrew Hamilton in seinem Buch anschaulich geschildert. Von der

Last der väterlichen Autorität zeitweilig befreit, konnte Friedrich hier fast ungestört seinen Neigungen nachgehen. Die Jahre in Rheinsberg waren für ihn auch eine Zeit des ständigen Lernens und der inneren Sammlung. Hier konnte er sich in Ruhe auf seine späteren Aufgaben als Lenker der Geschicke Preußens vorbereiten. Er beschäftigte sich mit den philosophischen Schriften der großen Denker und Autoren der Antike, mit den Werken der bedeutendsten Vertreter der französischen Aufklärung, aber auch mit deutschen Philosophen wie Leibniz und Wolff. Er studierte Geschichte und militärische Fragen, befaßte sich mit Verwaltungswesen und Fremdsprachen und erwarb eine umfangreiche Bibliothek mit den Werken der bedeutenden Gelehrten und Schriftsteller der Vergangenheit und seiner Zeit.

In Rheinsberg beginnt er auch selbst zu schreiben. Er verfaßt neben zahlreichen Dichtungen und essayistischen Versuchen wie z. B. »Über die Unschädlichkeit des Irrtums des Geistes« auch »Betrachtungen über den gegenwärtigen Zustand des europäischen Staatssystems« und schreibt eine größere politisch-philosophische Abhandlung, die Streitschrift »Antimacchiavell«, in der er sich mit den politischen und staatsphilosophischen Anschauungen des italienischen Schriftstellers und Philosophen Nicolo Macchiavelli auseinandersetzt.

Von Rheinsberg aus unterhält Friedrich eine umfangreiche Korrespondenz mit zahlreichen bedeutenden Persönlichkeiten aus Wissenschaft, Kultur und Politik, so unter anderem mit Voltaire. Der in Rheinsberg 1736 begonnene berühmte Briefwechsel Friedrichs mit Voltaire erstreckte sich dann über einen Zeitraum von 42 Jahren und endete erst mit dem Tode des Schriftstellers. Rund 630 Briefe sind erhalten geblieben. Obwohl beide Männer sehr verschiedene Charaktere waren und es während des späteren, rund dreijährigen Aufenthaltes Voltaires am Hofe in Potsdam zu zugespitzten Zwistigkeiten kam, blieb die Brieffreundschaft bestehen. »Es ist nicht der Geist, der uns verbündet, es ist das Geistige, das uns so bindet«, drückte es Friedrich aus.

Das Verhältnis des Kronprinzen zu seiner ungeliebten Frau Elisabeth Christine blieb in den Rheinsberger Jahren nach außen hin untadelig. Die beiden scheinen in dieser Zeit eine durchaus normale Ehe geführt zu haben. Die Kronprinzessin wurde von Friedrich und dem gesamten Hofstaat zuvorkommend behandelt, nahm unbeschwert und heiter an den Geselligkeiten teil, beschäftigte sich in ihrer Freizeit mit Malerei und hat die harmonischen Tage in Rheinsberg später als die schönste Zeit ihres Lebens bezeichnet. – Friedrich bemühte sich auch, den Wunsch seines Vaters nach einem Thronerben zu erfüllen. »Ich teile das Schicksal der Hirsche, die gegenwärtig ihre Brunftzeit haben. In neun Monaten könnte sich etwas ereignen«, äußert er nüchtern und leidenschaftslos in einem Brief an einen Freund. – Die Erwartungen des Kronprinzen auf Nachkommenschaft erfüllten sich nicht. Als er Rheinsberg verläßt, trennt er sich von der Pflichtangetrauten.

Über Friedrichs Bruder Heinrich, das vorletzte der Kinder von Friedrich Wilhelm I. und Sophie Dorothea, ist im allgemeinen wenig bekannt. Während über Friedrich II. eine Fülle literarischer Werke, Biographien, Einzeldarstellungen, wissenschaftliche Arbeiten, Romane und Erzählungen erschienen sind, gibt es über den stets im Schatten seines Bruders stehenden Heinrich nur wenige Biographien und militärwissenschaftliche Werke über seine Tätigkeit als Feldherr. Die beste neuere Darstellung seines Lebens und Wirkens stammt kurioser Weise von einem amerikanischen Autor, von Chester V. Easum.

Als Stabsoffizier hatte Heinrich an den beiden Schlesischen Kriegen teilgenommen und entwickelte sich dann im Siebenjährigen Krieg zu einem Meister des Verteidigungs-, Ablenkungs- und Abnutzungskrieges, wodurch er die von seinem Bruder geführte Hauptarmee entlastete, mit der Friedrich häufig eine offensive und risikoreichere Strategie befolgte. – Trotz des stets wachsenden Grolls gegen seinen Bruder unternahm Heinrich für diesen wichtige diplomatische Missionen, die ihn zweimal bis nach St. Petersburg zur Zarin Katharina II. und auch nach Paris führten. Später hielt

255

er sich wiederholt und sogar für längere Zeit in der französischen Hauptstadt auf. Zahlreiche persönliche, kulturelle und geistige Interessen verbanden Heinrich mit Frankreich. Die Ideen der französischen Aufklärer hatten sein Denken beeinflußt, und er erkannte auch klar die große Bedeutung der Französischen Revolution für die weitere Entwicklung auf dem europäischen Kontinent.

Hamilton hat uns das Leben am Hofe des Prinzen Heinrich, der den Frauen gegenüber als »gefühlskalt« galt, anschaulich beschrieben, ebenso auch die zuweilen skurrilen Absonderlichkeiten dieses Mannes. Bei ihm in Rheinsberg sammelten sich viele, die mit der Politik des Königs unzufrieden waren, und man sprach von der Rheinsberger »Fronde«.

Nach dem Tode Heinrichs ging das Schloß an seinen jüngeren Bruder Ferdinand über, dessen Söhne Louis Ferdinand und August des öfteren in Rheinsberg weilten. Beide hatten im Gegensatz zu ihrem Onkel Heinrich einen starken Hang zum weiblichen Geschlecht. Besonders Prinz August, der jüngere von beiden, bei dem Carl von Clausewitz vier Jahre lang Adjutant war, erwarb sich durch seine zahlreichen Affären einen skandalumwitterten Ruf. Er erbte nach dem Tode Ferdinands 1813 das Schloß, das dann von der mit ihm in morganatischer Ehe verbundenen Lebensgefährtin, einer Frau von Prillwitz, und ihren Kindern bewohnt wurde.

Es gibt eine hübsche Stelle in Fontanes berühmtem »Stechlin«-Roman, wo sich ein Vertreter des Ruppinschen Landadels auf folgende Weise über Rheinsberg äußert: »Aufmuckung war hier immer zu Hause, von Anfang an. Erst frondierte Fritz gegen seinen Vater, dann frondierte Heinrich gegen seinen Bruder, und zuletzt frondierte August, unser alter forscher Prinz August, den manche von uns ja noch gut gekannt haben, ich sage: frondierte unser alter August gegen die Moral. Und das war natürlich das schlimmste.«

Manche der Bauten und Anlagen aus jener Zeit, die uns Carl Wilhelm Hennert in seiner »Beschreibung des Lustschlosses und Gartens Sr. Königl. Hoheit des Prinzen Heinrich zu Rheinsberg« schildert, sind heute nicht mehr vorhanden. Als Hamilton Rheinsberg besuchte, war vieles schon verfallen. Anderes verkam in den folgenden Jahrzehnten. Lange Zeit hat das Rheinsberger Schloß leergestanden und führte ein vergessenes Dasein, so wie es uns von Hamilton und Fontane in ihren Büchern berichtet wird oder wie es uns Kurt Tucholsky in seiner Novelle »Rheinsberg« schildert.

Mit dem Ende des zweiten Weltkrieges begann auch für Rheinsberg eine bittere Zeit. Nach dem Einmarsch der Sowjetarmee brannte das Schloßtheater aus. Die Ruine ist erhalten geblieben. Auch manches andere fiel dem Vandalismus von Plünderern und zugezogenen Funktionären zum Opfer. So wurden erhebliche Teile der Einrichtung des Schlosses verschleppt, das Grabmal des Prinzen Heinrich erbrochen, aus dem großen Obelisken die Tafeln mit den Namen der Feldherrn des Siebenjährigen Krieges herausgestemmt und anderes mehr. Erst durch das Eingreifen der Besatzungsmacht 1946 wurden weitere Zerstörungen verhindert. – 1951 wurde Schloß Rheinsberg dann als Diabetikersanatorium eingerichtet. Später wurden erste Restaurierungsarbeiten vorgenommen. In den Jahren 1956/57 begann man die Schloßinsel nach Plänen aus der zweiten Hälfte des 18. Jahrhunderts neu zu gestalten.

Nach der in den siebziger Jahren erfolgten Restaurierung des Schlosses, samt Antoine Pesnes berühmten Deckengemälden, wurden seit 1976 auch die Gartenanlagen und einige im Parkgelände befindliche Bauten restauriert. So z. B. die Feldsteingrotte, die einst geselligen Zwecken diente, Prinz Heinrichs Grabpyramide wie auch die Bildwerke im Park. Auch wurde begonnen, weiter entfernt gelegene Parkbereiche zu rekonstruieren, so den Waldpark und auf dem dem Schloß gegenüberliegenden Ufer die Terrassenanlage mit dem Obelisken, der originalgetreu restauriert werden soll.

Seit dem Frühjahr 1991 ist nun auch wieder das Schloß für die Öffentlichkeit zugänglich und zu besichtigen. Als Denkmal der Bau- und Gartenkunst des 18. Jahrhunderts sollen Schloß und Park Rheinsberg künftig ausschließlich kulturellen Bedürfnissen und Zwecken dienen.

Hamilton benutzte seinen Aufenthalt in Rheinsberg, um auch die Umgebung des Ortes zu erwandern, wobei er zweifellos Fontanes Spuren folgte. Die Kapitel mit seinen Reiseerlebnissen haben ihren besonderen Reiz. In jenen Tagen war es etwas ganz Ungewöhnliches, daß ein »Ausländer« in diese damals kaum bekannte Gegend kam. Mit trockenem englischem Humor schildert Hamilton seine Begegnungen mit Land und Leuten. Der Autor hatte wohl auch andere, üppigere und attraktivere Gegenden der Welt gesehen und mochte daher der märkischen Landschaft zunächst wenig Reiz abgewinnen. Aber schließlich kommt Hamilton doch zu folgendem Resümee, das er im Vorwort mitteilt: »Die Mark Brandenburg gehört eben nicht zu jenen Gegenden Europas, ja, nicht einmal Deutschlands, die man der Erholung wegen aufsucht. Ihre charakteristischen Züge – endlose Kiefernwälder und zahllose Seen, in eine scheinbar unbegrenzte Wüste gelben Sandes gebettet – haben wohl zu keiner Zeit große Anziehungskraft auszuüben vermocht, und die inselartigen Flecken frischen Grüns, die sie aufzuweisen hat, sind außer ihren Bewohnern nur wenigen Personen, und auch diesen mehr vom Hörensagen als aus eigener Anschauung, bekannt. Mich freilich haben verschiedene Exkursionen belehrt, daß die Mark Brandenburg nicht allein an historischen Erinnerungen sehr reich ist, sondern auch, daß die eben erwähnten ›grünen Inseln‹ in landschaftlicher Beziehung überaus anmutig sind.« – Wäre Hamilton hundert Jahre später durch dieses Land gereist, so hätte er feststellen können, daß gerade diese Gegend wegen ihrer Wälder und Seen zu einem großen Reise- und Urlaubsgebiet geworden ist, in dem jährlich Hunderttausende von Touristen Erholung und Entspannung finden.

Für die Neuausgabe des »Rheinsberg«-Buches erwies es sich als notwendig, den Text insgesamt zu kürzen. Es wurden auch einige Kapitel ausgeschieden, die weder mit den Rei-

258

seerlebnissen des Verfassers noch mit der eigentlichen Historie und Schilderung der Höfe Friedrichs und Heinrichs in Rheinsberg zu tun haben. So z. B. zwei recht umfangreiche Kapitel über die Briefwechsel Friedrichs mit Suhm und Voltaire, die sich im wesentlichen mit persönlichen, philosophischen und literarischen Fragen befassen. Auch Kapitel wie »Der französische Prediger«, »Bielfelds Briefe« wurden gestrichen, ebenso »Hofkavaliere« und »Hofdamen«, da diese lediglich Angaben zu Personen enthalten, die in anderen Kapiteln des Buches vorkommen. – Aus dem Teil des Werkes, das sich mit dem Prinzen Heinrich beschäftigt, wurden ebenfalls Kapitel wie beispielsweise »Die Besitzergreifung von Westpreußen« (über diplomatische Missionen Heinrichs) oder »Der Wiederausbruch der Feindseligkeiten« (ein Kapitel, das sich mit dem Bayrischen Erbfolgekrieg befaßt, in dem Prinz Heinrich wieder militärisch aktiv wurde) oder das Kapitel »Prinz Heinrich in Paris« ausgeschieden.

Die gesamte Bearbeitung wurde unter dem Gesichtspunkt vorgenommen, nur dasjenige auszuscheiden, das den eigentlichen Rahmen dieses Buches verläßt. Von der Substanz des Werkes durfte nichts verloren gehen. Auf Weitschweifigkeiten, umständliche Beschreibungen, Aufzählungen oder Wiederholungen, die dem Fluß der Schilderung abträglich sind und den Lesegenuß schmälern, konnte verzichtet werden. Was zum eigentlichen Thema gehört, wesentlich und wichtig ist, blieb bestehen. – Die Anmerkungen zum Text wurden vom Herausgeber völlig neu erarbeitet.

Möge Andrew Hamiltons Buch in dieser Neuausgabe allen seinen Lesern und den Freunden Rheinsbergs und der Mark Brandenburg Freude bereiten, Anregungen vermitteln und eine Brücke zwischen Gegenwart und Vergangenheit herstellen.

Neu Fahrland, im Sommer 1991   *Franz Fabian*

Anmerkungen

8 *Feldzug* – Deutsch-Französischer Krieg 1870/71.

9 *Fontanes ... Buch* – Theodor Fontane, Die Grafschaft Ruppin (1862).

29 *holländische Prinzessin* – Luise Henriette von Oranien, 1646 vermählt in Den Haag mit dem Großen Kurfürsten Friedrich Wilhelm von Brandenburg. Sie starb im Juni 1667. Luise Henriette ließ 1652 das Schloß Oranienburg erbauen, dessen Name dann auf die Stadt überging.

30 *Michaelis* – Michaelisfest am 8. Mai und 29. September (Erntedank), nach dem Erzengel Michael benannt (Schutzpatron der Kirche).

36 *Hennert* – Carl Wilhelm Hennert, Beschreibung des Lustschlosses und Gartens Sr. Königl. Hoheit des Prinzen Heinrich, Bruder des Königs, zu Rheinsberg, wie auch der Stadt und der Gegend um dieselbe, Berlin bei Friedrich Nicolai 1778. (Unveränderter Nachdruck der Originalausgabe, herausgegeben von der Generaldirektion der Staatlichen Schlösser und Gärten, Potsdam-Sanssouci 1985.)

37 *eine Stadt gründeten, die sie »Friesack« nannten* – Vgl. Adalbert Kuhn, »Märkische Sagen und Märchen«, Berlin 1843.

40 *Wrangel* – Karl Gustav Wrangel (1613 – 1676), schwedischer Reichsadmiral und Feldmarschall, befehligte das 15 000 Mann starke schwedische Heer, das 1674/75 in die Mark Brandenburg einfiel.

41 *Commissarius loci* – Steuerrat.

42 *Saalfeld* – Am 10. Oktober 1806 wurde die Vorhut der preußischen Armee, die unter dem Kommando des Prinzen Louis Ferdinand von Preußen stand, von Napoleon I. bei Saalfeld geschlagen. Am 14. Oktober kam es dann zur Doppelschlacht von Jena und Auerstedt, die zu einer katastrophalen Niederlage der preußischen Armee führte.

46 *Pesne* – Antoine Pesne (1683 – 1757), französischer Maler, seit 1711 preußischer Hofmaler.

47 *tête à tête* – (franz.) Kopf an Kopf, gleichbedeutend mit: intimes Gespräch.
    Corps de logis – Mittel- und Hauptgebäude eines Schloßbaues.

48 *Kemmeter* – Johann Gottfried Kemmeter, Hofbaumeister Friedrich Wilhelms I., 1748 gest. in Berlin.
    Carlyle – Thomas Carlyle (1795 – 1881), schottisch-englischer Philosoph, Historiker und Schriftsteller; schrieb u. a. eine »Geschichte Friedrichs II. von Preußen, genannt Friedrich der Große« (1858 – 1865, 6 Bde., erste deutsche Ausgabe 1863 – 1869, 6 Bde.).

54 *vor den Mauern der Stadt legte er sich einen Garten an* – Tempelgarten in Neuruppin.

57 *Manteuffel* – Ernst Christoph von Manteuffel (1676 – 1749), kursächsischer Geheimer Rat und Freund des Kronprinzen Friedrich.
    ressource – (franz.) Erholung, Gewinn.
    Ihre Majestäten als die ersten Gäste – Als der österreichische Diplomat und spätere Feldmarschall Reichsgraf Friedrich Heinrich von Seckendorff (1673 – 1763) von dieser Einladung hörte, äußerte er bissig: Des Kronprinzen Zweck bei dieser Einladung sei lediglich der, eine Erhöhung seiner Apanage zu erlangen.

58 *Pöllnitz* – Karl Ludwig von Pöllnitz (1692 – 1775), Abenteurer und Memoirenschriftsteller, seit 1740 Vorleser am Hof Friedrichs II. Er starb als Theaterdirektor.
    Grumbkow – Friedrich Wilhelm von Grumbkow (1678 bis 1739), preußischer Staatsmann und Generalfeldmarschall.
    Markgräfin von Bayreuth – Sophia Fridericia Wilhelmine, Prinzessin von Preußen (1709 – 1758), Lieblingsschwester Friedrichs II., durch Heirat Markgräfin Wilhelmine von Bayreuth.

62 *Keyserlingk* – Dietrich Freiherr von Keyserlingk (1698 bis 1745), galt in Rheinsberg als der engste Freund des Kronprinzen. (»Keyserlingk und ich waren eine Seele«, Friedrich II.)
    Knobelsdorff – Hans Georg Wenzeslaus Freiherr von Knobelsdorff (1699 – 1753), Architekt und Maler (vgl. das Kapitel »Knobelsdorff«).

62 *Jordan* – Charles Etienne Jordan (1700 – 1745), Hugenotte, Vorleser und Berater Friedrichs in Rheinsberg, 1740 Geheimer Rat, 1744 Vizepräsident der Akademie der Wissenschaften.

Chasot – François Isaac Edmont de Chasot (1716 – 1797), französischer Adliger, Normanne, der zum Kreis der Freunde Friedrichs gehörte und diesen auch virtuos auf der Flöte begleitete.

Fouqué – Heinrich August de la Motte Fouqué (1698 – 1774), preußischer General. Starb als Domprobst in Brandenburg / Havel. Er ist der Großvater des romantischen Dichters Friedrich de la Motte Fouqué (1777 – 1843).

Bielfeld – Jakob Friedrich Freiherr von Bielfeld (1717 – 1770), Hamburger Kaufmannssohn, seit Oktober 1739 im Kreis der Freunde Friedrichs in Rheinsberg. Er schrieb in späteren Jahren »Vertraute Briefe« (Friedrich der Große und sein Hof), die Andrew Hamilton folgendermaßen charakterisiert: »Erinnerungen, gekleidet in die Form von Briefen, die scheinbar der Zeit der Erlebnisse selbst angehören, dargestellt im Lichte der Erfahrung späteren Lebens und der dem Verfasser zuteil gewordenen Enttäuschungen, gefärbt durch seine Eitelkeit und seinen Haß, verdunkelt durch seinen Egoismus, der ihn zu einem unaufmerksamen Beobachter und nachlässigen Geschichtsschreiber machte.«

Duhan – Jacques Egide Duhan de Jandun (1685 – 1747), Hugenotte, Lehrer und Freund Friedrichs, unterrichtete diesen in Literatur, Geschichte und Philosophie.

Suhm – Ulrich Friedrich von Suhm (1691 – 1740), sächsischer Diplomat, 1730 aus dem Dienst entlassen, lebte als Privatmann in Berlin und übersetzte für den Kronprinzen philosophische Schriften von Christian von Wolff. Während Friedrichs Aufenthalt in Rheinsberg entstand ein reger Briefwechsel mit Suhm über philosophische und religiöse Fragen.

Voltaire – François Marie Arouet de Voltaire (1694 – 1778), Schriftsteller und Philosoph. Von Rheinsberg aus begann der Briefwechsel mit Voltaire, der 42 Jahre lang andauerte.

63 *cher Cassubien* – Lieber Kaschube.

Algarotti – Francesco Graf Algarotti (1712 – 1764), Sohn eines venezianischen Kaufmanns, hatte Philosophie und Mathematik studiert. Er gehörte in Rheinsberg zum Kreis der Freunde Friedrichs.

63 *»Quinze-Vingt«* – (franz.) »Fünfzehn-Zwanzig«.
    Grande Maîtresse – Oberhofmeisterin.
    Braunschweig – Ferdinand Herzog von Braunschweig (1721 bis 1792), Bruder der Prinzessin und späteren Königin Elisabeth Christine. Er war einer der besten Heerführer im Siebenjährigen Krieg.

67 *Dessau* – Leopold Fürst von Dessau (1676–1747), preußischer Feldmarschall, genannt »Der alte Dessauer«, er führte u. a. den Gleichschritt und den eisernen Ladestock bei der preußischen Armee ein.

69 *Devoir* – Pflicht.

71 *König von Polen* – August II., »der Starke« (1670–1733), Kurfürst von Sachsen, König von Polen.
    Quantz – Johann Joachim Quantz (1697–1773), Komponist und Flötenlehrer Friedrichs, Konzertmeister des Königs. Er starb in Potsdam. Sein Denkmal steht auf dem Alten Friedhof.

72 *Benda* – Franz Benda (1709–1786), Komponist und Violinist, wurde auf Empfehlung von Quantz in die Hofkapelle Friedrichs in Rheinsberg aufgenommen. Von 1771 bis 1786 Konzertmeister des Königs. Er starb in Potsdam, wo er seit 1740 lebte.
    der jüngere Graun – Carl Heinrich Graun (1704–1759), Komponist. Er schrieb neben bedeutenden Werken der Kirchenmusik u. a. zahlreiche Opern, darunter mehrere, zu denen Friedrich die Texte verfaßte.

76 *Capitain* – Hauptmann.
    in tormentis – (lat.) unter Schmerzen. Wenn Friedrich Wilhelm I. unter starken Gichtschmerzen litt und nicht schlafen konnte, pflegte er zu malen und signierte seine Bilder »In tormentis pinxit« (»Unter Schmerzen gemalt«).

77 *Cirey* – Schloß in der Champagne, wo Voltaire mit seiner Freundin und Geliebten, der Marquise du Châtelet, 1734 bis 1749 lebte.

80 *nec soli cedit* – (lat.) er weicht selbst der Sonne nicht (Wahlspruch Friedrich Wilhelms I.).

81 *Boumann* – Johann Boumann (1706–1776), Architekt, wurde von Friedrich Wilhelm I. 1732 aus Holland nach Potsdam mitgebracht und erbaute dort das Holländische Viertel und zahlreiche andere Gebäude, u. a. das Alte Rathaus.

83 *Füßli* – Johann Heinrich Füßli (1741–1825), Schweizer Maler und Schriftsteller, lebte seit 1764 vorwiegend in London.

84 *sorgfältiger Bericht über die von ihm gemalten Porträts* – Vgl. »Antoine Pesne 1683 – 1757, Ausstellung zum 300. Geburtstag«, Katalog (130 S. mit 114 Abb., davon 21 Farbtafeln), Potsdam-Sanssouci 1983.

87 *Racine* – Jean Racine (1639 – 1699), französischer Dichter, einer der Lieblingsautoren Friedrichs II.

88 *der schönen Anneliese* – Anneliese Föhse, Apothekerstochter aus Dessau, die Fürst Leopold von Anhalt-Dessau gegen den Widerstand seiner Eltern und des Adels heiratete und zur Landesfürstin machte. Sie starb 1745.

91 *Zieten* – Hans Joachim von Zieten (1699 – 1786), aus Wustrau bei Neuruppin, preußischer Reitergeneral.

93 *Sans peur et sans reproche* – (franz.) Ohne Furcht und Tadel.

97 *Voyage littéraire* – (franz.) schöngeistige Reisebeschreibung. *Maison de travail* – (franz.) Arbeitshaus.

109 *Schönhausen* – Schloß Niederschönhausen, Berlin. *Mirabeau* – Honoré Gabriel Victor Riquetti, Comte de Mirabeau (1749 – 1791), französischer Politiker und Schriftsteller. Er war bei Ausbruch der Französischen Revolution Abgeordneter des Dritten Standes, Vertreter einer konstitutionellen Monarchie.

119 *par des cris d'allégresse* – (franz.) durch Freudenschreie.

122 *Violente* – heftig, ungestüm.

124 *die Geschichte aus der Erinnerung niederschreibt* – Sophie Marie Gräfin von Voß, Neunundsechzig Jahre am preußischen Hofe, Leipzig 1876.

128 *»La Belle Fée«, »La Divina«, »La Toute Divine«, »L'Incomparable«* – (franz.) »Die schöne Fee«, »Die Göttliche«, »Die Göttergleiche«, »Die Unvergleichliche«.

129 *au naturel* – (franz.) in natürlichem Zustand.

132 *Siebenjähriger Krieg* – Im Siebenjährigen Krieg (1756 – 1763) kämpfte Preußen um den Besitz von Schlesien gegen eine Koalition von Österreich, Rußland, Frankreich, Schweden und Kursachsen. Im Bündnis mit Preußen waren Großbritannien-Hannover und einige kleine deutsche Staaten wie Hessen-Kassel und Braunschweig. Durch den Kampf zwischen Großbritannien und Frankreich um die Vorherrschaft in Nordamerika und Indien wurde der Siebenjährige Krieg zu einer weltweiten Auseinandersetzung. *um eines Verdachtes willen* – Da Friedrich II. aus verschiedenen vertraulichen Quellen erfahren hatte, daß die durch

ein Geheimabkommen verbündeten Mächte Österreich und Rußland zu einem gemeinsamen Angriff auf Preußen übereingekommen seien, diesen aber aufgrund noch nicht genügender Rüstungen auf das Jahr 1757 verschoben hätten, beschloß er, dieser Absicht zuvorzukommen, und begann den Krieg Ende August 1756 mit einem Präventivschlag gegen das mit Österreich verbündete Sachsen.

142 *Das schöne Palais* – Die heutige Humboldt-Universität in Berlin.

144 *Trennung der prinzlichen Gatten* – Anlaß für die Entzweiung soll ein Brief gewesen sein, in dem Heinrichs Gattin mit dem Major von Kaphengst eine heimliche Verabredung traf und der dem Prinzen in die Hände gespielt wurde. (H. von Ullmann, Beinahe ein König – Das seltsame Leben des Prinzen Heinrich von Preußen, Heilbronn 1980. Ebenso: Chester V. Easum, Prinz Heinrich von Preußen, Göttingen 1958.)

145 *lieber bestohlen als in seiner Freigiebigkeit beschränkt* – Vgl. Bouillé, Vie politique et militaire du Prince Henri de Prusse, Paris 1809.

146 *von deren jedem Fontane uns einen kurzen Lebensabriß gegeben hat* – Theodor Fontane, Wanderungen durch die Mark Brandenburg, Bd. 1, Die Grafschaft Ruppin, Aufbau-Verlag Berlin und Weimar 1976, S. 325 – 331.

148 *Thiébault schreibt* – Dieudonné Thiébault, Prof. für Literatur, wurde 1765 an den Hof Friedrichs II. berufen und schrieb darüber seine Memoiren »Mes Souvenirs de vingt ans de séjour à Berlin ou Frédéric le Grand, sa famille, sa cour ...« (»Meine Erinnerungen aus zwanzig Jahren Aufenthalt in Berlin, an Friedrich den Großen, seine Familie, seinen Hof ...«), 5 Bde., Paris 1804.

152 *Quincunx* – Baumpflanzung in Form eines fünfzackigen Sterns.

160 *der neue König* – Friedrich Wilhelm II. (1744 – 1797), König seit 1786, Sohn des Prinzen von Preußen, August Wilhelm.

163 *Leurs noms gravés ...* – (franz.) »Ihre Namen, eingegraben auf Marmor / Durch die Hand der Freundschaft, / Sind die Wahl einer besonderen Wertschätzung; / Ohne die zu benachteiligen, / Die sich wie sie / Um das Vaterland verdient machten / Und die öffentliche Hochachtung teilen.«

164 *Feldzug des Jahres 1778* – Bayrischer Erbfolgekrieg 1778/79, zwischen Preußen und Sachsen einerseits und Österreich

andererseits über die Frage der Erbfolge in Bayern geführter Feldzug, dessen militärische Auseinandersetzungen sich auf strategische Manöver und unbedeutende Plänkeleien beschränkten.

165 *par procuration* – (franz.) in Stellvertretung.

169 *son cher frère* – (franz.) seinem lieben Bruder.

Je ne veux pas – (franz.) Ich will nicht.

170 *der zu rechter Zeit den Heldentod starb* – Prinz Louis Ferdinand fiel am 10. Oktober 1806 im Gefecht bei Saalfeld.

171 *soyez le bien venu* – (franz.) Seid herzlich willkommen.

172 *»Jetté par sa naissance ...«* – (franz.) »Durch seine Geburt in den Strudel eitler Dünste geworfen, / Den das gemeine Volk / Ruhm und Größe nennt, / Während der Weise ihre ganze Nichtigkeit kennt; / Allen Leiden der Menschheit preisgegeben; / Geplagt durch die Leidenschaften anderer, / Getrieben von den eigenen; / Oft der Verleumdung ausgesetzt; / Und ein Opfer der Ungerechtigkeit; / Zu allem gebeugt durch den Verlust / Geliebter Eltern, / Zuverlässiger und treuer Freunde; / Oft auch getröstet durch die Freundschaft; Glücklich in stiller Sammlung der Gedanken, / Noch glücklicher, / Wenn seine Dienste dem Vaterland nützlich sein konnten / Oder der leidenden Menschheit: / Dies ist der Abriß des Lebens von / FRIEDRICH HEINRICH LUDWIG, / Sohn von Friedrich Wilhelm, König von Preußen, / und von Sophie Dorothee, / Tochter Georgs I., König von Großbritannien. / Vorübergehender, / Erinnere dich, daß es keine Vollkommenheit auf Erden gibt. / Habe ich auch nicht der beste der Menschen sein können, / So gehöre ich doch nicht zur Zahl der Schlechten; / Lob oder Tadel / Berühren den nicht mehr, / Der in der Ewigkeit ruht; / Aber süße Hoffnung / Verschönt die letzten Augenblicke / Desjenigen, der seine Pflicht getan hat; / Sie begleitet mich im Sterben. / Geboren am 18. Januar 1726. / Gestorben am 3. August 1802.«

184 *jusqu' à demain* – (franz.) bis morgen.

Eylau – Schlacht bei Preußisch-Eylau am 7. / 8. Februar 1807.

185 *Friedrich Wilhelm IV.* – Sohn Friedrich Wilhelms III. von Preußen, seit 1840 König, wurde 1857 geisteskrank und in der Regentschaft von seinem jüngeren Bruder Wilhelm (dem späteren Kaiser Wilhelm I.) abgelöst.

186 *Goyon* – Goyon gilt als der Urheber eines geflügelten Wortes. Während des Krieges in Italien 1859 soll er zu Monseigneur

de Mérode, einem päpstlichen Minister, gesagt haben: »Betrachten Sie sich als moralisch geohrfeigt!«

189 *Consules* – Konsuln, Staatsbeamte.

Eilhardus Lubinus – Latinisierter Name von Eilhard Lubien,
von 1595 bis 1621 Professor für Literatur und Theologie in
Rostock, Autor zahlreicher Bücher.

239 *Cothenius* – Christian Andreas Cothenius (1708 – 1798), Leib-
arzt Friedrichs II.

241 *mit unserem Staatsmann* – William Pitt, der Jüngere (1759 bis
1806), britischer Staatsmann, zweiter Sohn des britischen
Staatsmannes William Pitt, erster Earl of Chatham (1708 bis
1778).

Achim und Bettina – Achim von Arnim (1781 – 1831), bedeu-
tender Dichter der Romantik, Gutsherr in Wiepersdorf, Kreis
Jüterbog. Bettina von Arnim, geb. Brentano (1785 – 1859),
Schriftstellerin und Publizistin, verheiratet mit Achim von
Arnim.

Abbildungsverzeichnis

ISBN 3-351-02111-9

1. Auflage 1992
© Aufbau-Verlag Berlin und Weimar GmbH 1992
Einbandgestaltung Bert Hülpüsch
Typographie Peter Friederici
Satz ComPress Fotosatz GmbH, Berlin
Reproduktion Förster & Borries, Zwickau
Druck und Binden Ebner, Ulm
Printed in Germany